U0142429

第二冊

周氏易經通解

周鼎珩 遺著　陳素素 等記錄

五南圖書出版公司 印行

周鼎珩先生事略

受業 陳素素 敬述 七十三年八月

　　先生諱鼎珩，字公爕。世居安徽桐城周施鄉柏莊保。其先世代有明德。祖父啓仁公，事貨殖，常往來京、滬、蕪湖間，故饒於財；好施與、樂助人。父元熙公恪守家業，性好客，賓從輒滿座。先生四歲而孤，母蘇太夫人辛勤鞠育，期之至殷！初使從鄉長周菊樓先生讀，繼使遠赴九華山，師事三元道長；太夫人篤念之，背人掩涕，輒至嘔血染帨。其後先生每念此恩，益自惕勵。三元道長者，清末翰林也，研精覃思於《易》，先生天資穎悟，益以潛心，盡窺其奧。既而祖母命歸，入中學，畢業，考入北京大學，再轉入朝陽大學法律系，民國十九年畢業，授法學士。次年三月，任中國國民黨安徽省黨務整理委員會訓練部秘書。越一年，以中央組織部軍人科幹事派為武漢地區同少將主任點驗委員，巡迴各部隊點驗，交際饋貽，涓滴不取；事竣，獲獎金五仟銀元，並蒙給假三月。二十五年，調中央組織部文化事業委員會總幹事。越二年，授命赴西北往謁第八戰區司令長官朱紹良，接掌甘肅民國日報社，鼓吹抗戰，宣傳黨務，啓迪民智，報章銷行遍及甘、寧、青三省，遂為西北輿論權威。方是時，共黨在延安有所謂「救亡日報」，專事煽動挑撥，自民國日報出，其伎逐窮。二十八年，以所事績著，加任甘肅省黨部執行委員；次年，又加任中央執行委員會宣傳部宣傳指導員。先生綜理報務之餘，間亦參贊戎機，朱長官嘗納其言，以某項專款先行墊發軍餉，俾安軍心；人有忌先生者，

投間言於樞府，先生既受詰責，明白自陳，事乃已。三十二年，在重慶任中央圖書雜誌審查委員會主任祕書，其時共黨新華社捏造莠言，謀亂軍心，先生堅主封閉其社，雖周匪恩來親乞恢復，不稍寬假。是年教育部長陳立夫先生聘為戰區學生指導處處長，日接流亡學生，不可勝計，事前既不必預算，事後亦不必報銷，先生每言及此，輒有知遇之感。日寇既降，先生返鄉，倡議墾殖桐城縣無為縣陳瑤湖區普濟圩，並草擬墾殖辦法，庶解民困，興農村。其時產權分配，事最艱鉅，先生毅然以協理兼產權主任，折衝協調，務得其平。三十七年秋，經圍墾整理完竣者五萬畝，先行分配農漁民十萬人種植生產。先生方慶濟民有緒，而共黨之禍日烈，乃於次年五月避地臺灣，任教臺南工學院。四十一年，入革命實踐研究院，奉先總統　蔣公命，至政工幹部學校，以孫文學說、理則學課諸生。越八年，借居臺北士林，兼課東吳大學中文系，授《周易》、老莊、理則學等科，憒者啓之，悱者發之，學子輒有會心，遂顏其居曰「乾初易舍」，隱曜不用，推演師說。五十一年，在中國廣播公司專設《易經》節目播講，嘗以微恙中斷，先總統　蔣公問其故，主事者因敦請復講，其見重於時，從可知矣。播講既畢，輯其講詞，曰《易經講話》，行於世。自六十二年後，先生家居，專志於講《易》，先後在黎明文化公司、中華文化大樓講授，歷時凡四年又八月，自《易》例、解卦、十翼以至綜合研究，畫卦作圖，曲盡其情；師孔子《大象》之意，因人事以明天理。每講錄音，旁有記錄，嗣經修定者計有《易》例及〈乾〉、〈坤〉、〈屯〉、〈蒙〉四卦，將謀付梓，此為第一期。第二期始於七十年五月，惜乎僅及年餘，先生嬰疾，初疑疾在肺，經查正常，又查大腸，

疑有瘜肉，乃輟講就醫；久之，體貌漸豐，日寫稿五百字，常祈天假其年，俾遂其志。豈意今年夏曆六月二十九日患感冒，日進中藥，未見痊癒；七月七日晚，門人陳永銓陪侍進餐後，觀華視奧運轉播，猶曰：「此騎術不及我西北健兒也。」八時許，稍感疲乏，登樓就寢，痰湧不能出，遂不起！時七月八日子時也，距生於民國前八年三月二十日，享年八十有二。先生始以外祧姑母，娶周氏，三年而卒，無出。繼以遊學北平，娶吳氏，情至篤，生一女，名「生生」；吳氏出於北平世家，婉嫕有才，善詞曲，先生作《易經通論》，吳氏嘗為清校；吳氏亦三年而卒，先生傷悼至切。及中日戰爭結束，太夫人已前卒，承遺命娶徐氏，生一子，名「同舉」；其夫人近已捐世。蓋自三十八年先生子身來臺灣，常恨有妻不能養，有子不能教，蓋天地間之罪人也；又言司馬遷言西伯居羑里演《周易》，孔子厄陳蔡作《春秋》，今天所以使我獨居海隅者，蓋欲使繼此絕學乎！其孜孜矻矻窮一生心力於《易》，以商瞿自期，老而愈勤者，良以此也。嗚呼！志士學人躬閱叔世，其生平行事，有不及詳次者，從蓋闕之例，幸大雅君子庶垂鑒焉。

周鼎珩先生事略補遺

受業 陳素素 恭撰

先師民國七十三年七月八日仙逝，八月我曾作〈周鼎珩先生事略〉，略述其生平大要，重在彰顯其宏揚《易經》的志業，然其間曲折，以篇幅所限，不見敘述，今本書出版在即，爰補述如下：

先師少年時曾師事九華山的三元道長，三元道長是清末翰林，學宗道家，道家傳《易》是不立文字的，這是先師在少年時代所受的《易》學教育。除《易經》之外，其他課程，三元道長也督責甚嚴，有時甚至夜半把先師叫起來背誦課文；先師書法宗顏真卿，三元道長為了訓練先師的筆力，在筆桿上逐漸增加有孔銅錢的數量，所以先師的書法骨力遒勁。先師常守丹田，晨起必練九節連環，這可能也是傳承自三元道長，所以七十歲時還自豪髮黑如漆。

先師是朝陽大學法律系畢業，當初選擇法律系是因為四歲喪父，孤兒寡母怕人欺負。其實先師志趣所在一直是研究《易經》，在大陸時就曾作《易經通論》，同仁好友多呼「周八卦」而不名，可惜渡海來臺，未及攜出。

來臺後，先師還是不忘初志，一面在東吳大學中文系教授《易經》，一面在中廣公司專設《易經》講座播講，臺灣朝野研究《易經》的風潮，自此掀起；播講完畢，先師即輯各期講詞成書，名曰《易經講話》，自民國五十一年至今，已行世五十餘年。

《易經講話》是先師師承三元道長的《易》學，加上日後長期

不斷地冥思默討，累積心得寫成的。那時他客居外雙溪，自顏其居曰「乾初易舍」。書法家賀其燊老師嘗贈先師聯語曰：「此間有山中宰相，何處問世外桃源？」「山中宰相」這時沒有出仕的機緣，而在默默從事傳「道」的志業。當時我正在東吳大學中文系就讀，畢業後又在母校任教，常侍左右，恭聆教誨；記得有一次先師讀《易》很有體會，不禁說：「我們老祖宗的頭腦和玻璃一樣！」那嘆服的神情，如今還歷歷在目。所以這本書既沒有時下急功近利者的東拼西湊，也沒有純學術論文的艱澀難懂；用淺顯的文字表達高深的道理，是這本書的特色，是先師功力的顯現，更是這本書能持續銷行半個世紀的原因。

　　先師有一段經歷，很少向人訴說。民國卅八年大陸淪陷，先師先行逃難來臺。後來年輕的師母帶著襁褓中的兒子及十七口箱子，搭乘卡車，萬里迢迢地尋夫，豈知半路遇到巷戰，暫時避難民家時，卡車司機竟駕著滿車的箱子開溜，留下的是夫妻睽違卅年，隔海相思，團圓夢永遠沒有實現。那種椎心泣血的痛苦，非親歷者，實難以了解。記得先師有一個專櫃專門存放師母的來鴻，我曾很好奇地想要看看，先師說：「不要，你看了會哭！」我也曾很天真地問先師：「老師！您如果有一天和師母見面了，會怎樣？」老師說：「會抱頭痛哭！」語氣都是平靜的；平靜的背後，曾經歷多少痛苦的煎熬啊！他常恨「有妻不能養，有子不能教，是天地間的罪人」，但痛苦之餘，不忘用司馬遷的話──「西伯拘羑里演《周易》，孔子厄陳蔡作《春秋》」自勵，他領悟老天所以使他獨居此海隅，就是要他宏揚此絕學啊！於是他對《易經》傾注了所有的情感，有恆地一步一步完成他的志業，

他是那麼的專注，甚至說：「《易經》就是我的兒子！」孔子說：「作《易》者，其有憂患乎！」先師所以能夠深入體悟《易經》，也是由於飽經憂患啊！那是犧牲兒女私情、犧牲家庭溫暖，用斑斑血淚換來的啊！

　　民國六十二年先師自東吳大學退休，應聽眾要求，先後在黎明文化公司、中華文化大樓開設講座，旁有錄音，並有專人記錄，當時先師年已七十，常說：「我在辦交代！」其傳《易》的心情，非常明顯，如此講了四年又八個月，此為第一期；第二期始於七十年五月，可惜僅及年餘，就因病輟講，未幾又齎志辭世。所幸先師在世時即為其書命名為《周氏易經通解》；其中，《易》例及〈乾〉、〈坤〉、〈屯〉、〈蒙〉四卦也已定稿，其餘各卦都是弟子們秉承先師遺志，根據先師錄音帶記錄而成。

　　《易經》不是尋常的書籍，加以先師乃安徽桐城人，鄉音不改，能勝任記錄者寥寥可數，所幸諸記錄者深感先師對於志業的真誠，莫不黽勉以赴，終於可以為先師一償素志了。在問世前夕，不揣鄙陋，敬謹補綴如上。

凡 例

一、本書包括先師周鼎珩先生之定稿、手稿、講稿及講習大綱。

二、定稿計有易例及〈乾〉、〈坤〉、〈屯〉、〈蒙〉四卦，此盡收錄於《周氏易經通解》第一冊。

三、手稿計有〈需〉、〈比〉、〈小畜〉、〈履〉、〈泰〉、〈否〉六卦。

四、講稿係門弟子據錄音帶所記錄並加整理，除定稿之四卦外，其餘六十卦、〈說卦〉皆是。

五、講習大綱係先師為便於「易經講座」之聽眾所擬，在講授現場分發，計有第一卦〈乾〉卦至第二十卦〈觀〉卦。

六、除定稿之四卦外，其餘均以講稿為主，另有手稿、講習大綱者附於其後。

七、本書凡《易經》正文部分，悉以《武英殿十三經注疏》之《周易正義》為準。

八、本書除易例、〈說卦〉之外，其通解六十四卦之體例，依次為總說、卦辭、爻辭、彖傳、大象、小象。「總說」之下又分卦序、卦體、卦義三項。

九、本書講稿記錄原則，先師嘗指示曰：「按錄音帶逐字記錄，然後去其重複者。」弟子等謹遵遺訓，不敢踰越，並著記錄者、整理者姓名，以示負責。

目録

第五卦

需卦

周鼎珩講　陳永銓記錄

需

坎　乾
上　下

—— 此係〈坤〉宮游魂卦，消息二月，旁通〈晉〉，反對〈訟〉。

壹、總說

佈卦的次序

　　需訓為資也、用也。資、用就是通常所說的「需要」，因為萬物在蒙稚之後，當然需要一切資用，以供養其成長。《京房易傳》曰：「夬，剛決柔，陰道滅，五陽務下，一陰危上，將反游魂。」按京氏八宮之說，〈需〉本坤體，〈坤〉息至五成〈夬〉，乾陽至此，無再息而滅坤之理，於是九四變陰，入坎為〈需〉，坤為地，萬物皆坤地之所生所養，物在蒙時猶稺，物稺不可不養，故受之以〈需〉，以〈需〉自〈坤〉變，而有致養之意義，惟〈需〉之卦體，坎雲升居

乾天之上，翺翔空中，猶未降雨，迴旋不定，是即需之境界，故歷來解釋，皆謂「需，須也，期而待之也」。茲再說明〈乾〉、〈坤〉、〈屯〉、〈蒙〉諸卦的演進過程，〈屯〉爲乾、坤始交，而初陽在下，其陽猶嫩，故「勿用有攸往，利建侯」。〈蒙〉則陽已升居於二，其陽較初爲健，但猶僅能「匪我求童蒙，童蒙求我」。總之，〈屯〉、〈蒙〉兩卦卦氣俱是內行，而不可外向，蓋以其乾陽猶未飽滿也；至於〈需〉卦，其外體雖與〈屯〉卦同爲坎險，但其內卦則以乾陽成體，陽能已旺，可以外行矣。但繼〈屯〉、〈蒙〉之後，乾體初成，坎險尙在，必須期而待之，而不能急切躁進，故卦名爲〈需〉也。

乾坤相交而萬物始生之後，緊接著，必須經過一段蒙稚時期，在此期間，無論是胎、卵、濕、化，皆屬幼稚嫩弱，而造物即因其蒙稚而加以護衛包容，如卵有殼、果有皮，是即「包蒙」也。萬物因在蒙稚時期，尙無自立能力，惟有依賴外界給予滋養，使得資以成長，譬如孩提之童，懵懂無知，一切飲食起居，都需要父母細心照顧。再如植物之幼苗，由於根荄脆弱，禁不起風吹雨打，而需要種植者善加培護。這裡提到的照顧與培護，對於承受者而言，便是一種滋養，亦即所謂需也，是以〈序卦傳〉曰：「物稚不可不養也，故受之以〈需〉。」此乃〈需〉卦佈在〈蒙〉後之第一義。

萬物處於蒙稚時期，固需外界滋養以暢遂其生機，惟其滋養之方式，必須循序漸進，切不可急於求成。譬如對於體弱而無知之幼童，我們若要強壯其身軀，就得供給飲食；若要啓發其心智，就得施予教育。飲食、教育固皆爲幼童所需之滋養，然於供給飲食之同時，也要兼顧其消化能力，質量由少而逐漸加多；施予教育之同時，也要兼顧

其理解能力，道理由淺而逐漸入深，這樣才能夠配合其成長之需要。若只顧餵食，卻不問其能否消化；只顧施教，卻不問其能否理解，則無異乎揠苗助長，非但無益，相反的，還會戕害其身心之發展。我們都知道，香蕉生長的速度要比松柏快得多，但是香蕉在數年內便會枯死，松柏反能屹立千年而長青，所謂「暴長者不壽」是也。試再舉歷史人物為例，王弼在二十歲時就能註解《老子》、《周易》，王勃在十四歲（公元664年）時就能寫出〈滕王閣序〉，斯二人，早在弱冠，即已文名遠播，然皆短命，所謂「早慧者非福」是也。概言之，對於蒙稚之物，必須漸為之飼養，以長其體；漸為之教訓，以長其智。如此期而待之，不求速成，亦即所謂需也，此乃〈需〉卦佈在〈蒙〉後之第二義。

成卦的體例

　　〈需〉卦外體坎，坎為水，內體乾，乾為健，內體乾陽，有剛健之德，其性善動而向外奔放，惟因外有坎水濕氣橫阻在前，乾陽被濕氣所困，遂感施展不開，呈現阻滯狀態，這就好像我們腑臟如有濕困，內在氣機也就無法通暢，從而有鬱悶之感。濕氣固能困住乾陽，不過〈需〉之內卦已經三陽成體，其陽氣充沛剛健矣，不復如〈屯〉卦初陽之嫩弱或〈蒙〉卦二陽之幼稚，故不致永久被濕氣所困，只要假以時日，必能突破濕困，而如九四爻辭之「出自穴」也。

　　按八卦方位，後天之坎即先天之坤，〈說卦傳〉：「坤也者，地也，萬物皆致養焉。」易例：坎水在上為雲，在下為雨。雨露為大地之甘霖，亦所以滋潤萬物者也，故就卦位而言，外體坎水就是〈需〉卦滋養之所在，而為萬物需求之對象，〈需〉卦坎上乾下，其象為雲

在天上翱翔，猶未降雨，萬物欲霑其滋潤，尚有所待也，此所以將坎上乾下名之為〈需〉。再就卦氣而言，〈需〉卦內外兩體之卦氣並不違逆，蓋內體乾陽志在向上突出，外體坎水則有潤下之勢，外坎潤下而內乾向上，兩氣終可相交；且乾陽既已成體，其力量便能上長，可以將坎雲之水氣消化，而使之諧和為用，亦猶之腑臟陽氣力量充沛，可以化解內在之濕氣；而孤陰不生，獨陽不長，陽氣化亦需要陰氣化為之調和，否則不能化生萬物，坎水為坤陰之後身，乾陽到力量充足時，坎之水氣不但不為險，反為有用之陰陽配合，然則濕困之坎變為滋潤之陰，反而可以調和乾陽剛躁之氣。由此可見，外體坎水即為〈需〉卦謀取滋養之對象。

坎水居於〈需〉卦外體，這表示需要之資用是由外在而來，例如前面提到的食物、教育，皆取之於外也。坎又為險，這表示在外來的資用裡面，多少藏有一些危險的成分，極其普通的資用需要，如飲水、吃飯，固然可以供給身體營養，有時候卻也會導致疾病，乃至於軍火武器，固然可以增強國家防衛力量，卻也可能因而招致滅亡。這就是說，外體坎水潤下，固然可以調和內體乾陽剛躁之氣，卻也可以阻礙乾陽發展，換言之，坎水可為資用，亦可為危險，即《老子‧第五十八章》曰「福兮禍之所伏」是也。所以當我們在謀取需要時，必須格外小心謹慎，辨別資用之好壞以決定取捨，如九二爻辭之「需于沙」、九三爻辭之「需于泥」，乃資用之有害於我者，應予放棄。如九五爻辭之「需于酒食」，乃資用之有利於我者，應予把握。

立卦的意義

〈序卦傳〉：「需者，飲食之道也。」為什麼〈需〉卦是飲食

之道呢？因爲萬物在蒙稚時期，當然需要種種資用滋養，以暢遂其成長，需要的種類繁雜，而其中最基本，也最重要者，就是飲食，設若飲水與食物發生短缺，則生存已成問題，其他需要的資用再多，又有何益？所以孔子在〈序卦傳〉中特舉飲食之道來說明〈需〉卦之意境，其用意蓋在便於後人覺解，並藉飲食之道，來說明我們謀取需要時應持之態度。

　　〈需〉之內卦已三陽成體，乾陽動能充沛，有向外發創的能力，可以化外卦濕困之坎險，變爲滋養之資用，是已具備取得需要資用之條件，但在取得需要時，仍需經過一番周折，並不是隨心所欲而手到擒來。比如說，人類有吃飯以滋養身體之需要，但就吃飯這件極其平常的事來看，也要經過很多的周折，首先要有農夫播種、插秧、施肥、除草、收割，直到將生米煮成熟飯，在食用時，還要一口一口的細嚼慢嚥，不能一口吞下一碗飯，可見得取得需要自有應該遵守的步驟。〈需〉卦的初、二、三、四、五各爻，「需于郊」、「需于沙」、「需于泥」、「需于血」、「需于酒食」就是這種步驟上的指示，所以我們取得一種需要，必須本著「積沙成塔」、「集腋成裘」的精神，一步一步走向成功的途徑，決不能抱一種僥倖的心理，希望早晨播種，夜晚就可以收割，這就是我們學習〈需〉卦的主要意義。

貳、彖辭（即卦辭）

〈需〉：有孚，光亨，貞吉，利涉大川。

　　「有孚」之「有」字是加重語氣，旨在強調「孚」字之重要，「孚」者信也，「孚」之所以訓爲信，乃取象於鳥之孵卵，皆如其

期，不失信也。歷代先儒皆以坎象解「孚」，蓋以〈坎〉卦中爻陽實爲信，〈需〉卦外體爲坎，故有「孚」象。然既以陽實爲孚信之象，則〈需〉卦內體乾陽應爲卦辭「孚」字取象之源頭，按〈乾〉卦〈文言〉：「大哉！乾乎！剛健中正，純粹精也。」《老子・第二十一章》：「窈兮冥兮，其中有精，其精甚眞，其中有信。」這二段文字都是在說明乾陽具備眞切信實的德行，一種至情至性的表現，斯乃孚信之境界，故內體乾陽亦有「孚」象。合而言之，〈需〉之內卦三陽成體，外卦亦以九五一陽居中得正，內、外兩體皆有陽實之象，是「孚」之至也，故稱「有孚」。

　　所謂「有孚」，意思是說，我們要想很圓滿的達成需要，必須拿出自己的至情至性來，例如社會往來的友誼，在我們的生活上，是必不可少的需要之一，我們要達成這種需要，就得先要支付出自己的至情至性，才可以爭取別人披肝瀝膽的友誼，推而至於其他的一切需要，都是如此。眞正愛馬的人，才可以招致天下的良馬；眞正愛玉的人，才可以聚積天下的寶玉。我的《長短略・取與略》上講過：「物生於愛，情至亦至，物弊於玩，情去亦去。」就是這個道理的說明。

　　〈需〉卦中爻三、四、五互離，離火爲光，又按易例：陽明陰暗，明者光也。〈需〉之內卦三陽成體，其象亦爲光。光有二義：一爲光明，取象於離火，是指乾陽之表現而言，「乾知大始」，陽富於敏感，故爲光明；一爲光大，取象於乾健，是指乾陽之作爲而言，陽之能力剛健而能創造發揮，無往不至，故爲光大。簡單的說，光就是生命力的高度表現。「亨」者暢也、通也，就是通達流暢的意思。〈需〉之內體乾陽光明四達，富有感能，而且有剛健果斷之作爲，因其既有靈敏感覺，又具創發能力，故雖外有坎險，然見其險難，則緩

以待之，稍有可乘，則挺而進之，以是凡百需要，無不可以暢達也。

　　所謂「光亨」，意思是說，僅有至情至性還是不夠，而要將至情至性，在生命力上具體表現出來，才能夠亨通。例如就友誼而論，我們對待朋友，只是內在心裡有這種至情至性的念頭，或是口頭上說些個至情至性的空話，是不會發生什麼作用的；假使我們在事實上，毫不保留的用盡生命力，急人之難、解人之危，內在的一種至情至性，活活潑潑的表現出來，那一定可以感動社會人群，而社會人群對於我們的看法，在不知不覺中，就會產生敬佩或者是愛戴的心理，照這樣發展下去，友誼上的需要，當然是能夠亨通的達成。

　　「貞吉」之「貞」字，一說取象於內體乾卦，因為乾陽有貞固之德，一說取象於外體坎卦，因為九五居外體坎卦之中而得其正位。根據卦變，凡四陽二陰之卦皆自〈遯〉與〈大壯〉來，〈需〉來自〈大壯〉，〈大壯〉九四以陽居陽，其位不正，四之五成〈需〉，則九五居中得正，居中得正者必穩固，故曰「貞」。貞者，正也、固也，就是正確而穩固的意思。〈需〉之內卦三陽成體，有向外發揮創造以謀取需要之能力。乾陽熱力向外發展，而為坎濕所困，惟有正確穩固，可進則進，方能獲吉，故曰「貞吉」。反之，若謀取需要之行為不能做到正確穩固，將不免流於偏邪之物慾而陷入坎險。

　　所謂「貞吉」，意思是說，對於至情至性，不僅藉生命力表現出來就算了事，而是要表現得很正確又很穩固，才可以獲得吉祥的結果。我們再用前面的友誼例子來說，社會上的人，有的是生性剛強，有的是生性懦弱，不可一概而論，對於剛強的人，就得要婉轉輸情；對於懦弱的人，就得要慷慨施惠。對象不同，而表現的方法，也就不能相同，因為剛強的人，多半是志滿心高，如果對他慷慨施惠，可

能被誤會是傷害他的自尊，所以要婉轉輸情；懦弱的人，多半是情卑
氣弱，如果對他婉轉輸情，可能被誤會是口惠而實不至，所以要慷慨
施惠，這才算是正確的表現。不過表現正確之外，還得要牢牢的把握
著這種標準，很經常的做下去，有些人，興之所至，於是乎就俠義橫
天；話不對頭，於是乎就冷酷相對，這樣不穩固的表現，縱然是推心
置腹待人，也難得到很好的反應，古往今來，不斷發生恩將仇報的事
實，就是從這些個因素產生的。

　　「利涉大川」，〈需〉卦外體坎為水，又為溝瀆，故有「大
川」之象。大川代表險難，〈需〉之外體坎水固為險難，但內體乾陽
成體，而能發揮其作用至於光大，又能正確穩固，自可以涉險難而前
進，所以說「利涉大川」。所謂「利涉大川」，意思是說，可以渡過
險難。我們對於一種需要，如果是本著至情至性，以生命力來表現，
而且表現得很正確又很穩固，那麼在取得這種需要的過程中，就算有
險難，也可以安詳渡過。總而言之，〈需〉之卦辭旨在說明取得需要
的三個條件，「有孚」、「光亨」、「貞吉」就是取得需要的三個條
件，三者具備，然後才可以「利涉大川」。

參、爻辭

初九：需于郊，利用恆，无咎。

　　「需于郊」，《爾雅・釋地》：「邑外謂之郊。」而《周禮
注疏・地官・載師》鄭玄引杜子春注：「五十里為近郊，百里為遠
郊。」故稱「郊」者，喻其曠遠也。初居乾，〈乾〉卦在後天八卦方
位，係居於西北之隅，乃荒遠之地也，故有「郊」象。另有一說，

〈需〉以乾、坎成卦，乾西北與坎北相毗連，是即「郊」之象，初與四應，初往而居四，是由西北而北，但四爲坎險，故初停留於乾、坎之間而「需于郊」。「需于郊」的意思是說，處於需要之初，應有開闊的胸襟，一如郊野之空曠，而生活自如，所謂「君子坦蕩蕩」（《論語‧述而》）是也。因爲初九距離需要之目標外體坎卦還很遙遠，千萬不能立即表現出迫切需要之情，如果需要之情一經表露於外，難免會引起外界之障礙，而不能順利達到需要之目標。

「利用恆」，前面說過，就卦變而言，〈需〉自〈大壯〉來，〈大壯〉初爻一變則爲〈恆〉，故初有「恆」象，恆者常也。〈乾〉卦〈文言〉曰：「乾始能以美利利天下」，初居乾故曰「利」。〈需〉爲〈坤〉宮游魂卦，〈說卦傳〉曰：「致役乎坤。」致役爲「用」，故有「用」之象。「利用恆」的意思是說，在謀取需要之初，猶應保持常態，若似無需要者然。有些人往往在取得需要剛剛開始的時候，即將希望寄託得太高，這樣估計，那樣核算，一旦失敗了，就垂頭喪氣，淪於失望之痛苦，甚至連原有的基礎都沒有了。所以，無論如何要保持常態，即使是取不到需要，亦不失常態。

「无咎」，〈需〉卦內體三爻以距離外體坎險之遠近而決定吉凶。從爻位上看，初九距離外體坎險最遠，不致遭受險難之危害，故曰「无咎」。至於爻辭的大意是說，處於需要之初，首先心理要空曠而毫不沾滯，切忌表現得悽惶不寧，因爲這樣焦慮的情態，很容易引起外界的猜忌，或許以爲我們謀取這種需要有利可圖，而欲分潤；或許以爲我們謀取這種需要不利於彼，而多方阻撓，無論如何，都會增加我們取得需要的困擾。其次，生活態度要安之若素，對於眼前的需要，應該淡然處之，不宜患得患失，妄動躁進，以致紊亂了自己生活

的常態，因為謀取需要並非一蹴可幾，而須循序漸進，但是初九以剛居剛，難免急躁躐等，造成欲速不達的效果，所以爻辭告誡我們，處需之初，必須具備「需于郊」的胸襟，以及「利用恆」的素養，方才「无咎」，不會有毛病。

茲再舉例說明爻辭的意義，試觀今日世界局勢，沒有一個國家不是在力爭上游，圖謀富強，富強在一個國家來講，當然是一種重大的需要，可是就在這種圖謀開始的當中，一定會引起別的國家側目而視，理由是這個國家真正的富強了，無異乎是別的國家從此削弱，不必要的爭執，很可能接踵而來，所以爻辭指示我們：「需于郊，利用恆。」前面說過，「郊」是空曠的意思，「恆」是經常的意思，在需要之初，我們應該是很空曠的，而不著痕跡，很經常的，而不失常態，照這樣去取得我們的需要，不僅可以避免別人的注意，就是需要不能達成，也不至於影響我們的正規生活。

九二：需于沙，小有言，終吉。

「需于沙」，九二位居內卦乾體之中，二、三、四又互兌，按八卦五行，乾兌納金，而金、沙同類，故曰「沙」。此外，內卦乾體之九二與外卦乾體之九五，爻位相應，乾金入於坎水，是亦金「沙」之象。就爻位而言，初九距離外卦坎水最遠，故曰「需于郊」，「郊」者境上之地，以喻其去水猶遠；九二則接近外卦坎水，故曰「需于沙」，「沙」者水旁之地，以喻其已近水邊。〈需〉卦既以坎水為需要之目標，二爻「需于沙」表示已較初爻「需于郊」接近需要之目標。

「小有言」，易例：陽大陰小。前面提到，根據京氏八宮之

說，〈需〉本坤體，坤陰爲「小」，〈坤〉卦〈文言〉：「地道无成而代有終也。」故坤亦爲「有」，二、三、四互兌，兌爲口舌，此乃「小有言」取象之源頭。另有一說，九二居乾，荀爽《九家易象》釋乾爲言，二、三、四互兌爲「小」，亦「小有言」之象，「小有言」意即小有訾謫。凡屬一種需要，將成未成之際，最容易遭到挫折，九二之處境正是如此，蓋初九「需于郊」，距離需要之目標尚遠，而且生活保持常態，外界不易察覺我們有所需要，也就沒有不良反應；九二則「需于沙」，逐漸接近需要之目標，謀取需要之動機，至此已昭然若揭，對於也在謀取需要者來說，無異是增加競爭的對手，因此，不免交相指責，亟欲干預，所幸九二以陽爻居陰位，又位在內卦乾體之中，是以陽剛之才居柔守中，有陽剛之才，則不爲外力所動，能居柔守中，則不踰閑越分。我們在謀取需要的過程中，若能秉持陽剛之才，而有居柔守中的涵養，則外界基於私利，對於我們謀取需要之行爲，雖不免有所指責，也找不到正當理由可以誇大渲染，借題發揮，更不至於付諸行動，橫加阻撓，充其量，只不過是說說閒話罷了。

「終吉」，「終」字是取象於坤，二與五應，五爲需要之目標，二爻終將變正而之五，則最後必能達成需要之目標，成果既已圓滿，即再無所需矣，故曰「終吉」。或許有人會懷疑：初九距離坎險最遠，爲什麼必須「利用恆」，乃得「无咎」？九二漸近坎險，且外界已「小有言」，爲什麼反能「終吉」？我們可以用爻位來說明，因爲初九以剛居剛，恐其躁進，故雖遠險，猶有戒辭；九二以剛居柔，寬而得中，故雖近險，而不害其吉也。

九三：需于泥，致寇至。

「需于泥」，「泥」，三與二、四互兌，兌爲澤，按「水草交厝，名之爲澤」（漢‧應劭《風俗通義‧山澤‧澤》），而水草交厝之地，必有泥濘，所以「泥」字是取象於兌。復據京氏八宮之說，〈需〉本坤體，〈坤〉息至五則成〈夬〉，〈夬〉再決陰，則坤陰滅矣，然宇宙間乾坤二氣無滅絕之理，故〈夬〉卦五爻下而變四，致使外卦之坤，變成後天之坎，坤土既成坎水，則水土交融而有「泥」象。試與二爻合觀，二爻曰「沙」，「沙」者，水旁之地，乃無水之疏土也，此爻曰「泥」，「泥」則水土交融，而爲泥濘之沼澤矣。爲什麼二爻言「沙」，三爻言「泥」呢？因爲三爻位居內卦之末，與外卦坎水比鄰，所以爻辭由疏土無水之「沙」，進而爲水土交融之「泥」，「需于泥」就是表示它更進一步接近需要之目標。

「致寇至」，「寇」是取象於外體之坎，坎爲盜，盜即「寇」也，三、四、五互離，離爲戈兵，又爲甲冑，亦有盜「寇」之象。盜寇是表示在謀取需要之過程中，所遭遇之困難險阻。按九三以陽居陽，又位於內卦乾體之上，是爲剛猛之陽，外卦坎水則爲潮濕之氣，九三居內外交遞之際，而與坎水比鄰，乃以剛猛之陽，遇潮濕之氣，遂成相激相盪之勢，是即「致寇至」也。九三接近坎水之滋養，連帶的也就接近坎險之困難，所以說「致寇至」，意即寇盜之險難是自己招致的，無需怨天尤人。

凡謀取需要，取之以道則吉，取之於非道則凶，九三瀕臨坎險，理應戒愼恐懼，徐行緩進，然因九三爲剛猛之陽，勇於前進，而逼近坎險，只顧向前謀取需要，卻不能把握需要之目標，外體坎水爲滋養之所在，是乃需要之目標，此則「需于泥」，「泥」者水土交融

也，雖有水之成分，畢竟不是純粹之坎水，是則冒險犯難所爭取得來者，並非我們需要之目標，譬如一個人飢不擇食、渴不擇飲，雖然腐肉臭水也有療飢解渴之功，卻會招來無謂的疾病與災難。試再與九二合觀，九二謀取需要之態度較爲溫和，對於現狀沒有不利之影響，因此易爲外界所接受，縱然外界有所猜忌，也只是言語上之指責而已，是謂「小有言」。九三謀取需要之態度則失之偏激，有破壞現狀之虞，當然不爲外界所容，則阻撓行動之來，有如盜寇一般凶猛，是謂「致寇至」。

六四：需于血，出自穴。

血取象於坎，〈說卦傳〉：「坎爲血卦。」六四居坎，故稱「血」，坎又爲陷、爲隱伏，豈不就是「穴」之象？〈需〉卦內體三陽伏於外卦坎體之下，其象爲乾陽陷於坎穴之內，但〈需〉卦發展到第四爻，已由內而達於外，且六、四互離，離火炎上，其象爲「出」，四又應初，初爲震爻；另據卦變，〈需〉自〈大壯〉來，四在〈大壯〉體震，震亦有「出」之象；另有一說，初在坎水之下，而初、四相應，初往居四，是爲「出自穴」。至於「自」字是取象於坤，〈需〉爲〈坤〉宮游魂卦，坤爲「自」。以上是爻辭取象的由來。

朱子《周易本義》曰：「血者，殺傷之地。」釋「血」爲殺傷之地，這是根據「龍戰于野，其血玄黃」之「血」字做註解，惟若在四爻的階段已受傷而流血，又如何能夠突破坎險而「出自穴」呢？是知此「血」並非彼「血」，那麼四爻之「血」又作何解？按「血」字在此有兩方面的意義：就我所付出者而言，是在謀取需要時所支付的生

命力；就我所獲得者而言，是因而取得滋養生命的質素。合而言之，「需于血」就是爲了謀取滋養生命的質素，而支付生命力的現象。前面提到，外體坎水寒濕之氣可以阻撓內體乾陽向上發展，內體三陽既爲濕氣所困，則能力無法發揮，是以〈需〉卦初、二、三之爻辭都顯示處於險難之中。到了四爻，是已由內躍居於外，則不再爲寒濕之氣所困，而且外體坎水寒濕之氣反可調和內體乾陽剛躁之氣，於是，險難之坎水一變而成爲滋養之坎血，故曰「需于血，出自穴」，亦猶道家平時以習靜、打坐、調息之功夫培固元陽，即使偶而不愼感冒著涼，也可以運用元陽眞氣，將寒濕之氣逼出體外，自然痊癒。

　　萬物在向外謀取需要之前，必先培固內在的基礎，〈需〉卦在經過初、二、三各爻安貞守常、敬愼自處的階段，到了四爻，內體乾陽已成就雄厚的根基，可以向外發展了，惟若想達到需要的目標，就得先支付生命力，例如在科舉時代，書生多以謀取功名爲其人生目標，十年寒窗，發憤苦讀，無非希望充實學識，能在莘莘考生中脫穎而出。寒窗苦讀，就是支付生命力，尤其在應試時，生命力的消耗，好像生了一場大病，因爲處於需要的關鍵時刻，身心兩界都感受極大的壓力，絲毫不敢鬆懈，是最吃力的階段，那就是「需于血」的境界。一俟步出考場，便覺得鬆了一口氣，身心皆如釋重負般的暢快，尤其在金榜題名時，更覺得努力沒有白費，不免由衷喜悅，那就是「出自穴」的境界。人事現象如此，自然現象亦然，例如植物爲了繁衍生命，必須開花結果，但是，植物若要綻放花朵、結成果實，就必先具有肥壯的根荄，擔任吸收養分、提供營養的任務，而在植物成就花果之同時，根荄也消瘦了許多，這就意味著，它正在支付生命力，是即「需于血」，至於開花結果，則是「出自穴」。所以說，謀取需要，

必須實實在在地支付生命質素，不能投機取巧，如果需要的資用，是以橫徵暴斂、巧取豪奪的手段得來，因爲沒有支付生命質素，也就不會有愛惜之心，就像朱門酒肉臭一般，對於需要的資用，只是一種糟蹋。

九五：需于酒食，貞吉。

九五是外體坎卦的主爻，坎爲水，可以引申其義爲「酒」，中爻二、三、四互兌，兌爲口，二爻至五爻，是爲坎在兌上，且若五爻下而應二，則有水流入口之象，是飲「酒」也。初爻至五爻有鼎象半見，上爻下而居初則成鼎，〈需〉卦本屬坤體，坤爲釜，中爻三、四、五互離，離爲火，整個卦體爲外卦坎水在中爻離火之上，其間又暗伏有鼎釜，乃烹飪之象，是進「食」也。簡而言之，坎流兌口是飲「酒」之象，鼎釜烹飪是進「食」之象，故曰「酒食」。「酒食」爲一日三餐之物，所以表示生活已步入正軌，日常生活的需要已不虞匱乏。至於「貞」字，意即正確穩固，九五以陽剛居中得正，有正確穩固之德行，故有「貞」固之象，「貞吉」的意思是說，坎險在整個需要的過程中，是無所不在的，即使九五已經達到需要的目標，仍然伏有坎險，所以還是要守之以正，始能獲吉，苟若不正，則又將陷入坎險之中。

就個人而言，經過六四「需于血」，支付生命力量，而取得需要之目標以後，到了五爻，則已步入需要之正常軌道，凡諸生活起居，一切需要都很正常而安詳，沒有紙醉金迷、戕害身心的不良需要，而取得需要的方式，又很正當而平穩，沒有巧取豪奪、傷害社會的不法行爲，這樣既正確又穩固，所以獲「吉」。就國家而言，六四「需于

血」，譬如當政者握髮吐哺、勵精圖治，人民胼手胝足、努力建設，全國上下，一心一德，各就自己份內之事，支付生命力量，這樣到了九五，整個國家已達到富強康樂的境界，但雖物阜民豐，仍崇尚儉樸，雖國富民強，而不事侵略，既正確又穩固，則能安享太平之福，故稱「貞吉」。

上六：入于穴，有不速之客三人來，敬之終吉。

「入于穴」，上六之「入」與六四之「出」可以對照著看，四之「出」，是因為初與四應，初居坎穴之下，初往應四，已由內而進於外，且四在〈大壯〉居震，震為出，而有「出自穴」之象；上之「入」，是因為上與三應，三居坎穴之下，上來應三，則由外而入於內，且上變為巽，巽為「入」，而有「入于穴」之象。進而言之，六四以陰柔之爻居陰柔之位，處需之時，身陷坎險之中，惟有以柔順之態度須而待之，一俟時機成熟，則可脫離險境，故曰「出」者，許其將然也；上六固亦陰柔之爻，惟位居〈需〉卦之終，卦體將變，已不能保持需要之成果，於是乎又再陷入險難之中，故曰「入」者，言其已然也。

「有不速之客三人來」，「有不速之客」，就爻位對待而言，上六既為主，則應位之九三為「客」，復因九三居於六畫卦之人位，故稱「人」，「速」字是主召客之辭，古人在門外迎賓，客左主右，三請而後至內堂，「速客」者，請客入堂也，則知「不速之客」者，乃不請自至之客。至於「三人來」者，是就爻位相應而言，上六與九三相應，上六為極位之陰，而陰氣內斂，九三為剛猛之陽，而陽氣外行，上六之極陰既來而下行應三，則九三之猛陽必往而上行應上，復

因〈需〉之內卦三陽成體，牽一髮而動全身，九三若上行應上，則初九與九二必隨之而上行，此「三人來」之象。初、二兩爻與上六並不相應，非上六所邀請之客人，只因內體三陽相連，有一上行，則必連袂而進，故以上六之立場，初、二兩爻爲「不速之客」，此即「有不速之客三人來」之象。

「敬之，終吉」，上與三應，三在〈乾〉卦爲「終日乾乾，夕惕若厲」，有戒慎恐懼之情，是「敬之」之象，又以上六變巽，巽爲恭，恭亦「敬」也。〈需〉卦本爲坤體，坤爲「終」，上六又居一卦之「終」，故言「終」。「敬之，終吉」的意思是說，惟有彼此嚴守分際，恭敬相待，方能獲吉。所謂嚴守分際，一爲對己不能過分，二爲對人不能過分，一切需要的資用，多則人我同多，少則人我同少，至於恭敬相待，則是爲人處事所應具備的德行，所有謀取需要的人，若能彼此嚴守分際，又能恭敬相待，終可相安無事而獲吉。

〈需〉卦自初至五，爻辭都有「需」字，初「需于郊」，二「需于沙」，三「需于泥」，四「需于血」，五「需于酒食」，只有上爻沒有「需」字，這是因爲五爻既經達到需要之目標，上爻則再無所謂「需」矣，故不言「需」。但是，〈豐〉卦〈彖辭〉說：「日中則昃，月盈則食。」要保持這爭取得來的成果，亦非容易。前面說過，坎水固爲需要之目標，卻也是險難之所在，上六位在坎險之上，如果以爲需要已經獲得滿足，就得意忘形，那麼，稍有不慎，還是會再陷入坎險之深淵，故曰「入于穴」。就人事社會現象來說，芸芸眾生，無不在追求需要之目標，並非只是我們有所需要，既然大家都在爭取需要，難免會發生爭執。上六爲陰之極位，而坤陰代表物質，是則〈需〉之上六已有物質豐盛之象，其他物質匱乏者，難免有覬覦之

情、猜忌之心，於是連袂而來，期能分享，大有剛暴侵凌之勢。處在這種情況下，惟有「敬之」，始得「終吉」。「敬」分二義，對內為律己嚴，對外為待人恭，所謂嚴以律己、寬以待人是也。雖然物質所得已很豐盛，卻絲毫也不奢侈浪費，仍然一本認真的態度處事，一本寬厚的胸襟待人，《孟子・離婁下》云：「敬人者人恆敬之。」則雖「有不速之客三人來」，亦不致加害於我，是謂「終吉」。

總之，一種需要發展到了圓滿完成以後，很容易引起別人的覬覦與猜忌，覬覦與猜忌當然可以導致爭執的現象，例如我們經營產業，到了過於富有的時候，就會招來很多的麻煩，這種情形，是極其普遍，所以〈需〉卦最末一爻警告我們，「有不速之客三人來，敬之，終吉」，意思就是說，一種需要發展到了最豐盛的時候，就會有「不速之客」前來分潤這種豐盛的成果，我們只有以恭敬的態度，很謹慎的應付，才能避免爭端，而保持吉祥的收場。不過，這裡所講的恭敬，不僅是表面上周旋的客氣，而是發自內心的尊重別人，同時要能控制自己，不可因富貴而有驕矜之色，這也就是孔子主張「富而好禮」（《論語・學而》）的道理。

在這裡要附帶一提的是，今天共產黨之所以這般猖獗，實肇因於西方資本主義社會的病態，因為財富過度集中，窮人自然增加，如若富有人家不善利用豐餘的財富，而一味地追求聲色犬馬、紙醉金迷，則對於三餐不繼的貧窮人家來說，無異是一種殘酷的刺激，乃以種種恐怖手段來洩恨，故孔子強調「不患寡而患不均」（《論語・季氏》）。由上六爻辭，我們可以得到下列啟示：在獲得需要的成果時，要約束自己，不能放縱，其次，待人不宜苛薄，要表現寬厚，最後，生活態度要認真而恭敬，這才是處需之道。

肆、彖傳

彖曰：需，須也，險在前也。剛健而不陷，其義不困窮
矣。需，有孚，光亨，貞吉，位乎天位，以中正也；利
涉大川，往有功也。

「需，須也，險在前也」，是解釋卦名之由來。《說文》：
「需，𡳿也。遇雨不進，止𡳿也。」另據《爾雅・釋詁》：「須，待
也。」合而觀之，「須」就是期而待之的意思。為什麼要期而待之
呢？因為「險在前也」。按〈需〉之內卦三陽成體，陽能已旺，可以
向外行進矣。卦氣乃由內而外，向上運行，卦氣既係由內而外，則
外卦顯然是位在內卦之前，〈需〉之外卦是為坎險，故稱「險在前
也」。乾陽本性向外奔放，卻被坎水濕氣所困，必俟乾陽熱能充足，
始能突破外在濕困，在此之前，惟有待時而後動，切忌遽進妄涉，冒
險犯難，蓋天下事不如人意者十常八九，謀取需要，並非急切就能達
到目標，甚或所謀取的需要，還藏有險難的成分，所以要須而待之，
徐圖進取。

「剛健而不陷，其義不困窮矣」，是解釋卦體。〈需〉卦內則乾
陽成體，外則九五乾陽居中得正，按〈乾〉卦〈文言〉曰：「大哉！
乾乎！剛健中正！」可見乾陽具有剛健中正之德行，故稱剛健，〈說
卦傳〉曰：「坎，陷也。」〈繫辭下傳〉曰：「夫乾，天下之至健
也，德行恆易以知險。」是以卦體雖為乾陽在坎陷之內，但因乾陽成
體而氣旺，兼具剛健之德與知險之能，非坎險所能困陷，故稱「剛健
而不陷」。譬如秦末諸雄並起，楚軍畏秦，遲遲不敢渡河以救趙危，
項羽主張立刻攻打秦軍，乃殺楚帥卿子冠軍，旋即揮兵渡河，並破釜

沉舟，以示士卒必死之心，當其時也，處境雖險，惟因陽剛氣壯，終能突破險難，一舉攻破秦軍，此爲「剛健而不陷」之例證。其次，二至五有〈節〉卦體象，〈節〉之反對卦爲〈困〉，又因〈需〉卦之所以成體，係由於乾陽交坤，易例：陽富，陰不富。〈需〉卦本是坤體，是爲不富，不富即「困窮」也，然乾陽既已交坤而成〈需〉，則非復不富之坤體，故曰「其義不困窮矣」。蓋處於險難之時，中心若有剛健之主宰，就不至於倉皇失措，縱有坎險橫梗於前，亦不致爲其所困。

「需，有孚，光亨，貞吉，位乎天位，以中正也。利涉大川，往有功也」，是解釋卦辭。前段的意思大致是說，〈需〉卦爲什麼具備「有孚」、「光亨」、「貞吉」這三種德行呢？那是因爲九五主爻「位乎天位，以中正也」的緣故。按十二辟卦中，以乾陽息坤之各卦，係由〈復〉而〈臨〉、而〈泰〉，及至〈大壯〉，其乾陽氣化已發展到了強壯的程度，〈需〉卦則更由〈大壯〉九四升居於五，而九五在〈乾〉卦爲「飛龍在天」，且就卦位而言，五爲天子，故〈需〉卦九五有「位乎天位」之象，復因九五以陽爻居陽位，又在外體坎卦之中，是亦兼有「中正」之德，九五「位乎天位」，又有「中正」之德，謀國君子，德位如此，必能掌握天理人心，主宰一切，則凡所施爲，皆能恰如其分，此〈需〉之所以「有孚」、「光亨」、「貞吉」。至於後段的意思大致是說，爲什麼「利涉大川」呢？因爲「往有功也」。按卦氣由內而外謂之往，〈需〉卦內體乾陽已經成體而茁壯，勢必向外發揮其化育之功，故有「往」之象，〈繫辭下傳〉曰：「五多功。」九五居中得正而爲〈需〉卦之主爻，故有「功」之象。坎體之濕氣對內卦乾體而言，有如大川之險阻，但茁壯之乾陽，

不但無畏於濕困，更能將坎體濕氣變爲調和躁陽之滋潤質素，使阻力化爲助力，是猶植物之幼苗，如果根荄脆弱，無法抓緊土壤，即使一場小雨，也有可能影響其發育，一俟根荄茁壯，紮實地抓緊土壤，則小雨不但無礙其成長，反可滋潤其生機，此爲「往有功」之例證。

伍、大小象傳

象曰：雲上於天，需。君子以飲食宴樂。

　　〈需〉卦內體乾爲「天」，外體坎爲「雲」，故有「雲在天上」之象。然不言「雲在天上」，而言「雲上於天」，實切合地球物理之涵義，因爲天上的雲朵原本是地內的水分，由於地心熱力的蒸發，水分乃化成氣體，自地球穴道突出於外，並升至天空，變成雲的型態，這也正是先天八卦中「山澤通氣」的道理。水氣之所以能突出於外，係因地心熱力蒸發使然，水氣者坎水也，熱力者乾陽也，當水氣突出地面，乾陽熱力亦能跟隨其後而向外奔放，反之，若水氣不能突出地面，乾陽熱力仍將蒙受水氣之困，其間的關鍵，端在乾陽熱力之盛衰，因而必須等待乾陽熱力由弱轉強，是爲需者須也，有所待也。再以雲上於天之後，其水氣必待遇冷凝固，始得降而爲雨，使萬物沾其滋潤，然在〈需〉卦，雲尚未化而成雨，是亦有所待也。若就人體現象而言，雲上於天猶如人體腑臟內有濕困，氣機因而無法暢通，必俟體內陽氣旺盛之後，濕困始無影響，當乾陽將濕氣逼出體外，氣機又可恢復暢通，此亦須而待之之例證。

　　〈需〉本坤體，由乾來交坤而成卦，乾爲君子，故有「君子」之象；二、三、四互兌爲口，外體坎爲水，有坎水流入兌口之象，是

即「飲」也，坤為釜，三、四、五互離，離為火，而初至五有鼎象半
見，整個看來，〈需〉之卦體有鼎釜烹飪之象，是即「食」也，故
稱「飲食」。離又為日，日安於內為宴，今乾陽在內，故稱「宴」。
〈需〉自〈大壯〉來，〈大壯〉外震為「笑言啞啞」（〈震〉卦卦
辭），有「樂」之象，是即「宴樂」也。所謂「飲食宴樂」，非必眞
的飲酒進食，宴饗歡樂，而是表示生活之常態，蓋「宴」者身安而他
無所營作也，「樂」者心愉而他無所謀慮也，「飲食」則素其位，
「宴樂」則不願乎外，是皆清心寡慾，不失常態之義。在需要尙未取
得，而有所期待的時候，應保持正常生活，「飲食」以養其體，「宴
樂」以養其心，身心兩界，不失其常，懷其道德，安以待時，所謂
「居易以俟命」（《禮記‧中庸》）是也，此乃有道君子在出而問世
之前，所應持有之態度。孔子觀察宇宙法則有雲上於天，未成雨澤，
萬物望其滋潤，須時而待之現象，反觀人類在謀取需要時，則每每有
因為操之過急，不耐等待，結果弄得身心俱傷之現象，乃將此一宇宙
發展之法則，引申為人類社會之規範，而在〈大象〉中告誡我們，必
須在不影響正常生活之原則下謀取需要，不能因為謀取需要而影響正
常生活，故曰：「雲上於天，需，君子以飲食宴樂。」

初九象曰：需于郊，不犯難行也。利用恆无咎，未失常也。

「需于郊，不犯難行也」，初與四應，四居坎為「險難」，
〈需〉卦自〈大壯〉來，〈大壯〉四居震為「行」，是有「難行」
之象，然初未往而之四，則坎卦險難不犯，〈大壯〉也已變而成
〈需〉，則震行之象不見，故曰「不犯難行」也。按初九爻位以陽居
陽，陽性向外奔放，是有躁進之勢，若進進不已，則步入坎險矣，所

幸初九距離外卦坎險最遠，猶如處於郊野曠遠之地，胸襟開闊，故能抑其躁進之心，應不至犯難而行，所以「需于郊，不犯難行也」是告誡我們，處需之初，坎險當前，不能因為需要情切就急於求進，以致冒險犯難。

恆與常意義相同，恆即常也，「利用恆，无咎，未失常也」的意思是說，「利用恆」之所以能夠「无咎」，是因為若能以恆德自處，就不會為了謀取需要而使生活失去常態，甚或發生偏差。按一般人之所以不顧一切，冒險犯難，不外下列三種原因：或為才能所使、或為意氣所動、或為事勢所激，一言以蔽之，就是中心沒有主宰所致。若與前句合併來看，不犯難行便是常，不失常便是恆德，〈需〉卦初九以陽居陽，陽性剛健，是其中心自有剛健之主宰，則不至於逞能逞強，犯難而行，從而不致失去生活常態。

九二象曰：需于沙，衍在中也，雖小有言，以吉終也。

二與五應，九五以剛勁之陽爻，居於外卦坎水之中，有沙之象，故曰「需于沙」。《說文》：「衍，水朝宗于海也，從水從行。」「衍」從水從行，所以有河水流注於海之象，然此處「衍」字則宜解釋為沃平而美之地，亦即水邊之沙地也，二爻「需于沙」，故有「衍」象。二居內卦之「中」，應爻九五又居外卦之「中」，故二、五兩爻皆有在「中」之象。先儒亦有將「沙」、「衍」二字並訓者，按《穆天子傳》卷三：「天子乃遂東征，南絕沙衍。」「沙衍」者，水中有沙也。按「衍在中也」的意思是說，二爻雖如沙在水中，而為坎水所困，但水並不能化沙，因為二、五兩爻皆以陽剛居中，乃能剛勁自持，屹立不搖。

二、三、四互兌，兌口為「言」，兌又為「小」，是「小有言」之象；至於「以吉終也」是在解釋爻辭「終吉」。需至第二階段，由「郊」而「沙」，因為「沙」已瀕臨水邊，用以表示二爻已逐漸接近資用之境地，按〈需〉卦之資用，就是外體坎卦，坎固為水，又為險難，二既已接近資用之境地，難免招致外界非議之難，惟二、五相應，而九五即為需要之目標，因為九二與九五有同氣相求之象，雖然招致外界非議而小有挫折，終能達到需要之目標，故曰「以吉終也」。

九三象曰：需于泥，災在外也，自我致寇，敬慎不敗也。

三居內卦之末，緊鄰外體坎險，所以感受濕困之險難最為深切，虞翻注說：「坎為災」，坎在外，故曰「災在外也」。至於「自我致寇」的意思是說，九三之所以遭受寇盜之險難，完全是由於自己進逼所致，並非外力使然，因為九三以陽爻居陽位，是乃剛猛之陽，必然急於向外奔放以謀取需要，所以雖已接近坎險而猶不知自警，以致陷入坎險，惹來喪敗之禍。按〈乾〉卦九三爻辭：「君子終日乾乾，夕惕若厲，无咎。」其中「夕惕若厲」即敬慎之義，「无咎」即不敗之義，〈需〉之九三亦即〈乾〉之九三，故有「敬慎不敗」之象。「敬」為敬人敬事，「慎」為謹慎守分，「敬慎不敗」的意思是說，九三雖已接近寇盜之險難，惟若能恭敬謹慎，俟機而進，則无喪敗之禍。

六四象曰：需于血，順以聽也。

四為巽爻，巽為順，〈說卦傳〉曰：「乾，健也。坤，順

也。」是知「順」爲坤陰之德，六四以陰爻居陰位，亦有「順」象；四又體坎，坎爲耳，有「聽」之象。〈需〉卦內體三陽雖然伏於坎險之下，但是陽氣向外奔放成性，一俟乾陽氣壯，必能突破坎險而出，六四爲陰柔之質，且與初陽爲正應，陰陽之間極爲諧和，乃能聽任乾陽突出於外，不會加以阻撓，故曰「順以聽也」。按〈繫辭下〉：「三多凶」、「四多懼」，九三已接近坎險，其象凶矣，然因能「敬」，是以雖險而不敗，六四更是陷入坎險，其象懼矣，然因能「順」，仍可脫離險境，由此可見，「敬」與「順」實乃處險之道。

九五象曰：酒食貞吉，以中正也。

〈需〉之卦體有坎流兌口，鼎釜烹飪，飲酒進食之象，故稱「酒食」，前面九五爻辭已有交代。九五是〈需〉卦主爻，位居外卦之中，而且以陽居陽，正當其位，故有「中正」之象。〈需〉至九五，業已取得需要之目標，惟外體坎卦固爲需要之目標，卻也是險難之所在，若以爲需要已經獲得，而就得意忘形，稍有疏失，還是會再陷入險難之中，但因九五居中得正，凡所施爲，皆能恰到好處而不失正當，故雖處於坎險之中，仍能履險如夷。九五以「中正」之德，安於「酒食」之養，是在取得需要之後，還能保持生活常態，故曰「貞吉」。

上六象曰：不速之客來，敬之終吉，雖不當位，未大失也。

上六以陰居陰，本爲當位，惟〈需〉卦到了最後階段，內體三陽已經苗壯，可以突破坎險而向外奔放，於是九三往上而與上六相應，致使上爻變成以陽居陰，則不當位矣，再者，初、二兩爻與上爻本不

相應，祇因內體三陽連成一氣，即與九三連袂上行，造成「不速之客三人來」，大有喧賓奪主之勢，惟因上六一如九三，具備恭敬之德性，故雖險象環生，能夠處之以恭敬，仍無大礙。九五取得之資用固然豐盛，然內體三陽齊來分享，不無人多物少之感，惟若主客之間彼此嚴守分際，互相禮讓，雖然物少人多，還是能夠滿足大家的需要，明·劉宗周《論語學案·卷二》所謂「相爭則不足，相讓則有餘」是也，是以陰能敬陽，陽不凌陰，雖不當位，亦不至於大失也。

第五卦

需卦

周鼎珩手稿

需

坎　乾
上　下

—— 此係〈坤〉宮游魂卦，消息二月，旁通〈晉〉，反對〈訟〉。

壹、總說

　　屯即爲創始之方略，蒙即爲處於蒙昧時之方略也。「童蒙，吉」，有二義：一爲以孩童形容蒙之境界，二爲蒙而如童，其蒙自能開朗，所以是「吉」。〈需〉之〈彖傳〉：「需，須也。」《爾雅・釋詁》：「需，須也。」又資也，用也，就是通常所說的需要，因爲物在蒙穉之後，當然需要一切資用以供養其成長，《京房易傳》曰：「夬，剛決柔，陰道滅，五陽務下，一陰危上，將反游魂。」按〈需〉本坤體，〈坤〉息至五成〈夬〉，於是九四變陰，入坎爲〈需〉，坤爲地，萬物皆坤地之所生所養，物在蒙時猶穉，物穉不可不養，故受之以〈需〉，以〈需〉自〈坤〉變，而有致養之意義，惟

上坎爲雲，升居天上，翱翔空中，猶未降雨，迴旋不定，是即需之境界，故歷來解釋，皆謂「需，須也」，期而待之也。蓋〈屯〉爲乾、坤始交，而初陽在下，其陽猶嫩，故不利有攸往而利建侯；〈蒙〉則陽已升居於二，其陽較初爲健，但猶僅能童蒙求我，而我不可求童蒙。是以〈屯〉、〈蒙〉兩卦卦氣皆是內行，而不可外向，以陽猶未飽滿也，至〈需〉其外體雖與〈屯〉卦相同，而內則乾陽已成體，其陽已旺，可以外行矣，但繼〈屯〉、〈蒙〉之後，乾體初成，坎險尚在，不能急進，故卦名爲〈需〉，需者，須也，期而待之也。

佈卦的次序

〈屯〉爲初生，〈蒙〉爲蒙穉，初生蒙穉之後必有所以資養，〈需〉即資養也，在〈屯〉、〈蒙〉之後，故佈之以〈需〉。初生蒙穉之後必有所養，需者，養也，但物當初生蒙穉，又必有所蒙之者，所謂「包蒙」是也，或胎、或卵、或植、或化，皆因其穉而加以護衛包容，是乃天地之仁也。早慧非福，暴長非壽，故漸爲之飼食以長其體，漸爲之教訓以長其智，故屯蒙之後，繼之以需要資養，惟所需要資養，必須期而待之，不可急於成也。

成卦的體例

（從缺）

第五卦

需卦

講習大綱

需

坎　乾
上　下

—— 此係〈坤〉宮游魂卦，消息二月，旁通〈晉〉，反對〈訟〉。

　　需者，須也，期而待之也，又訓：資也，用也，物經蒙稺，斯求成長，必有資用之所需，以充實其營養，但所需之資用，非急切可以取得，故須期而待之，是即所謂需。

壹、總說

佈卦的次序

　　物在蒙時，猶極幼稺，稺則不可不有所養，〈序卦傳〉曰：「需者飲食之道也。」所以致養也，故於〈蒙〉後，而繼之以〈需〉。

成卦的體例

〈需〉為〈坤〉宮游魂的餘氣。坤，地也，凡百穀果蔬禽獸魚鼈皆其所生，而〈需〉有鼎象，鼎主烹飪，在需烹飪穀蔬腥實以致養，豈不就是坤之餘氣？又據卦象，坎雲升天，而未降雨，對於萬物之滋養潤澤，尚有待也。

立卦的意義

需是漸進的，我們對於需要的處理，應該本著〈需〉卦各爻的啓示，一步一步地走向目標，不能稍存倖進之心，而操之過切，尤其所需之資用，完全發之於至情至性，而不是物慾上的臨時動念。

貳、彖辭（即卦辭）

〈需〉：有孚，光亨，貞吉，利涉大川。

〈需〉卦外雖坎險，內則乾陽成體，而有足夠的潛在力量，在取得需要時，難免有外來的梗阻，但如一本潛在的力量，而出之於至情至性，自能發揚光大，亨通進展，只要持之以正確而穩定的態度，即使遇有較大的險難，也可以安全渡過。

參、爻辭

初九：需于郊，利用恆，无咎。

處〈需〉之初，應有開闊的胸襟，一如郊野之空曠，而生活自

如，所謂「君子坦蕩蕩」是也，尤須持之以恆，而不失其常，方可无咎。

九二：需于沙，小有言，終吉。

〈需〉至二，由郊而沙，沙則接進潤澤之水邊，而已到達滋養之境地，固然，涉及坎險，可能小有爭執，但二與五應，兩氣相通，終能獲吉。

九三：需于泥，致寇至。

三居內外交遞之際，逼近於坎，坎源於坤，水土交溶，而有泥象。三為剛猛之陽，泥有潮濕之氣，以剛猛之陽，遇潮濕之氣，遂成相激相盪之勢，是即「致寇至也」，寇，取象於坎。

六四：需于血，出自穴。

內體乾居於坎下，坎陷象穴，乾居坎下，是在穴內，但至六四，則已出於穴外，義即乾陽可以發展向外，不為坎險所困，又坎為血卦，血者所以滋養也，乾陽既經向外發展，便能得有滋養矣。

九五：需于酒食，貞吉。

五為坎主，坎為水，是即酒也，初至五有鼎象，鼎主烹飪，故為酒食，〈序卦傳〉曰：「需者飲食之道也。」〈需〉至九五，需道將成，可以安於日常之飲食生活，只須守之以正，自能獲吉。

上六：入于穴，有不速之客三人來，敬之終吉。

上變巽，巽為入，上以陰氣下行，而入於內與九三相應，三居坎穴之下，是「入于穴」也。上陰既然下行，則九三與內體三陽即緣之而上，是為「三人來」也，意在說明〈需〉至上資用已足，招致覬覦，在所難免，故必處之惟敬，方能以吉而終。

肆、象傳

象曰：需，須也，險在前也，剛健而不陷，其義不困窮矣；需，有孚，光亨，貞吉，位乎天位，以正中也；利涉大川，往而有功也。

需應須而待之，卦以居內成體之乾陽為主，而外體坎險當前，是「險在前也」，蓋在取得所需的時候，可能有些險難，橫梗於前；但乾陽成體於內，具有剛健之德，非坎險之所能陷，而不至於淪為困窮。二至上有〈節〉卦體象，〈節〉反〈困〉，又以〈需〉之成卦，由於乾陽交坤，陽富陰不富，乾既交坤，則非不富之陰矣，故其象為「不困窮」；卦辭「需，有孚，光亨，貞吉」，是說乾陽以九五居外體之中，得位而正，藉使外體坎不為險，並已顯露出可以向外發展之途徑；卦辭「利涉大川」，是說在內之乾體，由二與外體之五相應，內外氣通，需道完成，而能毫無阻礙的取得所需，卦氣自內至外謂之往，意即「往有功也」。

伍、大小象傳

象曰：雲上於天，需。君子以飲食宴樂。

雲上於天，欲雨未雨，此正須而待之時也，君子處需，應飲食養體，宴樂養志，保持正常生活，而以待時，飲食宴樂云者，非必真的飲食宴樂，蓋在居易俟命，須而待之也。〈需〉有烹飪之鼎象，〈需〉自〈大壯〉來，〈大壯〉震為樂，故曰：「雲上於天，需，君子以飲食宴樂。」

初九象曰：需于郊，不犯難行也，利用恆无咎，未失常也。

處〈需〉之初，坎險當前，不能以需要情切，而就操之過急，冒險犯難，故曰：「不犯難行也。」利用恆而无咎，就是保持恆常，而不發生偏差，故曰：「未失常也。」

九二象曰：需于沙，衍在中也，雖小有言，以吉終也。

按水中有沙者曰沙衍，即沙在水之邊，水在沙之中，二需於沙，故曰：「衍在中也。」二互兌口為言，兌又為小，是小有言，義為外來之坎險，有所責難，但二與五應，可以化除險難，故曰：「以吉終也。」

九三象曰：需于泥，災在外也，自我致寇，敬愼不敗也。

三已逼近外體坎險，故曰：「災在外也。」外坎又為寇盜，以九三之剛猛，而接觸寇盜，必須處之以敬，庶免挫折，故曰：「敬愼

不敗也。」

六四象曰：需于血，順以聽也。

四為巽爻，順也，外坎為耳，聽也，內體乾陽上升，四以陰柔，而與初應，聽任乾陽向上，故曰：「順以聽也。」

九五象曰：酒食貞吉，以中正也。

〈需〉至五，其所需要者，即將正確達成，而且恰到好處，故曰：「以中正也。」

上六象曰：不速之客來，敬之終吉，雖不當位，未大失也。

〈需〉至最後階段，乾陽上升，三往而居上，位雖不正，但乾陽得以向外推進，故曰：「雖不當位，未大失也。」

第六卦

訟卦

周鼎珩講　陳永銓記錄

訟

坎　乾
下　上

——此係〈離〉宮游魂卦，消息三月，旁通〈明夷〉，反對〈需〉。

壹、總說

佈卦的次序

　　《說文解字》曰：「訟，爭也。从言公聲。」一般稱之爲爭訟。至於爲什麼會有爭訟現象呢？若溯其源頭，一切爭訟現象，悉皆肇始於「慾望」二字，也就是通常所謂「需要」。按《禮記‧禮運》謂：「飲食男女，人之大欲存焉。」實則飲食、男女，只不過是舉要說明人類基本上有維持生命以及傳宗接代之生理慾望。若進一步探討，尚有穿衣的慾望，有住房子的慾望，更有成就功名、實現理想的慾望。隨著精神與物質文明的發達，人類的慾望更是有增無已，而且

對於每一種慾望，都希望滿足得更好。譬如，白飯、蔬菜雖能果腹充飢，究不如山珍海味來得鮮美爽口，布衣粗服雖能蔽體禦寒，究不如絲葛皮毛來得美觀舒適。人類的慾望層出不窮，大地的資源卻有時而竭，相對於人類無窮的慾望，大地的資源就格外地顯得缺乏。大家為了滿足各自的慾望，對於有限的資源，不免要你爭我奪，於是，小而有個人與個人之爭，大而有國家與國家之爭，〈訟〉卦就是要說明這一切爭執的現象。

　　萬物在成長的過程中，無不需要滋養以暢遂其生機，例如，草木需要雨露滋潤，動物需要食物營養，因為萬物都有滋養的需要，在謀取需要時，彼此之間難免會發生爭端。茲再回顧〈需〉卦上六爻辭：「有不速之客三人來，敬之，終吉。」〈需〉卦發展到了上六，其己身所需之資用固已充足，然若他人尚有不足之感，勢必招致覬覦，因此「有不速之客三人來」，期能分享資用。在卦爻上的表現，就是內體三陽相偕往之上六一陰，於是造成陽多陰少的現象。在人事社會來說，陽多陰少亦即表示人多物少，結果，原本足夠自給的資用，至此反而感到供不應求。證諸當前世界情勢，歐美先進國家生活富裕，亞非落後國家則民不聊生，整個看來，糧食還是不夠食用，物資還是不夠分配，先進國家雖有援助落後國家之義舉，所謂「敬之，終吉」，然亦僅能濟其一時之窮，終究不能避免貧富多寡之懸殊情況，按物資分配「不患寡而患不均」（《論語‧季氏》），在一個貧富懸殊的社會，很容易彼此爭訟不休。因此大規模的戰爭固然未再發生，小規模的戰爭則未曾間斷，「需者揖讓之終，訟者征誅之始」，就是這個道理。因為萬物在謀取需要的過程中，難免會有利害衝突而發生爭端，故於〈需〉卦之後繼之以〈訟〉。

　　若再窮究「訟」之由來，則源於氣化，蓋宇宙氣化各自有其運行上的需要，此一氣化之運行，如為彼一氣化所阻撓，則必互相爭執，進而發生衝擊。氣化既然存在有爭執現象，宇宙萬物，皆由氣化演進而來，當然彼此之間，也難免有時而起爭執。動物之間會有爭執，是眾所周知的，用不著多說，就是植物之間，也有爭執情況。譬如，花草叢生在一起，草肥則花瘦，花艷則草萎，其間所以會有肥瘦艷萎之別，即因爭取營養或多或寡而使之然，此亦〈訟〉卦佈於〈需〉卦後面之例證。

成卦的體例

　　〈訟〉卦的外體為乾，內體為坎，乾陽性能向外擴張，其氣上行，卦體居外，卦氣又向上運行，其氣乃愈向上；坎水性能向內濕潤，其氣下行，卦體居內，卦氣又向下運行，其氣乃愈向下。於是二氣乖離，猶如南轅北轍，勢必愈離愈遠，卦氣如此，焉有不起爭執之理？再者，〈訟〉卦六爻，只有九五以陽爻居陽位而得正，其餘各爻皆陰陽錯亂而失位，所以〈訟〉卦自身之氣化結構顯得一片混亂，非但內外兩體乖戾不親，就是各爻彼此之間，也是相互矛盾，這種乖戾矛盾的卦爻體象，是造成爭訟之主要原因。

　　〈雜卦傳〉曰：「〈同人〉，親也。」又曰：「〈訟〉，不親也。」何以〈同人〉則親，而〈訟〉則不親呢？前面提到〈訟〉卦以乾、坎成卦，乾天在上，坎水潤下，二氣乖離，是以不親；〈同人〉外乾內離，按先後天八卦卦位，後天之離火，即為先天之乾陽，其根源相通，而且乾陽與離火之氣化皆為向上運行，二情相孚，是以相親。再就卦變而言，凡二陰四陽之卦，皆從〈遯〉與〈大壯〉演變而

來，〈訟〉卦是從〈遯〉卦來，〈遯〉三之二則成〈訟〉，〈遯〉三位居內卦艮體，艮爲土；〈訟〉二位居內卦坎體，坎爲水，故有艮土下塞坎水之象，水被土塞，則窒息不通矣，而爭訟之起，常因彼此無法溝通。復按〈遯〉卦之內體爲艮，艮爲少子，外體爲乾，乾爲父，整個體象是乃二陰浸長，而有消陽之勢，由此可見〈遯〉卦本身已有子弒其父之體象。若其二陰繼續向上發展，以致內體變成三陰之〈否〉，則因〈否〉卦內體爲坤，坤爲臣，外體爲乾，乾爲君，是更有臣弒其君之體象。無論是從卦變或是卦氣方面觀察，〈訟〉卦都有陰陽交戰之表現，交戰則不親而成〈訟〉。

　　〈需〉、〈訟〉二卦皆由三畫卦之乾、坎合併而成；坎在上，乾在下，則成〈需〉卦，坎在下，乾在上，則成〈訟〉卦。按〈說卦傳〉曰：「坎爲加憂。」又曰：「坎爲多眚。」是皆險難之象。〈需〉卦坎體在上，表示險難是在外頭，可以伺機前進而脫離險境，故爻辭由初爻之「需于郊」，以至四爻之「需于血」，表示逐漸向外發展；〈訟〉卦坎體在下，表示險難是在裡面，因此卦氣稍有動靜，就陷入險境，故爻辭由初爻之「不永所事」，乃至四爻之「不克訟」，皆戒以不能有所行動。復按卦變，〈需〉來自〈大壯〉，〈大壯〉九四之五則成〈需〉，表示〈需〉之卦氣是向前行進，前進則出於坎險；〈訟〉來自〈遯〉，〈遯〉三之二則成〈訟〉，三下之二，表示〈訟〉之卦氣是向後倒退，後退則入於坎險。〈說卦傳〉：「坎爲水、爲溝瀆。」有「大川」之象，故〈需〉之卦辭稱「利涉大川」，而〈訟〉之卦辭則稱「不利涉大川」。另據京氏八宮之說，〈訟〉爲〈離〉宮游魂卦，離爲戈兵；而世在四，四屬八月之陰，有肅殺之氣，此亦所以爲訟也。（二、四、上爲陰，二主五、六月，四

主七、八月，上主九、十月。）

　　前面提到〈訟〉卦係由〈遯〉三之二演變而來，九三在〈乾〉為「終日乾乾」，是乃剛猛之陽，而這過於剛猛之氣，即為〈訟〉卦之源頭。故若欲平息爭訟，就必須要動心忍性而「窒惕」於中，也就是懲忿窒慾的意思。然而〈訟〉卦惟有九五一爻居中得正，其餘各爻皆亂，誠如所謂「舉世皆濁我獨清，眾人皆醉我獨醒」（《楚辭·漁父》）。但是整個大環境已經充滿好訟的戾氣，九五雖能懲忿窒慾，潔身自愛，奈何天下滔滔，要想化戾氣為祥和，挽狂瀾於既倒，真是談何容易。總之，卦氣運行到了這個階段，無法避免爭端。

立卦的意義

　　前面說過，在宇宙萬有源頭的氣化，有時彼此即會互相衝擊，影響到所有的生物，自亦難免有衝擊現象產生，尤其氣化中有所謂祥和之氣與乖戾之氣，祥和之氣的表現，當然圓滿融洽，乖戾之氣則不然，總是乖離扞格。氣化雖有相互衝擊、乖戾扞格的時候，不過因為氣化畢竟是氣而能化，宇宙空間又是至大無外，即使彼此相遇在一起，而發生衝擊，仍然各自有其發展的空間，不須多久，就會融洽相處而化戾成祥，不致於一直衝擊到底。譬如，天空中陰陽二氣相互交戰而陰霾遍野，一俟雷電交加，沛然作雨，則交戰狀態自行化解。人類秉氣化而生，當然逃不過陰陽氣化的支配，有時也難免有些爭執而至於訟，可是人事社會爭執的現象，並不像宇宙自然爭執現象有自行化解的本能。那麼，一旦發生爭訟，我們應當如何自處呢？這正是我們研究〈訟〉卦的主要目的。

　　處訟之道，第一也是要能化，那就是爭執事件的當事人要動心

忍性，適可而止，不能意氣用事，任意擴大爭端，因爲爭訟畢竟是件壞事。譬如，在法院打官司，無論是原告或是被告，勝訴或是敗訴，雙方在精神物質上，多少都會遭受損失，所以，當我們動了爭訟的意念時，不妨冷靜的想想，天陰還有天晴時，何必計較一時的得失。況且，忍下一口怒氣，等於是爲將來積一分福命，有了這種想法，對於眼前的爭執，就可以淡然迴避，所謂退一步海闊天空是也。進一步言之，爭訟事件正可以考驗我們的修養功夫，故在卦辭及爻辭上，皆戒之以忍耐抑制，不得縱情興訟。蓋就訟之本身而論，忍耐抑制，無異乎是增加理由，可以幫助我們贏取爭訟之最後勝利。第二，若不能避免爭訟，就應該利用天時（時間）、地利（場合）、人和（方法）去駕馭爭端，使之有圓滿的結果。大凡爭執之起，多由於需要之資用不足，所以，若要減少爭執，必須從充實需要之資用做起，也猶之氣化發展之空間無限大，二個不同的氣化也就不會永久地膠著在一起。試以當前世界局勢動盪不安的現象來說明，世局之所以如此動盪，實肇因於美、蘇二國爲主的武器競賽，科技先進國家爲爭取此世界領導地位，不惜花費大量的人力物力去發展武器，又爲圖一己之私利，更把淘汰的武器售給有敵國威脅的落後國家，造成世界各地戰火頻仍，哀鴻遍野。本來各國的資源都很有限，現在把大量的人力、物力花費在發展武器、擴充軍備上，則民生日用所需，焉有不減縮匱乏之理？於是，更導致數以億計的百姓瀕臨飢餓邊緣，設若長此發展下去，必然同歸於盡。其實，要想懸崖勒馬、化戾呈祥，並不是辦不到的，首要先進國家不再發展武器、從事競爭，次要落後國家不再輸入武器、互相殘殺，這樣彼此和平共存，厚植民生，則爲人類之福，而如何促使世界各國都有這種共同認識，實乃當前人類之主要課題。

貳、彖辭（即卦辭）

〈訟〉：有孚，窒惕中吉，終凶。利見大人，不利涉大川。

　　訟就是爭辯的意思，因為卦體內坎外乾，其象為內險而外健，己險而彼健，斯二者乃引起爭訟之主要原因。歷來先儒皆以信實為「孚」而取象於坎，按〈訟〉卦內體為坎，九五坎爻居中得正，且為〈訟〉卦之主爻，坎中為陽，陽實為信，故有「孚」象。再以〈訟〉自〈遯〉來，〈遯〉之三陽來之於二而孚於初陰，陰陽相感，亦為「有孚」。「孚」為信實，即《老子》曰：「窈兮冥兮，其中有精，其精甚眞，其中有信。」此由「中」之「信」是最眞切不過的，具體而言，就是發之於至情至性，沒有絲毫造作。至於「訟，有孚」的意思是說，人與人之間所以會相互爭訟，必定是一方有由「中」之「信」被他方所窒塞，不得已而興訟。既已發生爭訟，則須以至情至性去處理，尤其是陰陽雙方，也就是在主觀與客觀方面，都要表現得非常融洽，這樣自然可以感動天人。譬如，成湯討伐夏桀，就是一種爭執之訟，但成湯對於此種爭執，一本乎至情至性，所以「東面而征，西夷怨；南面而征，北狄怨，曰：『奚為後我？』」（《孟子·梁惠王下》），故處理爭訟，必須「有孚」。

　　〈訟〉卦外體乾陽，卦氣上浮，內體坎水，卦氣下墜，內外二氣不交，有窒塞之象；坎為一陽陷於二陰之中，亦有窒塞之象；又〈訟〉自〈遯〉來，〈遯〉三之二，入坎成〈訟〉；〈遯〉三本居艮土，入坎則變為水，是有以土塞水之象，故言「窒」。〈說卦傳〉：「坎為加憂、為心病。」心病、加憂，「惕」之象也；〈遯〉三之二則成〈訟〉，〈遯〉三即〈乾〉三，〈乾〉卦九三曰：「夕惕若，屬

无咎。」故於〈訟〉之卦辭亦稱「惕」。「中」字也是取象於〈遯〉卦與〈訟〉卦間之卦變，〈遯〉卦乾三下來居於〈訟〉卦內體之中，而〈訟〉卦外體亦由乾五居中，三、五兩爻皆以乾陽居中得正，故言「中」。以上是「窒」、「惕」、「中」取象的源頭。至於「中」之爲義有二：其一爲內心之「中」，如〈坎〉之卦辭曰「惟心亨」是也，其二爲不偏之「中」，即所謂「人心惟危，道心惟微，惟精惟一，允執厥中。」（《尚書・大禹謨》）而使之一無偏差，恰到好處是也。此處「中」字則應釋爲沒有偏差，也就是恰到好處。「窒惕中吉」的意思是說，爭端伊始，固應一本肝膽之至情至性而有孚，惟當我們發揮至情至性之同時，卻也激起了我們丹田的性分，當一個人丹田的性分發動時，在情緒上往往會激動得難以抑制。譬如說，遇到一件傷心的事，不免悲從中來，想抑制悲傷是不容易辦到的，遇到一件不平的事，往往義憤填膺，想抑制憤怒，也是不容易辦到的。但是，一時的情緒激動，很容易擴大爭端，遇到這種情況，必須有動心忍性的涵養，始能逢凶化吉，而這動心忍性的涵養，即卦辭所謂「窒惕中」。「窒」是懲忿窒慾，克己復禮，以按捺激動的情緒；惕是警惕自持，詳審爭訟的結果，於己於人將會造成的損害，也就不敢貿然興訟。試再將〈訟〉卦與〈需〉卦相互對照，〈需〉之「有孚」而「光亨」，意在有所發揮，〈訟〉之「有孚」而「窒惕」，意則不宜有所發揮，故曰「窒」；僅以窒塞，或猶有未盡之處，必益之以警惕，故曰「惕」；但窒塞與警惕亦不宜太過，太過則損傷自己丹田的性分，就會變得懦弱畏縮，凡事不敢擔當，此則去動心忍性之旨遠矣，是以「窒惕」又必須做得恰到好處，合乎中道，故曰「中」；由「窒」而「惕」而「中」，夫而後可以言「吉」。《易經》言「終」，或指時，或指位，如上九爻辭「終朝三褫之」，其「終」字是指位而言，

此處「終凶」之「終」，則指時而言。「終凶」之大意是說，爭訟不可終其事而極其成，終其事而極其成則凶，蓋訟非美善之事，必不得已而爲之，即便是爭端難免，亦必速謀化解。若與上一句合起來看，「窒惕，中吉」是正面的策勉，「終凶」是反面的告誡。綜前而觀之，處訟之道，首須以至情至性揆之於天理而「有孚」，次須懲忿窒慾，戒愼恐懼，時時警惕於衷，以期化解爭端，庶能獲吉。如果恣情放縱，必欲從事爭訟，即使訟而得勝，最後亦必招凶。

〈訟〉之中爻二、三、四互離爲目，「見」之象也，「大人」則是指九五而言，〈訟〉惟九五居中得正，其餘各爻皆亂。按易例：陽大陰小，九五以乾陽而居於外卦三爻之人位，故有「大人」之象。先儒有以九二爲「大人」者，於理欠安，蓋九二以陽爻居於陰位，雖中而不正，且其爻辭爲「不克訟」，懷懼而逃，是則自救尙且不暇，何足以配稱爲「大人」？所謂「大人」者，必也內有剛健果斷的德行，外有發縱指使的權威，即老子所稱「果而不得已」之勇者也，故惟九五足以當之。

「利見大人」的意思是說，處訟之際，必須發揮至情至性，動心忍性，才能化解爭端。但是，動心忍性的涵養，至情至性的表現，並非凡人所能具備，惟「大人」者始能兼而有之，故曰「利見大人」。〈訟〉卦中爻三、四、五互巽爲木，內卦坎爲水，木在水上，有「涉」之象；坎又爲溝瀆，有「大川」之象，「大川」是代表險難。此句「不利涉大川」與〈需〉卦「利涉大川」相映成趣，〈需〉之「利涉大川」，是因爲坎體在外，表示外在有險難，但是只要本身陽剛之氣充沛，還能夠向前行進突破險難，猶如遇河而有舟可渡也。〈訟〉之「不利涉大川」，是因爲坎體在內，表示內在有險難，一陽

困陷於二陰之中，猶如遇河而無舟可渡也，如果勉強涉水，則陷入深淵矣。蓋凡歷險涉難，必須物情相諧，志氣和同，始可得而有濟，〈訟〉則不然，坎內乾外，天與水違行而二氣不交，是物情違忤而不相諧，欲濟涉險難，必不可得，故應有「大人」剛健果斷的表現，懸崖勒馬，當機立斷，決不可一味地冒險犯難，以免陷入訟禍的深淵。

參、爻辭

初六：不永所事，小有言，終吉。

「永」是長久的意思，初六居於〈訟〉卦之始，訟甫發端，還談不上長久，故稱「不永」。初以陰爻居陽位，是乃爻不當位，終將變而之正，故亦有「不永」之象；初爻為坤陰，坤為事，故曰「不永所事」。所事者何？爭訟之事也。按易例：陽大陰小。初為陰爻，故有「小」象；初與四應，初往而居四，則二、三、四互震，震為言；又若初爻變正，則內體坎變成兌，兌為口舌，亦有「言」象。以上是「小有言」爻象之出處。「終吉」與卦辭「終凶」之「終」字，皆指時而言，按卦辭之所以「終凶」，乃因恣情爭訟，此爻之所以「終吉」，則因「不永所事」。初爻與四爻相應，初必往而之四，是以四為初之終，故曰「終」；復因九四爻辭有「安貞吉」，故此爻稱「終吉」；再者，初以陰爻居陽位，四以陽爻居陰位，兩皆失正，初往之四，則初、四兩爻陰陽互換而各得其正，然則初六必將之四而得爻位之正，亦稱「終吉」，終能獲吉。茲再從整個卦體來看，當初往之四，變成以陽爻居陽位而得正之時，〈訟〉卦亦將變成〈履〉卦，按「履者，禮也」，而據《禮記·曲禮上》：「分爭辯訟，非禮不

決。」故〈訟〉變成〈履〉，則爭訟之事可得而決，不至於一直爭訟
下去。訟爲凶事，中止爭訟，豈非變凶爲「吉」？是以寓有初變正則
「吉」之意，此亦不失爲爻辭取象之源頭。至於爻辭之大意是說，初
尚居始，其事未久，雖小有爭執，終能獲吉，蓋當訟甫開始，歷時未
久，涉訟未深，雖有爭執，必猶未至於激烈，如能即時調停，而不久
於其事，終可獲吉。

九二：不克訟，歸而逋，其邑人三百戶，无眚。

大凡爭訟之事，無不由於陽剛之氣發動使然，初、三兩爻雖處
於爭訟之際，但因陰爻之故，所以爻辭沒有「訟」字。九二則不然，
一陽陷於二陰之中，而爲內體坎險之主，是有以剛處險，以險行剛之
象。亦猶吾人之精神意志因爲意氣用事，而與他人發生爭訟，以致陷
入爭端。因爲二爻有興訟之勢，故爻辭直以「訟」爲言，然而二爻雖
有陽剛之才，卻居於陰柔之位，是乃有興訟之能，而處於非訟之時，
故爻辭戒以「不克訟」。復因九二以陽爻居陰位，爻位不正，變而之
正，則內體坎變成坤，是則坎剛之險不存，一反而爲坤陰之柔順，既
無陽剛之氣發動，則無可爭訟矣，此亦「不克訟」之象。至於「不克
訟」之意義有二：其一爲九二變而之正，則坎剛不存，雖欲行險而
訟，其力有所不能；其二爲九二與九五兩相敵應，雖欲行險而訟，其
勢有所不可。

按先後天八卦方位，後天之坎即爲先天之坤，九二變正爲陰，
則內卦由後天之坎返歸於先天之坤，故有「歸」象。再就卦變而言，
〈訟〉自〈遯〉來，〈遯〉三之二，變成〈訟〉卦；二復返三，則
〈訟〉體不成，亦有「歸」象。「逋」者逃避之意，九二爲內體坎卦

之主爻，〈說卦傳〉：「坎爲隱伏。」有「逋」逃之象。又〈遯〉三之二成〈訟〉，〈訟〉二返三，則又變成〈遯〉卦，〈遯〉亦有逃避之意，故稱「逋」。以上是「歸而逋」取象之源頭，歸返與逋逃都是避免爭訟的方法。九二居於內卦之人位，以陽居陰，爻位不當，變而之正，則內體坎變成坤，坤爲邑，又爲民，故有「邑人」之象。二、三、四互離，離數「三」；九二變正，則內卦三陰相連成體，亦有「三」象；外體乾陽三爻策數皆三十六，三其三十六，合百零八，去零取整，故言「百」；二爻變正，則二、三、四互艮，艮爲門闕，「戶」之象也。以上是「三百戶」取象之源頭。「三百戶」，言其邑之小者也。按二在爻位爲大夫，據鄭玄注《易・訟卦》云：「小國之下大夫，采地方一成，其定稅三百家，故三百戶也。」采，官也，因官食地，故稱采地。食采地就是食其封邑之稅賦，例如，《漢書・地理志下》：「大夫韓武子食采於韓原。」是也。〈說卦傳〉：「坎爲多眚。」「眚」者災難也，二爻變正，則坎體不成，故稱「无眚」。

　　凡是爭訟之事，必有陽剛之氣在背後推動，陽剛之氣發動，有正確，也有偏差。譬如說，當我們心平氣和的時候，對於別人不恭敬的表現，也能夠一笑置之；當我們情緒乖戾的時候，別人稍有不恭敬的表現，卻立刻要還以顏色。九二以陽居陰，爻不當位，就是這種偏激的陽剛之氣，其氣剛而且險，頗有冒險興訟之勢，惟因身陷坎險之中，且若向外興訟，則與主爻九五發生敵應，形勢極爲不利，故爻辭戒以「不克訟」，不但應避免訟事，並應盡量退守以縮小自己。按九二爲大夫之位，是爲邑主，九二返歸本位而不冒險興訟，則能避免災眚，而其邑人三百戶亦無池魚之殃，三百戶乃邑之最小者，喻爲基業，意在戒人勿冒險興訟，若貪爭好訟，則基業亦將不保。

六三：食舊德，貞厲終吉，或從王事，无成。

　　二、三、四互離，離爲日，三居內卦坎體，坎爲月，是有日月之象，惟因六三以陰居陽，爻不當位，終將變而之正，則離日坎月之象均不見矣，豈非日食月食，故稱「食」。再者，初六亦以陰居陽，爻位不正，當其變正而爲陽爻之時，內卦亦將變坎爲兌，則三居兌口，故有「食」象。至於「舊德」二字，先儒多無確解，有謂上居外卦乾體，乾爲德，〈訟〉卦外體之乾，即爲〈遯〉卦舊有之乾，三與上應，是爲「食舊德」。另據《乾鑿度》：「三爲三公，『食舊德』，食父故祿也，乾爲父，三失位，動而承乾，有『食舊德』之象。」更有謂此處之「舊德」爲往日之惡德，因懷恨往日之惡德，以致於訟者，此爲來知德所主張，其謬尤甚。實則「舊德」係指〈坤〉卦六三而言，〈坤〉之六三曰：「含章可貞，或從王事，无成有終。」此處六三亦云「或從王事」，足見〈訟〉三與〈坤〉三有密切關係，惟〈坤〉之六三曰「无成有終」，〈訟〉之六三則僅曰「无成」，而不曰「有終」，此乃寓有「訟不可終」之義。又〈坤·象〉曰：「坤厚載物，德合无疆。」是坤亦爲「德」，「食舊德」意即告誡我們，仍須秉持〈坤〉三之舊德，含章而韜光養晦，不能外露鋒芒而有所作爲，也就是不能涉訟的意思。蓋因六三本爲陰柔之爻，卻居於陽剛發動之位，而且尚未脫離內卦之坎險，故惟有遵循〈坤〉三之德行，韜光養晦，與世無爭，以避免訟事。

　　坤德「安貞」，前面提到，〈訟〉三亦即〈坤〉三，故有「貞」象。其次，「貞」者正也，六三以陽爻居陰位，是爲失正，若變而之正，亦有「貞」象；三居內卦坎體，坎爲險難，有危厲之象，故稱「厲」；三又居內卦之終，相應之上爻則爲一卦之終，故有

「終」象。至於「貞厲，終吉」的意思是說，處在六三階段，必須危厲自居，庶能以吉而終。「貞厲」一如「食舊德」，也是告誡我們要謹守坤德之貞，而居正思危，不能有所作爲。三、四、五互巽，巽爲進退，爲不果，有進退失據、不能果斷之象，是即「或」也；三與上應，上居乾，乾爲君，有王者之象，三往應上，是「從王」也；「事」則取象於坤，坤爲事，王事就是訟事。至於「无成」，是沒有成就的意思，按〈繫辭傳〉曰：「乾知大始，坤作成物。」六三即〈坤〉三，故有「成」象，惟因六三不正，終將變陰爲陽，則坤爻不見，故稱「无成」。再者，〈訟〉以乾來居二，內體之坤變而爲坎，坤體不見，亦有「无成」之象，「无成」即〈象傳〉所謂「訟不可成也」。

三與初本陽剛發動之位，惟以陰柔之爻居之，故初則「不永」爭訟之事，三則「食舊德」且「貞厲」，皆因其非能訟者，而戒之以不可逞強好訟也。然此二爻皆以陰柔之故，而繫之以「終吉」之辭，所以勉人無訟也，苟知柔而不喜訟者終能獲吉，則知剛而好訟者終必招凶也。試再與九二相較：九二以陽爻居陰位，失正而與九五爲敵應，是猶有爭訟之心，以致幾不保其邑人，爻辭乃戒之以「不克訟」；六三以陰爻居陽位，雖亦失正，然與上九爲正應，心氣比較和平，只要秉持這種德行，守正思危，食〈坤〉三之舊德，而含章不發，終能避免爭訟而獲吉。至於君王爭訟之事，要有陽剛之氣去發動，六三爲陰柔之質，沒有這種能力，即使勉強發動，也不會成功。

九四：不克訟，復即命，渝，安貞吉。

訟爲以剛處險，以險行剛，訟之發動，當然要有陽剛之氣在背

後支持。惟就爻位而言，陽剛有初、三、五之別，初陽之剛，微弱無力，三陽之剛，則過於猛戾，一則太過，一則不及，故皆不宜從事於訟；必也五陽之剛，位乎天位，居中得正，其發動之力量恰到好處，故能訟而元吉。至若陽剛居不得位而失正，那就更談不上「訟」了，〈訟〉卦九二居陰位，身陷坎險，自顧不暇，故「不克訟」。此則九四亦係以陽居陰，且位巽爻，三、四、五又互巽，巽為進退不果，面臨爭訟，卻優柔寡斷，自亦「不克訟」。進而言之，大凡陽剛失正者，若非失時，則為失位，譬如，周武王將伐商紂，先東觀兵於盟津，是時，諸侯不期而會盟津者八百諸侯，諸侯皆曰：「紂可伐矣。」但武王曰：「女未知天命，未可也。」乃還師，意謂紂雖不道，其惡未極，非伐紂之時也。嗣紂惡大彰，太公始助武王興兵，一舉而滅之，是得其時也。再如，紂惡難已大彰，衡諸當時情勢，亦惟有盛德如周者，始足以當伐紂之位，其他八百諸侯，德不如周，苟勉強發難，亦難達成滅紂之目標，以其失位也。九四居非其位，處非其時，故「不克訟」。再就四爻與他爻之關係而言，四承五、乘三、應初，五居一卦之君位，四為三公，理應俯首聽命於五，義「不克訟」；三居四下，且以陰柔之質守舊安貞，不與之訟；初與四為正應，情投意合，亦非爭訟之對象，是以九四雖失其正位，剛健欲訟，然無與對敵者，其訟無由而興，故「不克訟」。

　　四與初二皆爻不當位，若四下應初，二陽變陰，則初、二、三、四有〈復〉卦體象半見，故稱「復」，「復」是返歸的意思。「即」者就也，四互巽，〈巽‧象傳〉曰：「重巽以申命。」巽又為風，風者天之號令，在人則為命令，是巽有「命」之象，命是指人所秉賦之吉凶福禍，非人力所能改變者；四本陰位，陰性柔順，故柔

順爲四爻所秉賦之天命。此則九四以陽爻居陰位，是不安於柔順天命，而有逞強好訟之心，然因不當其位，義「不克訟」，故應「復即命」，捨陽爻，就陰爻，返歸秉賦之坤命而守之以柔順。「渝」者，變也，四應初而變正，有「渝」之象，四變正時，則二、三、四互成震，震爲動，亦有「渝」之象。九四以陽居陰，爻不當位，渝變則仍復歸於坤陰之柔順，按〈坤〉之爻辭曰「安貞吉」，故此爻亦云「安貞吉」。「渝，安貞吉」的意思是說，九四如果渝變而爲柔順之陰爻，則合於坤德之「安貞吉」。換言之，四爲陰位，處訟之際，不能有所作爲，然以陽剛居四，難免偏激，故「不克訟」，且宜於變偏激爲柔順，而嚴守陰柔之本位，安於其正，方能獲吉。

　　從初、二、三、四之爻辭，我們可以發現，初、三陰爻不言訟，二、四陽爻則言訟，此蓋坤陰柔順安貞，無爭訟之心，乾陽則剛健奔放，有爭訟之勢。陰陽時位的境界，語乎人事現象，譬如，吾人有時心平氣和，凡事可以忍讓，是猶初、三之陰也，有時情緒激動，凡事易起爭持，是猶二、四之陽也，惟因〈訟〉之二、四兩爻皆以陽居陰，可以緩和其激動的情緒，故「不克訟」。若再析而言之，二以下訟上，且身陷坎險，不敵九五之乾剛，故其「不克訟」者，勢也；四以上訟下，惟不當位，且與初六爲正應，故其「不克訟」者，理也。二見勢之不可，故歸逋竄而得无眚；四知理之不可，故「復即命」而「安貞吉」。

九五：訟，元吉。

　　五與二、四皆爲陽爻，然九二與九四之爻辭皆戒以「不克訟」，而九五獨曰「訟而元吉」，何以故？此蓋二、四兩爻皆以陽爻

居陰位，是有訟之能力而處非訟之時位，證諸史實，九二不敵九五之剛，就像是希特勒掀起第二次世界大戰，九四時位不合，就像是日本軍閥發動侵略中國，二者都是自不量力的表現，當然要招致失敗的惡果。九五則不然，其以陽爻居陽位，且處於外卦之中，爻既陽剛氣足，位亦中正得宜，陽剛氣足，則本身充沛有力，中正得宜，則環境協和有利，這樣主觀客觀條件俱備，故「訟而元吉」。歷代先儒多以九五處得尊位，認為是聽訟之主，謂其剛健中正，以斷枉直，則無所偏倖，而邪枉之道不行；又謂中則不過，正則不邪，剛則無所溺，公則無所偏，九五有斯四德，故「訟而元吉」。此乃流於望文生義之弊病，按〈訟〉卦六爻之爻辭，無非是在說明爭訟現象各個階段的境界，並不是說，此爻為聽訟之主，他爻為爭訟之人，而有彼此對待的關係。五爻之所以元吉，乃因其具備爭訟之時位與能力，並非因其為聽訟之主。

　　至於「元吉」二字，先儒皆釋為大吉，似有未盡之處。按「元」者，始也、大也，始指時間而言，大指空間而言，「元吉」就是啟示我們，遇有爭訟，必須把握有利之時間與空間。也就是說，必須在九五這個時位上發動，方能獲吉，因為經歷初、二、三、四各爻的懲忿窒慾，動心忍性，如果爭端猶不能平息，則我們爭執之是非、曲直，必已大白於社會，所以到了九五這個階段，不但我們自己久經韜光養晦而覺得理直氣壯，社會輿論也為我們一再忍讓的表現而打抱不平，此時我們若發動攻勢，據理力爭，一定會獲得社會大眾的支持，而立於不敗之地。譬如，成湯放桀，替天行道，武王伐紂，弔民伐罪，各地百姓無不簞食壺漿，以迎王師，故「訟而元吉」也。

上九：或錫之鞶帶，終朝三褫之。

　　上與三應，三、四、五互巽，巽爲進退不果，「或」之象也。《爾雅・釋詁》：「錫，賜也。」就是賞賜的意思。上居乾，乾爲君，三互巽，巽爲命，上九下而應三，是有「君王錫命」之象，故曰「錫」。《說文》：「鞶，大帶也。」〈訟〉卦外體爲乾，乾爲金，爲衣，爲圜；內體爲坎，坎爲腎腰；中爻互巽，巽爲繩，爲長，爲帛，故整個卦體有乾衣繫以巽帶而覆於坎腰之象，此爲「鞶帶」取象之源頭。「鞶帶」在此應爲古代命服之飾，「或錫之鞶帶」就是或許有錫命服飾之榮。

　　上九位於卦末，有「終」之象，上與三應，上居乾，乾納甲，三互離，離爲日，離日出於乾甲。據《說文解字》：「早，晨也。從日在甲上。」篆書作 、，故有「朝」象；「終朝」乃自天明至吃早餐時，喻其時間極爲短暫。「三」取象於離，三互離，離數爲三；自三至上，間隔三爻，亦有「三」象。「褫」爲褫奪，是一種刑罰，用以剝奪罪犯所應享有的權利，〈訟〉卦內體爲坎，坎爲刑罰，上九下而應三，則三、上兩爻均變而之正，從而內體坎變成艮，艮爲手，外體乾變成兌，兌爲毀折，合起來看，是有「褫奪」之象。「終朝三褫之」，是在短短的一朝之間，而三見褫奪，言其錫服之榮不能長保也。例如，清代名將年羹堯幫助雍正篡奪帝位，雍正即位後，卻在一日之間，以十八道金牌將年羹堯由大將軍降爲庶人，可見得由爭訟而得來的殊榮，極不可恃。茲再就爻位而言，上以陽剛居極，下與三應，三柔不敵上剛，是乃乾健勝於坎險，克訟者也，即或訟而得勝，或錫鞶帶之榮寵，然以過剛失位，致終朝而被三褫之，辱亦甚矣。夫訟而獲勝，辱且隨之，況有不勝者乎？聖人垂誡之意何其深遠！

　　訟猶兵也，乃不祥之器，必不得已而爲之，苟若無法避免爭訟，也要速戰速決，所以初爻告誡我們要「不永所事」。如果對方一再進逼，我們還是要儘量忍讓，九二「歸而逋」以縮小自己，六三「食舊德」以韜光養晦，乃至於九四「復即命」以變剛爲柔，都是告誡我們要忍耐退讓。不過，忍耐並非懦弱無能，退讓並非畏縮怕事，而是因爲在爭端發生之初，爭訟事件之眞相如何？爭訟雙方孰是孰非？外界並不瞭解，即使爭得面紅耳赤，還是得不到社會的支持。這個時候，忍耐可以增加爭訟的理由，退讓可以博得社會的同情，一俟眞相大白，是非分明，情勢有利於正義伸張，於是我們轉守爲攻，據理力爭，必能贏得最後勝利，所以九五「訟而元吉」。不過，爭訟事件到了這個階段，就應該適可而止，如果得寸進尺而貪爭好訟，發展到了上九，容或有錫服之殊榮，但在一朝之間，可能遭到再三之褫奪，卦辭「終凶」也就是這個意思。所以凡是爭訟不已，都沒有好結果，所謂國不能好戰，人不能好訟，國好戰則民不聊生，人好訟則永無寧日，〈訟〉卦六爻之意義大概如此。

肆、彖傳

　　彖曰：訟，上剛下險，險而健，訟。訟，有孚，窒惕中吉，剛來而得中也。終凶，訟不可成也。利見大人，尚中正也。不利涉大川，入于淵也。

　　「上剛下險，險而健，訟。」是解釋〈訟〉卦體象。按〈訟〉之外卦爲乾，內卦爲坎，內外即上下，乾剛健而在上，坎爲險難而在下，故稱「上剛下險」。其象雖然內在已陷於險難之困境，而外在的

表現猶故作剛健不屈，意即所謂「色厲內荏」者也。至於「險」與「健」，是構成爭訟的二個要件，蓋若險而不健，雖欲訟而無力量；若健而不險，雖有力而不至於涉訟，必也險而健，始構訟乎！

　　「訟，有孚，窒惕中吉，剛來而得中也。終凶，訟不可成也。」這句話的意思是說，〈訟〉之所以「有孚而能窒惕中吉」者，以其「剛來而得中」之故，「剛來而得中」在體象上有二種說法，一說〈訟〉本坤體，由於乾來交坤，使內、外兩體皆以乾陽居中，尤其九五陽剛不惟居中，而且得正，而成為〈訟〉卦之主爻。乾陽居中得正，當然可以發揮主宰的作用，處在爭訟之時，能有乾陽來為主宰，其秉賦之天德必也渾厚，面臨爭訟事件，就能控制情緒，不致於意氣用事，擴大爭端，故能獲吉。一說四陽二陰之卦皆自〈遯〉與〈大壯〉來，〈訟〉自〈遯〉來，〈遯〉卦九三乾陽下而之二，居於〈訟〉卦內體之中；易例：由外而內謂之來，〈遯〉三之二成〈訟〉，是即「剛來而得中」也，故以九二為成卦之主。二以陽剛自外來而得中，以剛處中，中實之象也，故為「有孚」。處訟之時，雖有孚信，亦必艱阻窒塞，而有惕懼，不窒則不成訟矣，二以剛來訟而不過，是以吉也。上開二說，以前者為當，蓋〈訟〉卦主爻為九五，而非九二。總而言之，「剛來而得中」是說，一切發動，莫不由於陽剛之氣，如果陽剛之氣發動得恰到好處，則遇有爭訟，亦必表現為至情至性而有融洽之孚，並且懲忿窒慾，警惕自持，使陽剛之氣既不太過，也非不及，如此允執厥中，故能獲吉。復按前面提到的卦變，〈訟〉自〈遯〉來，〈遯〉內體艮，艮為成終而成始，故有「成」象。〈訟〉本坤體，由於乾來交坤而成〈訟〉，據〈繫辭傳〉：「乾知大始，坤作成物。」是坤亦有「成」之象。〈遯〉變〈訟〉，則艮

體不見，乾交坤，則坤體已毀，故曰「不可成也」。爭訟原是行險之事，必不得已而爲之，若行險而欲期其成，未有不凶者。蓋凡訟者，揚人之惡也，煩人之聽也，損己之德也，增俗之偷也，又人己之間，但廢其業，雖得不償失，此豈君子之所樂成者哉！訟既足以敗事賈禍，則避之唯恐不及，焉能縱情好訟？若欲由訟而獲得成就，即或如〈訟〉至上九，獲得錫服之榮，亦必不終朝而三遭褫奪，是故「終凶」。

「利見大人，尚中正也。」《易經》所言之「中正」，有其實際之內容，並非空洞德目。「中」是指時空條件而言，在時間上不早不遲，在空間上不偏不倚，無論時空條件，均表現得恰到好處，就叫做「中」；「正」是指行爲條件而言，凡是舉止言行，均表現得很正確又很穩固，就叫做「正」。至於「大人」是指九五，因爲九五以陽爻居陽位而處於外卦之中，有「中正」之象，而惟有具備「中正」之德行者，始配稱「大人」，九五既「中」且「正」，表示爭訟者之言行舉止，均能正確而穩定於恰到好處的時空環境，則宜乎發揮「大人」剛健果斷的作爲，如此不但可以立即結束爭端，且能贏得勝利。

「不利涉大川，入于淵也。」〈訟〉三、四、五互巽爲入，坎水在下，有深淵之象，故曰「入于淵也」。若卦氣由下往上，則可脫離坎險之深淵，然據卦變，〈遯〉三之二而成〈訟〉，三來之二，乃不上反下，便是後退，後退則墮入內卦坎險之深淵矣。「淵」之爲義，深陷而不能超拔，言以訟涉險，則爲訟所困，猶如陷入深淵而不能自拔也。蓋與人訟者，必處其身於安平之地，而今〈訟〉之內體爲險，是其本身即在坎險之中，有內憂矣，若再涉大川而行險爭訟，是又招來外患，則必陷其身於坎險之深淵。試觀天下之難，未有不起於爭，

剛險不相下，君子小人不相容，難始作矣，聖人見其訟也，戒之中正，戒之不可成，若濟之以爭，是以亂益亂，相激而為深矣。例如，漢唐之亂，始於小人為險，君子疾之已甚，其弊至於君子淪胥以敗，而國從亡，故曰「不利涉大川」。

伍、大小象傳

象曰：天與水違行，訟。君子以作事謀始。

〈訟〉之為卦，外乾內坎，乾為天，氣則上行，坎為水，氣則下行，兩氣不交，背道而馳，訟乃由之而起，故曰：「天與水違行，訟。」「君子」兩字取象於乾，〈訟〉之外卦為乾，有「君子」之象，另據〈繫辭傳〉：「乾知大始，坤作成物。」是知乾有「始」象，而坤有「作」象。再以〈訟〉本坤體，坤又為「事」，故有「作事」之象。至於「謀」字，就是熟於籌畫的意思，取象於坎，蓋按坎為謀，而〈說卦傳〉：「坎為水、為心。」故有「謀」象，〈訟〉以乾、坎成卦，乾為「始」，坎為「謀」，故曰「謀始」。

凡是知不順者，皆因創始之基礎未臻妥貼，是在「作事」之始，即已種下往後爭訟之因，君子有見於乾天與坎水二氣違行，以致造成〈訟〉卦之體象，因而凡所作為，必先謀之於始。其事理有無違碍，人情有無拂逆，終久有無禍患，無不詳加審酌，凡其事不善而可能致訟者，皆杜絕不為，則訟端無由起矣。例如，慎交結、明契券，是「作事謀始」之小者也；再如，武王將伐商紂，先觀兵於孟津，諸侯不期而會者八百國，然後陳師牧野，則是「作事謀始」之大者也。

初六象曰：不永所事，訟不可長也。雖小有言，其辨明也。

「長」字自永字來，永者長也，初與四應，三、四、五互巽為長，故有「長」象。蓋爭訟宜於及時調停，在〈訟〉卦初爻階段即應阻止，不可聽其往而之四，故曰「訟不可長也」。初六以陰居陽，失位不正，初若變正為陽，則內體互兌為口舌，有「辨」之象；再以〈訟〉本坤體，〈坤〉之〈文言〉曰：「辯之不早辯也。」按辨與辯通，是坤亦有「辨」象，初與四應，二、三、四互離為明，「明」之象也。《中庸》曰：「明辨之。」辨，「明」也。「其辨明也」就是對於是非、曲直分辨得很清楚，則誤會可以冰釋，不至於永其訟事，故雖小有爭論，一俟辨明是非、曲直，爭端自然平息，所謂真理越辯則越明是也。

九二象曰：不克訟，歸逋竄也，自下訟上，患至掇也。

「不克訟歸逋竄也」，有二種句讀，一為「不克訟」句，「歸逋竄也」句，「竄」字在此是加強「歸逋」之語氣；一為「不克訟歸逋」句，「竄也」句，「竄」字在此則是解釋「歸逋」之義。二相比較，以前者之句讀為順，惟不論如何句讀，「竄」字都是逃避而不與之訟的意思。二居內卦坎體之中，坎為隱伏，二又以陽居陰，失位不正，若變而之正，則內體坎卦變而成坤，坤為喪失，坎隱坤喪，皆「竄」之象也。九二既不當位，又陷於內卦坎險，形勢如此不利，訟則必敗，自宜力求避免爭訟，故〈小象〉在「歸逋」之下益之以「竄」字，再強調「不克訟」。

二與五皆為陽爻，二、五相應是乃以剛應剛，而為敵應，九二若執意爭訟，則與九五為敵，二在下而五在上，故有「自下訟上」之

象。坎又爲災眚，有「患」之象；「掇」爲拾取之義，二變正爲陰，
則二、三、四互艮爲手，有「掇」之象。九五居外卦乾體之中，飛
龍在天，正當其位，其陽能沛然莫之能禦矣；反觀九二，不但爻位不
正，而且陷於內體坎險，是已有內憂，可見二若與五相爭，顯屬不自
量力，似此義乖勢屈，而猶逞強好訟，則禍患之至，猶拾掇而取之易
也。九二若自知義「不克訟」，歸而逋竄，猶可免禍，若不知自反，
則禍患如掇拾之易，乃咎由自取也。

六三象曰：食舊德，從上吉也。

三以陰居陽，是乃爻不當位，其位則臨於內卦坎險之地而乘
二、承四。按九二與九四皆以陽居陰，亦爲失正，陽剛失正，其氣化
必不諧和，有剛暴侵凌之勢；三爻一陰處在二、四兩陽之間，位雖相
近，情則不相得，其勢甚危。惟因三與上應，上九亦以陽居陰而失
正，三應上，則兩皆變而之正，是爲正相應，三既應之，則二、四兩
陽無法侵凌，危難乃解，故曰：「從上吉也。」

九四象曰：復即命，渝，安貞，不失也。

九四以陽居陰，是爲失正，故〈小象〉言「失」；四與初應，初
亦以陰居陽而失正，四應初，則兩皆變而之正，是爲「不失」，「不
失」意即在時位上均合乎應守之分際。四本陰位，而以陽爻居之，難
免有偏激之氣，乃與初訟，惟初六既已辨明，則知九四之訟爲妄，故
其義亦「不克訟」，則當反就未訟之理，變其已訟之命，安貞守常，
而與初爻兩不相失。

九五象曰：訟，元吉，以中正也。

九五位於外卦之中，又以陽爻居陽位，有居中得正之象，故曰「中正」。「中」則無過差，「正」則無邪曲。進而言之，「中」是在時空上恰到好處，「正」則表現得既正確又穩定，秉此「中正」之德而赴訟，自獲「元吉」。「元吉」云者，以時間而言，就是自始至終均無不吉，以空間而言，就是凡所涉及之範圍均無不吉。若證諸史實，則湯之放桀，武王伐紂，即為「中正」之訟。

上九象曰：以訟受服，亦不足敬也。

「服」即爻辭所稱之「鞶帶」，上與三應，〈乾〉之九三「終日乾乾，夕惕若厲」，故有「敬」象。再以〈需〉卦上九曰：「敬之，終吉。」〈訟〉為〈需〉之反對卦，〈需〉卦上九稱「敬」，則〈訟〉卦上九反為「不足敬」矣。「不足敬」者，以其殊榮非出之於自然，而係由爭訟而得來也。

第六卦

訟卦

講習大綱

訟

坎　乾
下　上

—— 此係〈離〉宮游魂卦，消息三月，旁通〈明夷〉，反對〈需〉。

「訟」之為義，爭執也，內在隱有險難，而對外卻表現剛強凌人的態度，所以爭執而成訟。〈訟〉在〈需〉後，蓋因爭取需要，彼此之間，由爭執而成訟，亦情之常也。

壹、總說

佈卦的次序

〈需〉至上六，所需之資用已足，勢必招致覬覦，而「有不速之客三人來」，期能分享，於是爭端以起，彼此成訟，訟之成，成於需也，故佈於〈需〉卦之後。

成卦的體例

外體乾而居上，其氣又向上行，內體坎而居下，其氣又向下行，兩氣乖離，愈離愈遠，彼此已成扞格之勢，兼之乾爲剛而在外，坎爲險而在內，內險而外剛，是爲以剛處險，以險行剛，非訟而何？

立卦的意義

訟爲不諧和的現象，有傷於整個的體系，故在卦辭及爻辭上，皆戒之以忍耐抑制，不得縱情興訟，蓋即就訟之本身而論，忍耐抑制，無異乎是增加理由，而可以贏取訟之最後勝利。

貳、彖辭（即卦辭）

〈訟〉：有孚，窒惕中吉，終凶，利見大人，不利涉大川。

處訟之道，須以至情至性，揆之於天理，而懲忿窒慾，並戒慎恐懼，時時警惕於衷，以化戾呈祥，庶能獲吉。如恣情不已，必欲從事於訟，即使訟而得勝，最後亦必多凶，故在訟興之初，應有大人剛健的表現，當機立斷，決不可冒險犯難，以致陷入訟禍的深淵。

參、爻辭

初六：不永所事，小有言，終吉。

當〈訟〉之初，歷時未久，涉訟不深，小有爭論，在所難免，但不可以逞強好訟，久於其事，調停息爭，自能以吉而終。初六坤陰

為事，變兌為口舌，而坤陰之「事」象不存，是「不永所事，小有言
也」。

九二：不克訟，歸而逋，其邑人三百戶，无眚。

二陷於坎，正在險中，故不能訟。又以〈訟〉自〈遯〉來，
〈遯〉三之二成〈訟〉，二復返歸居三，則〈訟〉體不存而為
〈遯〉，這就是「歸而逋逃」的意思。「邑人三百戶」，是取象於坤
及互體離，三百戶乃邑之最小者，言二應避免訟事，盡量退守以縮小
自己，方可「无咎」。

六三：食舊德，貞厲終吉，或從王事，无成。

這裡六三，就是〈坤〉卦的六三，陰柔不正，而且尚未脫離坎
險，仍須遵依舊日行徑，避免訟事，以危厲自居，庶能以吉而終，或
即向外有所發展，亦如〈坤〉之六三「无成」也。

九四：不克訟，復即命，渝，安貞吉。

九四以剛居柔，其位不正，又介乎內外交遞之際，不能興訟，應
回心轉意，以就正於命，變更其訟之情緒，安於所止則吉。「渝」者
變也，取象於乾。

九五：訟，元吉。

九五居中得正，〈訟〉經初二、三、四各爻之忍耐抑制，而猶不
能免於訟，則所爭執之情理，必已大白於社會矣。五在時位上，均屬

有利，不得已被迫而爲訟，自能獲取大吉。

上九：或錫之鞶帶，終朝三褫之。

訟如不已，而至於上，容或有錫服之榮，但一朝之間，可能遭受再三之褫奪。義即由訟而得之殊榮，不可長保也。「或錫之鞶帶」，即錫服也，取象於乾及應爻互體巽。「終朝三褫之」，取象於應爻互體離。

肆、象傳

象曰：上剛下險，險而健，訟；訟，有孚，窒惕中吉，剛來而得中也；終凶，訟不可成也；利見大人，尚中正也；不利涉大川，入于淵也。

〈訟〉之成卦，乾剛居上，坎險居下，上下即內外，是內雖陷於坎險，而表現於外，猶故作剛強，所以爲訟。卦辭「訟，有孚，窒惕中吉」，是說在卦體上，〈訟〉由乾陽交坤，乾陽且能居中得位，可以發生主宰的作用，當在訟時，得有乾陽來爲主宰，則其天德必厚，而能動心忍性，以控制爭執之情緒，故稱之爲「吉」。卦辭「終凶」，是說訟足以敗事賈禍，不能縱情好訟，訟而不已，最後必至於凶。卦辭「利見大人」，是說乾陽居五，有大人之象，既中且正，能發能收，可以表現如大人之果斷，不至於好訟不已也。卦辭「不利涉大川」，是說〈訟〉之內體爲坎，其本身即在坎險之內，如欲涉險，則必陷於坎險之深淵，坎爲大川，有深淵之象。

伍、大小象傳

象曰：天與水違行，訟。君子以作事謀始。

　　乾為天，氣則上行，坎為水，氣則下行，彼此皆背道而馳，其氣極為不順。凡事之不順者，皆因創始之基礎未臻妥貼，故曰：「天與水違行，君子以作事謀始。」坎為謀，乾為始，坤為作為事。

初六象曰：不永所事，訟不可長也，小有言，其辨明也。

　　初六，訟方開端，既「不永所事」，永者長也，故曰：「訟不可長也。」小有言之言，即辨白之意，故曰：「其辨明也。」

九二象曰：不克訟，歸逋竄也，自下訟上，患自掇也。

　　九二陷於坎險，不能訟，而應力求避免，故曰：「歸逋竄也。」二以坎剛，敵應九五，下與上訟，無異掇取禍患，故曰：「患自掇也。」

六三象曰：食舊德，從上吉也。

　　三如自守坤德，可與上九相應，故曰：「從上吉也。」

九四象曰：復即命，渝，安貞，不失也。

　　四本巽爻，既復就正於命，安貞自處，故曰：「不失也。」

九五象曰：訟元吉，以中正也。

九五居中得正，恰到是處，故曰：「以中正也。」

上九象曰：以訟受服，亦不足敬也。

受服之榮，非出自然，而以爭訟取得，故曰：「亦不足敬也。」

第七卦

師卦

周鼎珩講　陳永銓記錄

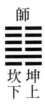

—— 此係〈坎〉宮歸魂卦，消息四月，旁通〈同人〉，反對〈比〉。

壹、總說

佈卦的次序

　　〈訟〉卦是天與水違行，天水〈訟〉，高頭是乾卦，底下是坎卦，乾卦的氣化是向上的，所謂向上就是向外，因為就地球空間而言，沒有上下，只有內外。上下是我們人類的感覺，至於坎卦的氣化，則是向下運行的，因為乾卦與坎卦這兩種氣化是背道而馳，各行其是，各不相謀，所以互相爭持而成訟。〈訟〉卦既是兩種氣化背道而馳，如果讓它永遠地背道而馳，那麼宇宙生生之道豈不是就要滅絕？蓋宇宙生生之道是要氣化與氣化交合在一塊兒，複合又複合，於

是才能夠化生萬物，如果氣化都背道而馳，無法複合，就沒有辦法生殖繁衍，宇宙生生之道當然要滅絕。因此，在〈訟〉卦背道而馳之後，一定要有集中的方法或途徑來補救，否則永遠背道而馳，怎麼得了？〈師〉卦就是接著〈訟〉卦，高頭是坤，底下是坎，就是五陰向九二一陽歸攏集中，也就是整個氣化在一個基礎上集中起來，所以在〈訟〉卦之後佈以〈師〉卦，就是這個道理。我們舉個例子來說明，譬如說，我們人被蚊子咬了一口，於是體內的白血球整個結合起來，在被咬的地方就起個泡，這個泡就是白血球集中起來跟蚊蟲咬的毒素兩個相抗衡，師者就是興師動眾，那麼這種集中群體來與外來的侵犯互相抗衡的現象就是〈師〉。以上是講自然現象，若拿人事社會現象來講，在〈訟〉卦有爭執之後，外在有侵犯，馬上群體起而應付，因為在〈訟〉卦是背道而馳，有所爭執，於是乎接著就要群體應付而興師動眾，所以在〈訟〉卦之後就繼之以〈師〉，〈師〉在人事社會來講，就是代表興師動眾的那一種現象，這就是講佈卦的次序，為什麼〈師〉卦佈在〈訟〉卦之後。

其次，我們要把前面的卦做個交代。這個卦是〈坎〉宮歸魂卦，就是〈坎〉宮的第七變，〈坎〉宮一世是〈節〉卦，〈坎〉宮二世是〈屯〉卦，〈坎〉宮三世是〈既濟〉卦，〈坎〉宮四世是〈革〉卦，〈坎〉宮五世是〈豐〉卦，〈坎〉宮游魂是〈明夷〉卦，〈坎〉宮歸魂是〈師〉卦。〈師〉卦消息是在四月，我們上次講六日七分書，裡頭各卦都是在十二辟卦之下來佈卦，我們可以查查四月立夏以後就是〈乾〉卦第二爻，十二辟卦〈乾〉卦的第二爻是〈師〉卦，在立夏以後的第二個段落，立夏第二候就是〈師〉卦，所以〈師〉卦在消息裡頭就是四月。〈師〉卦旁通〈同人〉，反對〈比〉。所謂旁

通，在來知德就是錯卦，所謂錯卦、旁通，就是這一邊是陰，那一邊就是陽，這一邊是陽，那一邊就是陰。例如說，〈師〉卦初爻是陰，那麼旁通初爻就是陽，〈師〉卦二爻是陽，旁通二爻就是陰，〈師〉卦三爻是陰，旁通三爻就是陽，〈師〉卦外卦是坤，旁通的外卦就是乾，〈師〉卦內卦是坤，旁通的內卦就是乾，因此就變成天火〈同人〉，〈師〉與〈同人〉相通，就叫做旁通。旁通的意義就是說，在性質上來講是相反的，在情緒上來講是相通的。比如說，我們得了陰寒的症候，受涼感冒了，就歡喜吃暖的，歡喜火的、熱的，歡喜烤太陽，那個火、熱、烤太陽，就是暖的，與涼的在性質上是相反的，但是感情是相通的，受涼的人就歡喜熱，受熱的人就歡喜涼，所以感情上是相通的，旁通的意義就是如此。〈師〉反對〈比〉，反對就是位置相反，反對是《虞易》的名稱，位置相反的就叫做反對，例如〈師〉卦底下是坎卦，高頭是坤卦，把坎卦調到上面來，坤卦調到底下來，掉過頭來變成了〈比〉卦，那就是反對。

成卦的體例

　　〈師〉卦在卦體上來看，本來是坤體，是由〈乾〉卦二爻鑽入坤體裡面，於是變成〈師〉卦，坤為眾，大眾也，坤得〈乾〉二在裡頭主宰，於是眾有所歸，這群眾就不是烏合之眾了，〈乾〉二之坤，〈乾〉卦二爻到了坤體裡面，又居於坤卦之正中—內體之中，可以統攝坤體之眾，把〈坤〉卦的群眾可以統攝得住，那麼坤體之群眾得到統攝而有所歸，這是〈師〉卦的第一個體象。〈象〉曰：「師，眾也。」就是興師動眾，所以〈師〉卦也可以說是統率學，就是興師動眾的一個法門。過去我們說群眾就像是我們的身體，譬如，練功夫的

人練到精氣神統一了，一手劈下去，可以把一、二十塊磚頭裂開，甚至一手戳下去，可以把牛肚子戳開，這就是精氣神統一的力量。人類社會的群眾，就如同人體內的細胞和血球一樣，假定在精氣神統一之狀態下，它可以發揮無比的威力，所以我們講興師動眾的第一個條件，就是要精氣神統一，在精氣神一致要求之下，大家結合起來，歸附起來，於是這個群體，這個師才能用，才可以發揮很大的力量。〈師〉卦的卦體是由〈乾〉卦二爻鑽入坤體，坤本群眾，〈乾〉二鑽入坤體，即象徵〈坤〉卦之群眾有一個一致的精氣神標的，在同一個標的之下，大家結合起來，此為〈師〉之第一個體象。那麼，我們人事社會如果要興師動眾，組織群體，一定要本乎此一原則，要在精氣神統一的要求之下，這個群體才有力量。

　　〈師〉卦的外卦是坤，坤為眾，內卦是坎，坎代表險難，坤是代表群眾，而中爻二、三、四又互成震，震為行、為動，合起來看，就是有險難而興師動眾。在人事社會來講，用兵本是險道，以險而動眾，乃〈師〉卦之體象，但〈師〉的外卦是坤，坤為眾，又為柔順，表示雖有險動眾，而群眾還是順應我們，歸附我們，這就是〈師〉的第二個體象。

　　〈師〉之外卦是坤，坤之性能是凝聚的，內卦是坎，坎之性能是潤下的。宇宙由太極判為乾、坤兩儀，乾、坤兩儀代表兩種最高的氣化，凡是氣化圈圈左旋而一直向外擴散，那就是乾陽，凡是氣化圈圈右旋而一直向內收縮，那就是坤陰。因此坤陰是向內凝聚的，我們從〈坤〉卦初爻：「履霜，堅冰至。」以及孔子在〈小象〉所指出的：「履霜堅冰，陰始凝也。」可以體會坤陰凝聚的性能。乾陽是飛揚，在周公卦爻辭上點出來了，坤陰是凝聚，孔子在〈小象〉上點出

來了，〈乾〉卦「飛龍在天」、「或躍在淵」，表示乾陽是向外飛
舞的，〈坤〉卦「履霜堅冰，陰始凝也」表示坤陰是向內凝聚的。
〈師〉卦外卦的坤陰是向內凝聚的，內卦的坎水是潤下的，潤下就
是向下走，天下的水頭都是向下的，所以叫做潤下，一面是潤下，
一面是凝聚，潤下而凝聚，於是乎氣化就可以集中在一起。因為在
〈師〉卦之前有〈需〉卦、有〈訟〉卦，〈需〉卦氣化是向外的，水
天〈需〉是內在的乾陽漸漸的向外走，但是它不敢走，外頭有坎水的
濕氣把它困頓住了，慢慢地伺機而向外走，所以〈需〉卦的氣化是向
外的，〈訟〉卦的氣化又是背道而馳的。那麼到了〈師〉卦，這個氣
化就不能不凝聚了，如果再不想辦法凝聚，那這個氣化就飛掉了，根
本凝聚不起來了，因此，〈師〉卦就不能不凝聚而集中起來。因為它
凝聚而集中了，所以我們人事社會就拿興師動眾來取象，所謂興師動
眾，是要一般底下的老百姓集中起來潤下，不是高頭在上的幾個指揮
的人可以興師動眾，要把底下的一般老百姓集合起來，潤下而能凝聚
住，所以我們人事社會就拿興師動眾來取象，來象徵〈師〉卦的情
況，此為〈師〉卦的第三個體象。

　　〈師〉卦是和〈同人〉卦旁通的，〈同人〉，在〈雜卦〉講：
〈同人〉，親也。」是表示那個現象彼此之間非常親熱的；〈師〉卦
既是旁通〈同人〉，表示師之所以成師，是它內在有親切之情，既是
內在有親切之情，當然它能夠結合成堅固不拔的群體；因為〈師〉
和〈同人〉相通，相通就表示它內在暗伏有親切之情，因為有親切之
情，才能夠結合成堅固的群體。

　　綜上而說，人事社會假使要興師動眾，必須根據這四個體象，
做為最高原則。首先，我們要結合堅固的群體，必須內在要有親切之

情；其次，假使要想興師動眾，必須要潤下而能凝聚；再者，假使要因險而動眾，必須要法〈師〉卦之險而順，不但是能動眾，且群眾要歸附你，順著你，這樣才能因險而動眾；最後，我們法〈師〉卦這個體象，要在同一的精神意志要求之下，把它結合起來。人事社會假使要興師動眾，就要根據這四個最高的法則，〈師〉卦的體象即是如此。

立卦的意義

先聖他要列個〈師〉卦，是要告訴我們，啟示我們什麼意義呢？就是因為他認為宇宙一切自然界的現象，不可能沒有在某一種情勢之下，必須要群體應付的。譬如，牛有牛群、蜂有蜂群、馬有馬群、狼有狼群，連個小螞蟻，牠都有個集體的行動，裡頭有組織，這是我們看動物界是如此。植物裡頭，假使你把細胞分析，裡頭還是有集體行動，植物細胞在某一種情形之下集中起來了。所以宇宙自然界的現象，根本在某種型態之下，一定有集中應付的現象產生。既是任何現象都有個群體集中應付，那我們人事社會當然是在所難免要興師動眾，群體應付，所以先聖就特別設個〈師〉卦，告訴我們在集中群體應付的時候應該怎樣的應付。

假使集中起來群體應付，這是很危險的事情；譬如，牛有牛群、馬有馬群、蜂有蜂群，牠們常常集中起來群體應付。但是集中群體弄得不好，就會有很多的傷亡，譬如，有二群螞蟻發生戰爭，牠一死就死了好多。所以集中群體應付，如果稍有不謹慎，那麼在人事社會，就是亡國敗家而有餘，所以這是很危險的事情。既然不可避免的要群體集中起來應付，集中應付又有這樣的危險，那我們該怎麼辦

呢？所以在〈師〉卦裡頭，第一個就告訴我們，興師動眾有個基本規則，你不能夠違背這個基本規則，不但是應該有個基本的規則，同時應該有個適當的人選來主持這件事情，因為這個群體的事情，如果是你沒有適當的人選來主持，那大家亂糟糟的，群龍無首，會弄得不可收拾，所以不僅是要有規則，還要有適當的人選。同時，因為興師動眾是個險道，所以在某種情況之下，我們還是要忍耐，不可以興師動眾，即使到了不得已要興師動眾的時候，也要有個步驟，知道如何興師動眾，等到興師動眾這個行為結束之後，還要知道應當怎樣子結局，因為你把群體結合起來，在一個方針之下來行動，但你不可能永久的行動呀！譬如我們人類遇到緊張的時候，全身的細胞集中起來都在緊張，但是你不能永遠在那兒緊張，如果細胞永遠都在緊張，這個人就要受不了，就活不下去了，所以應付一個緊急的情況，固然要緊張，但是如果緊急的情況結束了，他的身心就要恢復疲勞，興師動眾亦復如此，在某一個時期結束了以後，我們應該有個結束的辦法。〈師〉卦的意義就是指示我們，宇宙任何的現象，免不了有興師動眾群體應付的行為，但是群體的行為很危險，處置不慎，會亡國敗家，所以你必須要有規則，且有適當的人選主持這件事情，同時，還要知道群體如何集中、如何結束這一切的步驟，〈師〉卦就是告訴我們這些方法，這就是〈師〉卦的意義。

貳、彖辭（即卦辭）

〈師〉：貞，丈人吉，无咎。

「師，貞」，師是個群體的東西，但是群體要貞，「貞」字，

就是固也、正也。〈師〉是五陰一陽的卦，因為五陰向一陽來凝結，所以它能固結得住，一個陽在裡頭做主宰，於是把群體之坤固結住了，而且乾陽二爻居中，又是內體之中，在基礎上是很合乎中道的；在基礎上合乎中道，於是能夠把群體維繫得住，所以能「貞」。要想成就一個群體，第一個當然要能固結得住，固結不住，就談不上是個群體。但是，如何能夠固結得住呢？首先就是要端正不阿，一切的行進，一切的動作，一切的言行都端正不阿，於是乎大眾才有一致的維繫的標準，大眾有一致的維繫的標準，就靠著端正不阿。端正不阿，才能夠固結不散。固結不散，這個群體才能存在；端正不阿，這個群體才能夠維持得住。因此，「師」第一個要貞，必須能夠固結得住，能夠固結不散，能夠端正不阿，假使我們絲毫的有點偏私在裡面，那這個群體就維繫不住，縱然勉強維繫，也維繫不了多久。所以我們從這一點就可以看到，大陸上共黨是不會長久存在的，因為他處處都是標榜階級利益，只是他這一部份有利益，其他部分就應該死亡，天下那有這種政治的道理？這完全是私，不是端正不阿，既不是端正不阿，當然是固結不住。所以，我們假使要組合群體，謀求群體的存在，這二個條件必須要具備的：由端正不阿而做到固結不散。

「丈人吉，无咎」，「丈人」這二個字之卦象從何而來？三畫的卦，二爻居中為人位，六畫的卦，三四兩爻居中為人位，〈師〉卦主爻是二爻，其他各爻皆向二爻集中，故二爻為居中之主宰，二爻居人位，而且是陽爻，陽爻是表示大，表示剛正不阿，剛正的人叫做「丈人」，「丈人」就是老成練達的人。拿陰與陽相比較，當然陽比陰剛勁得多，老練得多，陰總是在陽的統帥之下，比如說，我們的身體是坤陰，我們的精神意志是乾陽，身體五官百骸總是受精神意志的統

帥，精神意志指揮五官百骸，五官百骸絕不能指揮精神意志。因為陽總是比較剛健，而居於主宰的地位，所以稱之為「丈人」，「丈人」者，老成練達之人。為什麼「丈人」才「吉」呢？因為興師動眾的群眾多半是來自各方面的子弟，這些人多半是青年或壯年，參加興師動眾的群體多半是血氣方剛的人，老弱的人絕不能參加這個興師動眾的行動，可是血氣方剛的人衝動性大，而且是個群體，把成千成萬血氣方剛的人聚在一塊兒，很容易衝動，很容易肇事，很容易不穩定，因此一定要用老成練達的「丈人」去主持，中國過去的統帥，譬如諸葛亮、司馬懿，這些統帥都是文人，為什麼統帥要文人？因為文人比較穩重，參加興師動眾這個群體的青年或壯年都是血氣方剛的，來一個老成練達，比較文弱一點的人參與其事，於是乎可以把它拉平了，不至於到了野馬向外脫韁而跑的程度，所以歷來關於做統帥的主持人，多半是老成練達的，甚至是文人，所以「丈人吉」。「丈人吉，无咎」，不但是「吉」，而且還是「无咎」，過去我們講「吉，无不利」，現在這個卦辭講「吉，无咎」。興師動眾本是險道，動不動就要出毛病，所以很容易有咎，因此，興師動眾只求他沒有毛病，「丈人」主持這個事情很「吉」，因為「丈人」就是代表九二居中之陽，能夠把坤體的群眾統帥起來，所以不僅是吉，而且沒有毛病。

　　卦辭之要義，第一要守正不阿，且做到固結不散，最要緊的是群體要能固結得住，如果還沒聚合起來就散掉了，那成什麼群體？那是烏合之眾，所以，首先要固結得住，由守正不阿做到固結不散；其次，要由丈人主持這件事情，能夠使令血氣方剛的群體不至於過於衝動，過於毛躁，把它拉平，這樣才能合乎和諧中和的道理，才能夠吉而沒有毛病。我們體會興師動眾的最高法則，除了〈師〉卦體象那幾

點說明的而外，就是卦辭上這幾點要注意的。

參、爻辭

初六：師出以律，否，臧，凶。

　　〈師〉卦中爻二、三、四互震，震爲「出」，內卦坎，坎爲「律」，所以「師出以律」。「否」，我們講到那一爻，那一爻就變，現在講到初爻，初爻變了，內卦就變成兌，兌爲毀折，且內卦變成兌以後，坎象不存，是則「律」也不存在了，律已毀折，那就是「否」，「否」當壞字講。「臧」者，和善也。和善之象從那來？「臧」字是從初爻變兌來的，兌爲和悅，有「臧」的現象，這是爻辭幾個字的源頭。初爻的意思是說，興師動眾第一步是表現出群體的行爲，表現群體的行爲要有「律」，要有規則，如果沒有規則的話，則「否」，不依規律而毀掉了規則，縱然是很和善地應付這個群體，也是「凶」；假使群體裡面沒有法則，而只是拿人情，拿你個人的笑面孔來維繫，那是沒用的，還是「凶」。以上是按照漢儒的解釋，這句話在宋儒又是個解釋，宋儒解釋「否臧凶」，「否臧」者不善也，把「否」字讀成「是否」的「否」字，興師動眾要有規則，如果規則不善，則「凶」，這是宋儒的解釋。這個解釋不大合乎卦象，完全是照文字上來說明的，而且，《易經》裡頭用「否」字，皆讀「泰否」之「否」，例如〈鼎〉卦與〈否〉卦裡頭都有「否」，凡是有「否」字，都讀「泰否」之「否」，這個「否」字都當壞字講，就是閉塞不通，腐爛掉了，當腐爛、敗壞解釋，不是當副詞之「不」字解釋，宋儒是切近文字來解釋，比較容易講，也容易懂。

　　在此要附帶說明的，有人說「律」非指「法律」之「律」，而是指「音律」之「律」，此為漢《易》一些人的看法。為什麼解釋為「音律」？《史記·律書》：「六律為萬事根本焉。」兵書上曾說明過，打仗是離不開律呂的，所以打仗一定要吹奏樂器，打鼓鳴金，拿樂器開頭，所以打仗離不開樂器；往年打仗的時候，懂得音律的，就看對方面吹的是什麼音律，唱的是什麼歌，就知道對方的兵能打仗或不能打仗？其軍隊是有用還是沒有用？《周禮·春官·大師》曰：「大師，執同律以聽軍聲，而詔吉凶。」鄭注：「大師，大起軍師。《兵書》曰：『王者行師出軍之日，授將弓矢，士卒振旅，將張弓大呼，大師吹律合音。商則戰勝，軍士強；角則軍擾多變，失士心；宮則軍和，士卒同心；徵則將急數怒，軍士勞；弱則兵羽，少威明。』」王者行師出軍之日，先使將士張弓大聲呼喊，太師則吹律合音，合商則戰勝，合角則軍亂，合宮則兵將和，合徵則軍勞，合羽則兵弱。現在大家不大研究這個東西，事實上音律與士氣、與民風、與國家的盛衰都是習習相關的。律呂五音是根據「河圖」來的，是有所本的，所以漢《易》有的解釋「師出以律」之「律」為「音律」，作戰興師動眾，聽他的音律，就知道他會打勝仗或打敗仗。

九二：在師中，吉，无咎，王三錫命。

　　卦辭之「丈人」，就是指九二而言，九二爻辭：「吉，无咎。」就是卦辭的「吉，无咎。」九二是居於〈師〉卦內體之中，故稱「在師中」。「王三錫命」，「王」字是從那兒來的呢？〈師〉通〈同人〉，〈同人〉外卦是乾，乾為「王」；同時，二爻又與五爻正相應，五爻居於君位，按六爻在人事上階層之編列，初爻元士，二爻

大夫，三爻三公，四爻諸侯，五爻天子，上爻上皇，五爻是天子之
位，所以有王者之象，這是「王」字的來源。「三」又是從那兒來的
呢？前面我們講過〈需〉卦，〈需〉卦最後一爻，「有不速之客三人
來」，此「三人」是指〈需〉卦底下的三個陽爻連成一體，於是有
「三人」的現象；〈師〉錯〈同人〉，〈同人〉卦第三爻接著外卦，
外卦是三陽，所以有「三歲不興」，三年兵都興不起來，「三」是指
外卦的三陽成體之乾，〈師〉卦這個「王三錫命」的「三」，則是指
外卦三陰成體而言，就跟〈晉〉卦「晝日三接」，天子對於功臣那樣
子禮貌，一天有三次以禮相接待。「晝日三接」之「三」字是從那兒
來的呢？〈晉〉卦火地〈晉〉，內卦三爻是陰，所以講「三日」。易
例：凡三陽或三陰成體之卦，都有「三」之象徵。「王三錫命」就是
九二與六五相應，六五是居於天子之位，由於外卦三陰達成一體，所
以有「三」之象；其次，九二居於內體之坎，坎伏離，離數「三」，
按先天八卦：乾、兌、離、震、巽、坎、艮、坤，離居第三位。「錫
命」是指天子錫命，〈師〉卦旁通〈同人〉，〈師〉的九二就是〈同
人〉的六二，〈同人〉六二居巽，巽為「錫命」，這是九二爻辭的來
源。至於意義是什麼呢？九二恰好是在〈師〉卦內體之中，「在師
中」的第一個意義就是不離開群眾，他就在群體裡面，與群體絜基看
齊，不是居高臨下地去領導群體，而是就在群體裡面，這一點要特別
注意。我們當將領的人如果是要統帥這個群體，一定自己要在群體裡
面，絕不能居高臨下，氣勢凌人，「在師中」就是要在群體裡面，自
己並不比群體高，就在群體裡面，是給群體服務的，統率群體的怎麼
能夠離開群體而居於另一個位置呢？這樣怎能統率得了？所以一定要
居於群體裡面，此為第一個要義。「在師中」第二個意義就是「在
師」要「中」，「中」者恰到好處，就是恰好搔到癢處。譬如，一般

的群眾要喝水，你偏偏給他饅頭吃，群眾要吃饅頭，你偏偏給他開水喝，都是不對頭，固然你是好，可是文不對題呀，他要喝水，你卻給他饅頭吃，豈不是越吃越渴？他要吃饅頭，你卻給他開水喝，豈不是越吃越餓？因此，要做到恰到好處，不要搞得文不對題；人情大家要這樣做，你偏偏要那樣做，結果你以爲大家都歡喜你的做法，事實上搞反了。因此，「在師」要「中」，要恰到好處，眞正的是大家所需要的做法，你做才行。

「吉，无咎」，是說，如果「在師中」，則不但是「吉」，而且還是「无咎」，這個「吉，无咎」就是代替卦辭的「吉，无咎」，表示這一個爻就是卦辭所講的「丈人吉，无咎」。「王三錫命」之「王」者是在上的，九二是統率群體的將領，「王」則是中樞最高的主持人，「王」接二連三的錫榮命給你，表示上下都順應得不得了，「在師中」是你在底下，不離開群體，在群體裡面，而且你所做的恰到好處，正是大家所需要的，你就那麼做，所以底下通了，底下通了，高頭就通，「王三錫命」，高頭在上者接二連三的錫榮命給你，上下都通了，這樣才眞正的可以「吉，无咎」，領導群體要上下都通才行。

六三：**師或輿尸，凶。**

「或」是指什麼呢？三爻一變，內卦就變成巽，巽爲進退，爲不果，或者是進，或者是退，不果斷，那不是「或」的現象嗎？「或」字在古代就通有心字的惑，也就是疑惑的惑，因爲有疑惑，才會或者是這樣，或者是那樣，所以或通惑，此「或」之象也。至於「輿」呢？〈師〉卦外坤內坎，坎爲輿。坤亦爲輿，故有「輿」象。「尸」

字比較複雜，〈師〉卦本來是坤體，但是坤滅於癸，底下是坎，坎為癸水，坤身滅於癸水，身體寂滅了，那不是變成了「尸」首？這是「師或輿尸」幾個字的源頭。「師或輿尸」又是什麼意思呢？前面講九二「在師中」才「吉无咎」，才能「王三錫命」。六三呢？六三是個陰爻，但是它居陽位，陰爻而居陽位，就是才不稱職，它本身沒有這個能力，但是它所居的位置，還是個頗有辦法的位置，假使六三要出來參與這個群體的事情，則「師或輿尸，凶」，那就是這個群體一定要毀滅，要失敗，或者就等於拿車子裝尸體，推尸首，因為六三是陰，本來是柔弱的，沒有什麼能力，沒有發縱指使的力量，可是它的位置是居於陽位，初、三、五是陽位，二、四、上是陰位，假使陽爻居陽位，陰爻居陰位，就叫做當位，假使陰爻居陽位，陽爻居陰位，就叫做不當位。現在六三是陰爻而居陽位，就是不當位，不當位就是才不稱位，就是說，本來是陰柔的，沒有什麼能力的人，而居於有辦法的位置，或者他要參與這件事情，那就「輿尸」，等於拿車子推尸首，那就是「凶」。

六四：師左次，无咎。

這個「左」跟「右」要搞清楚，現在有很多地方都沒有把「左」、「右」搞清楚，我們前面講過：陽左旋、陰右旋，陽居左、陰居右；管仲講：「春生於左，秋殺於右。」（《管子·版法解第六十六》）；董仲舒講：「木居左，金居右。」（《春秋繁露·五行之義》）總之，春是陽、秋是陰，木是陽、金是陰，所以都是陽左、陰右。孔子〈繫辭下〉講：「二與四同功。」二爻與四爻是同類的，二為陽爻在左，四為陰爻在右，故四爻「左次」者，就是四爻應當

次於二爻，到了四爻時，二居四之左，四居二之右，「凡師，一宿爲舍，再宿爲信，過信爲次。」（《左傳・莊公三年》）一宿爲舍，二宿爲信，這二種是臨時的營房，至於三宿爲次，「次」就是常備的營房，「師左次」是說四應當左次於二，左次於二就是應當居於常備的地方，那個意思就是不要衝動，因爲六四是在一個陰柔的階段，這個時候還不能夠動，師道本來是危險的事情，不到萬不得已，絕不能輕舉妄動，所以到了六四，還要「師左次」，還是居於常備的地方。「左次」也有的說是往後退的意思，就是退下來，不要往前進，這種說法也通。事實上，四與二是同功的，二居四之左，四居二之右，左、右就是這樣的形勢，「左次」就是六四應當次於二，歸附於二爻，那麼就是聽從二爻的指揮，做爲常備的來用，不能夠臨時衝動出去，「師左次」就是這個意思。

過去有人對於「左次」解釋爲向後退這一點提出問題，認爲陽左旋是向外擴張的，陰右旋是向內收斂的，爲什麼這裡卻說左次是向後退的呢？向後退應稱右呀！右旋是收縮的、凝結的，左旋是向外擴散的，向前的，怎麼說「左次」是向後退呢？豈不是矛盾嗎？不然，陽左旋、陰右旋，那是講旋，這是「左次」，是表示不動，是在那兒居下來，左旋是從左邊旋轉，左次是居於左邊，那麼，從左邊旋轉正好是向前進，居於「左次」正好是向後退；這個「左旋」與「左次」，彼此有區別，一個是動的，一個是靜的，不知道的人沒有深刻的想法，就以爲是矛盾，其實並不矛盾。

六五：田有禽，利執言，无咎。長子帥師，弟子輿尸，貞凶。

「田有禽」，「田」，因爲五爻與二爻是相應的，〈師〉卦二

爻是九二，〈乾〉卦九二是「見龍在田，利見大人。」故二爻有田的象徵；因爲初、二兩爻是屬於地，五、上兩爻是屬於天，三、四兩爻是屬於人，二爻在地面之上，所以有田之象；其次，六五居坤，坤爲土，坤爲地，土地亦田之象也。「有」，《易經》講「有」字要特別注意，例如「有攸往」、「不利有攸往」、「利有攸往」，爲什麼要加「有」字呢？因爲《易》與佛不同，講佛就不能講《易》，有些人拿佛來講《易》，這就大錯了，因爲佛是講「無」的，是講太極以前的東西，佛經都是講寂滅，講眞如，是講空的，是講太極以前那個沒有的，《易經》則不然，它不是講太極以前的，而是講太極以後的，所以「易有太極」，從太極開始，「是生兩儀」，從太極以後「有」這個宇宙跡象了，《易經》是講「有」的這些跡象，因爲無的這些東西是沒辦法講的，所以事實上佛家釋迦牟尼講到最後，「不可說、不可說」，沒有什麼可以講的，他只有「拈花一笑」，因爲這個「無」的東西你要怎麼講？沒有的東西，一講話就落入「有」，所以根本就不能講，至於那些經典呢？都是無可奈何發生的，事實上，佛不要經典的，因爲他講「無」，有經典就落入「有」了，所以經典都是小乘的東西，是不得已而爲之，因此，《易》與佛不同，它不是講太極以前的，它是講「太極生兩儀，兩儀生四象，四象生八卦」，是講太極以後生生不息的現象，凡是《易經》裡頭講「有」字，都有這個含義，我們不能隨便，要不然，周公用那些文字，爲什麼要說「利有攸往」呢？說「利攸往」，利於往前進，不就行了嗎？爲什麼加個「有」字？就是有這個含義在裡面。「禽」，五爻與二爻相應，二爻居內體坎卦，坎伏離，離爲雉，雉者「禽」也；其次，二居坎，坎爲豕，豬也，豕也是「禽」，因爲往年人禽之辨，這個禽字代表獸字在裡面，所以禽獸二個字常是講一個字，禽字裡頭包含有獸字，所以豕

也是「禽」。「利執言」，「執」，二爻與五爻相應，二上之五，五
爻一變，三、四、五就互成艮，艮為手，有「執」之象。「言」，
〈師〉是〈乾〉卦二爻入坤體而成卦，乾為言，故稱「言」；而且，
〈師〉卦旁通〈同人〉，〈同人〉之外體是乾，六五居於同人乾體之
中，所以稱「言」；同時，五爻與二爻相應，二、三、四互成震，震
為「笑言啞啞」，所以震亦為「言」。「无咎」是從卦辭那個「吉，
无咎」來的。

　　「長子帥師」，「長子」就是卦辭所稱的「丈人」，乾坤生六
子，乾卦領導三男，坤卦領導三女，乾卦長男為震、中男為坎、少男
為艮，坤卦長女是巽、中女是離、少女是兌，因為〈師〉卦五爻與二
爻相應，二、三、四互成震，震有「長子」之象，長子主器，中國
往年老子死了，一切的宗廟祭祀、田產管理這一切東西都要交給大兒
子，一直流傳到現在，譬如父母之喪，戴孝總是長子在前，這就是長
子主器的道理，「長子」就是代表成熟的人，也就是老成練達的大
人，所以講「長子」。「帥師」這個「帥」字，在此地是做動詞講
的，就是帶兵統領軍隊的意思。「弟子輿尸」：二爻居坎，坎為中
男，是乾卦的第二個兒子，是震卦的兄弟，年紀比較小，還沒有怎麼
成熟，所以稱「弟子」；同時，初爻一變則成兌，兌為少女，亦有
「弟子」之象。〈師〉卦外坤內坎，坎為輿，坤亦為輿，故有「輿」
之象；「尸」之象跟六三之「尸」字是一樣的，坤為身體，但是到了
〈師〉卦，〈乾〉二已入於坤體之中，坤滅於乾，坤體已消滅了，坤
體毀了，當然變成了尸首，故有「尸」之象。這是六五爻辭的源頭。
「无咎」、「貞凶」是斷辭。

　　〈師〉卦從初爻「師出以律」開始，到二爻「在師中」，三爻

「師或輿尸」，四爻「師左次」，往年出兵作戰是分為三軍：中軍、右軍、左軍，偏將居左，上將居右，右軍是打前鋒的，中軍是統率指揮的，左軍是準備的，〈師〉卦一直到了四爻還叫你「左次」，「次」者常備之營房，不是住個一、二天就要走的營房，而是經常在那兒住的營房，亦即三宿為「次」，「左次」就是左邊的營房、常備的營房，「師左次」，就是到了第四爻還要居於常備的營房，要做準備，還是不能動，不能隨便莽莽撞撞的就出兵作戰。這四個爻辭都是認為興師動眾是險道，不能輕易興師動眾，一直到了第五爻，「田有禽」，才「利執言」，「田有禽」，就是打個比喻說境內有鳥雀來吃我們的穀子，拿我們的人事社會來講，就是我們的國土之內有人來侵犯，「田有禽」就「利執言」，「執言」者聲罪致討也，就是數他的罪名來討伐他。所以到了第五爻，如果是我們境內有侵略的現象發生，我們就可以聲罪致討，這個時候聲罪致討，沒有毛病。但是，假使你拿長子很成熟的人來統兵，而又叫不成熟的人參與其事，這就等於拿車子推尸首回來，一定要失敗，那個意思就是說，我們選將不能不慎，用人不能不專，興師動眾本來是國家最危險的一件事情，所以要特別慎重，選將擇將一定要很謹慎，要丈人長子，要成熟的人才行，冒冒失失不成熟的人，絕對不能擔任這個事情，假使你拿不成熟的人參與其事，那等於是拿車子推著尸首回來，所以「貞凶」，這樣子雖然你自以為做得很正確，也是凶。

　　這裡有一點需要補充的，有人利用《詩經・小雅・出車》：「執訊獲醜。」來解釋「田有禽，利執言」，認為「利執言」就是「執訊」，「田有禽」就是「獲醜」，也可以講得通，但是似乎牽強了一點，沒有講聲罪致討這個直接了當，比較好解釋，不過有這麼一

家的說法就是了。

上六：大君有命，開國承家，小人勿用。

「大君」，〈師〉卦與〈同人〉相通，〈同人〉外卦是乾，乾爲君，上爻是居於最高的一爻，所以是「大君」，就是太上皇的意思。本來六爻的位置，拿人事官階來講，初爻是元士，二爻是大夫，三爻是三公，四爻是諸侯，五爻是天子，上爻是太上皇或者是宗廟，所以有「大君」之象。「有命」之「命」字是從那兒來的呢？因爲〈師〉卦與〈同人〉相通，〈同人〉上爻與三爻相應，三爻在〈同人〉是居於巽，巽爲命，故有「命」之象。

「開國」，〈師〉之外卦是坤，坤爲國，二爻與五爻相應，除了特殊的戾氣之卦，卦氣有反悖走的之外，一般的卦，卦氣都是由下往上走，二爻的歸宿點是要走到五爻，二爻到了五爻，就到了外體之坤，坤是死東西，是靜在的體，坤陰沒有乾陽，它是不能開化的，等於我們的身體沒有精神意志，就不能發揮作用，所以二爻如果到了五爻，就把外體的坤陰開化了，坤爲國，因此有「開國」之象。「承家」，古時大夫稱家，諸侯稱國，只有大夫才能稱家，二爻本來是大夫之家，有「家」之象，二爻與五爻相應，五爻下來到了二爻，就到了大夫之家，而且，二爻到了五爻，則三、四、五互艮爲門闕，二爻剛好承於門闕之下，故有「承家」之象。

「小人」就是前頭第五爻「弟子輿尸」及第三爻「師或輿尸」那個不成熟的人，中國歷來講「小人」，有二種含義，第一種含義認爲「小人」是指壞人，也就是作惡多端的那些壞人，另一種含義是經典所講的「小人」，就是孟子講：「勞心者治人，勞力者治於人。」

（《孟子‧滕文公上》）勞力的人就是「小人」，所以往年唱戲有：
「大人在上，小人叩頭。」那個勞力的老百姓統統稱之為「小人」，
在此所稱的「小人」，是指沒有知識、沒有能力的人，不一定是壞
人，壞人在《易經》裡頭稱之為匪人，因為勞力的人沒有什麼能力，
他自己只能看到自己的手臂，遠一點的事，他頭腦子想不到，所謂老
鼠眼睛一寸光，那種人他自己能力不夠，沒有辦法發揮，「小人」就
是這個意思。「小人」的象是從三爻來的，上與三應，三爻居坎，坎
對震而言為「弟」，坎對乾而言為「子」，所以叫做「弟子」，「弟
子」是不成熟的人，就是「小人」。「勿用」，《易經》提到「勿
用」之處甚多，譬如「潛龍勿用」，「勿用」就是不要有所作用。坤
為用，〈師〉卦為乾陽鑽入坤體，坤體被破壞，坤體已毀，沒有用
了，就是「勿用」；而且，二爻上去之五，則三、四、五互成艮，艮
為止，就是停止，坤為用。艮為止，功用停止就是「勿用」。以上是
爻辭象的來源。

　　〈師〉卦到最後，不能老是興師動眾，前面講過，當我們參加賽
跑，或是做什麼事，全身細胞會緊張起來，但卻不能老是賽跑，老是
緊張，否則細胞會受不了，所以全身細胞緊張在應付一個現象，一定
要有一個期限，那個期限一過，馬上要鬆懈一下子，否則這個身體就
受不了。國家社會興師動眾，也像細胞緊張應付一個現象一樣，但不
能老是緊張，否則整個國家社會也會受不了，因此在興師動眾之後，
一定要有妥當的復原，所以在五爻「利執言」聲罪致討過後，馬上接
著就要準備復原，上六要如何復原呢？這裡指示我們，要「大君有
命，開國承家」，大凡復原要有一個頭緒，「大君有命」就表示要在
一個最高的頭緒下來復原，復原工作絕不能三頭馬車，你這麼講，他

那麼講，你這麼弄，他那麼弄，也不能夠二三其德，今天這麼主張，明天那麼主張，一定要「大君有命」，「命」是錫命，就是論功封賞，論功封賞就是「開國承家」。「開國」者，錫土封侯也，興師動眾一聲過了，就要錫土，把土地分開來論功封賞，所以是「開國」，諸侯就「開國」，次一點的就「承家」，大夫就「承家」。「開國承家」的意思是說，復原時論功封賞要有個層次，應當「開國」的就「開國」，應當「承家」的就「承家」，這個裡頭有等差的。「大君有命」就是要在一個頭緒之下來復原，「開國承家」就是說復原的工作要設很多的等差，但是，「小人勿用」，論功封賞不能摻雜有小人在裡頭，「小人」就是能力不夠的人，我的《易經講話》曾解釋過，什麼叫做「小人」呢？在太平盛世走順境的時候，他仰承色笑來湊湊熱鬧，他很會伺候在上的顏色，一旦走逆境的時候，他骨頭就軟了，根本挺不起來，這種人如果是在「開國承家」時混跡其中，那只有敗事而有餘，所以上爻特別說明「小人勿用」，如果用「小人」的話，就是「弟子輿尸」。

　　總而言之，六爻的精神：第一個，「師出以律」，要有良好的規則；第二個，「在師中」，要有良好的統帥；第三個，「師或輿尸」，不能讓不成熟的人參與其事；第四個，「師左次」，要多做準備工作；第五個，「長子帥師，弟子輿尸」，選擇統帥要特別謹慎，不能夠用人不專；到了最後，復原的工作要在一個頭緒之下，分出很多的等差，千萬不要把仰承色笑的那些「小人」摻雜其中，「小人」一參與就完了。由此可見，《易經》〈師〉卦就等於是一部統率學。

肆、彖傳

彖曰：師，眾也。貞，正也。能以眾正，可以王矣。剛
中而應，行險而順。以此毒天下，而民從之，吉又何咎
矣。

「師，眾也。貞，正也」，孔子解釋〈師〉卦卦辭的「師」、
「貞」這兩個字。「師，眾也」，師是群眾，「貞，正也」，貞是端
正穩固。要維繫一個群體，一定要固結不散，一定要守正不阿，但是
孔子在這裡只用一個「正」字解釋，因為「正」就能固，孔子的意思
是一端正、一正確，就能穩固。譬如，我們把這個杯子擺在桌子的中
間，擺得很正確，杯子就不會傾斜而掉在地下砸爛，假使這個杯子擺
得不正確，就很容易毀壞，所以正確就能夠穩固。

「能以眾正，可以王矣」，「能以眾正」這個「眾」字是從那
裡來的呢？〈師〉本坤體，坤為「眾」，「正」字又是從那裡來的
呢？〈師〉以〈乾〉卦二爻鑽入坤體而居中得正，故有「正」之象。
「能以眾正」這句話可以分二個意義來說明：第一個意義是「以正馭
眾」，完全是一本正確的道理來駕馭群體，來統治群體，這個古往今
來能夠做到的人很多；第二個意義是「使眾皆正」，使群體裡的每一
個人都很正確，這點就很難做到了。「以正馭眾」比較容易做，我們
只要端正自己，一切事情的做法不要歪邪一點點就是了；至於「使眾
皆正」，要使無數萬萬的群眾都能正確，這個非有大德至聖之人，是
很難辦得到的，因為「人上一百，形形色色」，要使這無數萬萬的
群眾都能正確，實在很難辦得到，所以孔子說「能以眾正，可以王
矣」，就是可以統治天下。這個王字有二種讀法，讀平聲（亡音）的

王字是個名詞，就是君王的意思，讀去聲（望音）的王字是個動詞，就是主宰的意思。

「剛中而應，行險而順」，〈師〉卦是由於〈乾〉卦九二一陽鑽入坤體而成卦，陽爻是剛爻，九二又位於內體之中，故有「剛中」之象；二爻居中與五爻相應，則外體之坤都來跟二爻相應，故有「剛中而應」之象；二、三、四互震，震爲「行」，內體是坎，坎爲險，外體是坤，坤爲順，故有「行險而順」之象。

〈象傳〉最重要的二句話，就是「剛中而應，行險而順」。這裡先講「剛中而應」，卦常講「應」，初與四應，二與五應，三與上應，這個「應」字是什麼意思呢？假使我們拿人事社會來講，恰好我所想到的道理，你也想到了，我認爲這件事情應該這麼做，說出來，正好是你心坎所想的，於是一拍即合，這就叫做「應」。什麼叫做「剛中」？「剛」者陽剛之氣，也就是正氣，「中」者是內在的主宰，「剛中」就是說內在主宰的是陽剛正氣。正氣如何講法呢？我們人類都是秉宇宙氣化而成形的，宇宙氣化有其合理的規則，當宇宙氣化造成我們的身體時，那個運行的規則就跟著到了我們的身體內來，就變成了我們的人性，宇宙氣化運行的合理規則就叫做天理，天理到了我們身體就變成我們的人性，所以宇宙氣化運行的合理規則就是我們人性的根源，俗語說理性、理性，就是從這兒來的。既然人類都有個理性，我們秉賦宇宙氣化的規則都是一樣的，因此大家的是非標準都差不多，假使有一件不正確的、不合理的事情，甲看到了認爲不對而搖頭，乙看到了也認爲不對而搖頭，丙、丁、戊、己、庚、辛、壬、癸看到了，都認爲這件事情不應該這麼做，甚至鄉下從不識字、未受過教育的老太婆看到了，也搖頭說要不得，爲什麼大家這樣不約

而同呢？因為人性都是從一個宇宙氣化運行的規則來的，所以我們的是非標準是一致的，既然是非標準一致，假使我內在的完全是以陽剛正氣做主宰，一切的做法都是本著宇宙的天理，那無論到什麼地方都可以得到人家好感的反應，所謂「言忠信，行篤敬，雖蠻貊之邦行矣。」（《論語·衛靈公》）就是這個道理。因為，民心之所趨，就是天理之所在；天理之所在，就是民心之所趨，所謂「天視自有我民視，天聽自有我民聽」（《尚書·泰誓中》），天無眼睛，天無耳朵，我們怎麼曉得天心，這就看所有老百姓大家一致的認識，那就是天理之所在，所以如果我們能夠內在一本天理，完全是以陽剛正氣做主宰來發動一切，當然民心之所趨，亦即天理之所在，老百姓一定會有很良好的反應，這叫做「剛中而應」。

其次講「行險而順」，既經是「險」，為什麼還能夠「順」呢？行險有順的，有不順的，這個道理好比武王伐紂，武王那時候的兵源，比商紂王的部隊十分之一的力量都沒有，武王那時在西北，就是現在六盤山的附近，地方很荒涼，財富及人力都不夠，但是他要伐紂，這就是「行險」。伐紂時，他先陳兵孟津，不期而遇者八百諸侯，這表示大家都有這種想法，好像伐紂不是周武王一個人的意思要做的，而是所有的諸侯與老百姓大家都認為紂王這個傢伙應該撲滅，等於是大家一致的要求，所以伐紂雖然是很危險的事，但是險而不險，此之謂「行險而順」。

「以此毒天下，而民從之，吉又何咎矣」，「毒」者荼苦也，我們國家所用的征誅刑罰，這些都是荼苦人民的事情，刑罰是要把犯法的老百姓關進牢裡或是宰掉，當然是荼苦的事情，征誅是要老百姓用命流血流汗，這也是荼苦的事情，所以「毒」者就是荼苦的意思，因

為以荼苦的方式而使天下安定，所以「毒」字又可以當治字講，「以此毒天下」，就是以此統治天下，使令天下人悉歸於正。這句話是從那裡來的呢？〈師〉本坤體，坤為國，故有「天下」之象；〈師〉卦是由〈乾〉卦二爻乾陽鑽入坤體而開化，陽來化陰，故有「毒」之象；〈師〉卦一陽五陰，其體以二爻為主，外體坤為民，五與二應，則外體之坤都來順從二爻，故有「而民從之」之象。「吉又何咎矣」，就是說明卦辭的「吉无咎」。

　　意思是說，假使具備「能以眾正」第一個條件，「剛中而應」第二個條件，「行險而順」第三個條件，拿這三個基礎，「以此毒天下」，即使荼毒天下人民，老百姓還是心悅誠服，老百姓既是心悅誠服，當然是吉而沒有毛病。

伍、大小象傳

象曰：地中有水，師。君子以容民畜眾。

　　〈師〉卦內卦是坎，坎為水，外卦是坤，坤為地，是乃「地中有水」之象。「地中有水」等於現在所講的地下水，水是最能夠融為一體的東西，天下的水流到了一塊兒，都是若合符節，無論江水也好，河水也好，山水也好，聚集到了一塊兒，都是一致的，沒有分野的，管它是骯髒的水也好，乾淨的水也好，到了一塊兒，都是一樣的，尤其是地內的水，它不僅是一體的，而且它還能夠含蓄蘊育起來，地上的水還會分散，散到這個湖裡，散到那個海裡，地下的水則是蓄積聚集在一起，不會分散的，所以「地中有水」就變成師象，這句話指示我們，群體之師，要像地中水，不僅融為一體，而且要畜聚在一起。

　　〈師〉卦是由乾陽鑽入坤體裡面而成卦，乾陽是君子，乾有
「君子」之象；〈師〉卦外體是坤，坤爲「民」；〈坤〉卦〈大象〉
曰：「地勢坤，君子以厚德載物。」「厚德載物」就是「容」，故有
「容民」之象。「畜」是指畜聚的意思，「眾」是群眾的意思，坤爲
「眾」，地中有水是畜聚的現象，故有畜聚之象。意思是說，君子
法「地中有水」的現象，要「容民畜眾」，「容」與「畜」不同，
「民」與「眾」也不同，「民」是指個體的老百姓而言，任何一個個
體的老百姓，我們都要容納住，絕不是這個老百姓是我的，那個老百
姓不是我的，哪有這麼一個政府啊？應該是所有的老百姓都是國家的
老百姓，所以「民」是指個體的，任何一個個體我們都要接納包容；
「眾」是指群體而言，群體是指老百姓的群體，不僅是要容納個體，
而且要能夠畜聚群體。那麼，君子法「地中有水」之象，如何的來
「容民」，接納個體，如何的來「畜眾」，畜聚群體，〈大象〉的意
義就是如此。

初六象曰：師出以律，失律凶也。

　　〈小象〉解釋初六：「師出以律，否，臧，凶。」爲什麼
「凶」呢？「失律凶也」，「失律」者喪失規律也，規律喪失了就
「凶」。「失律」之象從那兒來呢？因爲坤爲喪，喪者喪失，坎爲
律，〈師〉本坤體，初爻居坎，故有「失律」之象，喪失了規律就會
「凶」。

九二象曰：在師中吉，承天寵也；王三錫命，懷萬邦也。

　　爲什麼九二「在師中吉」呢？因爲它「承天寵也」。「天」是

指五爻而言，五爻有天子之象，二與五應，五下之二，二上之五，二爻是與五爻相互呼應的，二爻一切的動作，是在五爻的呼應之下來動作，二、五很正常的相應，所以有寵愛之象，二承五之寵，故稱「承天寵也」也。孔子又解釋「王三錫命」是「懷萬邦也」，「懷」是指內卦之坎而言，二居坎，坎爲心志，有「懷」之象，〈師〉本坤體，坤爲眾、爲邦國，故有「萬邦」之象。這個〈小象〉是什麼意思呢？「在師中吉，承天寵也」，是表示上下非常的順應得手，「王三錫命，懷萬邦也」，是表示內外非常的諧和，所以不僅是自己本土內的上下順應，而且本土以外的萬邦都來歸附順應。

六三象曰：師或輿尸，大无功也。

三爻如果參與興師動眾的事情，就等於是拿車子推尸首回來，此之謂「輿尸」，「師或輿尸」就是「或者輿尸」，因爲六三可以不參與其事，假使你要讓六三不成熟的小人參與，只有敗事，所以〈小象〉講「大无功也」。易例：三、五同功，三爻和五爻是同功的，但是三爻以陰爻居陽位，爻不當位，故稱「弟子輿尸」，五爻雖亦以陰爻居陽位，但二、五相應，二上之五，則變成陽爻居陽位，可見得五爻與三爻不同，所以三爻「无功」可言。「大」在往年通「太」，故「大无功」者過於「无功」，「无功」之至也，三爻不僅是「无功」，而且「无功」到了極點，所以壞到了極點。

六四象曰：左次无咎，未失常也。

〈師〉卦二、三、四互震，震爲常，四又居外體之坤，坤爲失，故有「未失常」之象。「師左次」何以能夠「无咎」呢？因爲

「未失常也」。「左次」是常備的營房，部隊還在常備的營房裡面，並沒有發動，只是在準備而已，沒有失掉常態，當然沒有毛病。

六五象曰：長子帥師，以中行也；弟子輿尸，使不當也。

〈師〉本坤體，因爲〈乾〉卦二爻鑽入坤體而成卦，〈乾〉卦二爻到了坤體裡面，則二、三、四互成震，震爲長子，從而整個坤體的群眾都由〈乾〉卦二爻來統帥，九二一陽居中來統帥群陰，這是「長子帥師」的現象；此外，因爲二爻居中，震又爲行，故有「中行」之象，這個「中」字在前頭講過，有二個意義：第一是不離開群眾，與群眾看齊，第二是在群眾裡面做得恰到好處，「中行」就有這二個意思在裡面。爲什麼說「弟子輿尸，貞凶」呢？是因爲「使不當也」，「使不當」就是所指使差遣的不妥當，「弟子」指六三，因爲六三是個陰柔而不成熟的小人，卻讓他來做興師動眾統帥群體的事情，難怪他要「輿尸」，這就是指使差遣的不當，也就是爻不當位。三爻是陽位，是有作爲的位置，然因六三是陰爻居陽位，爻不當位，是沒有用的人居於有用的位置上，所以把事情給弄壞了。

上六象曰：大君有命，以正功也；小人勿用，必亂邦也。

「大君有命」就是在最高的頭緒之下來錫命，「正功」就是在復原之後來正二、五之功，因爲興師動眾之功在於二、五，至於那些參與其事的不成熟的小人，根本無功可言，對於興師動眾能夠有所作爲的人，必須要論功行賞，「正功」就是把功勳指明出來，誰有功勳，誰無功勳，顯示得很正確。爲什麼「小人勿用」呢？因爲「必亂邦也」，二爻到了〈師〉卦裡面，〈師〉卦的坤體就靠著九二陽爻這個

丈人長子來把群體開化，才能活動，如果不是二爻，而是由三爻來主持這個事情，因為六三是陰爻，不能開化外卦坤體，那這個坤體就變成了死東西，坤為邦國，所以有「亂邦」之象，三爻與上爻相應，但因三上皆為陰爻，應而不應，所以把外卦坤體搞亂了。

第七卦

師卦

講習大綱

師

坤上

坎下

—— 此係〈坎〉宮歸魂卦，消息四月，旁通〈同人〉，反對〈比〉。

師者眾也，就是行師動眾的意思，卦惟一陽居於坤陰內體之中，成為坤體的重心，可以聚結坤體的群眾，故名之為師。

壹、總說

佈卦的次序

〈序卦傳〉曰：「訟必有眾起。」凡有爭執，則必合群而起以應之，人被擊傷，其傷處便立即紅腫，而由細胞與血球群起抵抗，此所以訟後而有師。

成卦的體例

　　內體坎，外體坤，坎爲險，坤爲眾，中爻互震爲動，以險動眾，是即師也；因在訟時，氣化背道而馳，於是五陰群趨於內在之一陽，而謀氣化集中之道，亦即師也。

立卦的意義

　　〈師〉之成卦，是由九二之一陽入於坤體中，以統率群陰，在人，陽是精神意志，這就是說，人群之能統率，必須從精神意志著手，〈師〉通〈同人〉，「爲能通天下之志」。

貳、彖辭（即卦辭）

〈師〉：貞，丈人吉，无咎。

　　貞者正也固也，必須由正而不阿做到固而不散，才能夠成就師的群體，但師本險道，又必須有老成練達之人，居中統率，一如九二之統率坤陰，方能使群體心悅誠服，殊途同歸，所以「丈人吉」而无咎。

參、爻辭

初六：師出以律，否，臧，凶。

　　初居坎下，坎爲律，初變成兌，兌爲毀折，言行師動眾，首重於規律，如變而毀折其規律則否，縱有和善之情亦凶。

九二：在師中，吉，无咎，王三錫命。

統率群體的人，須居於群體之中，而不能離開群體。所有的舉措，並須允執厥中，達成恰到好處的境界，可以吉而无咎，甚至上下順應，而膺錫命之寵。

六三：師或輿尸，凶。

師貴剛中，非剛不足以行師，非中不足以服眾。六居三，既不剛，又不中，如此行師動眾，將有「輿尸」之凶也。

六四：師左次，无咎。

四為巽爻，有進退不果之象，且四以陰柔之質，交接外界，應宿於左次，不能前進，防守觀變，以備不虞，方可无咎。

六五：田有禽，利執言，无咎。長子帥師，弟子輿尸，貞凶。

以前各爻，皆不輕言行師，直至六五，因與九二相應，內既得有統率之人，外則更有歸順之眾，如遇犯境之敵，可以聲罪致討而行師矣，但帥師者如為長子，而又以弟子參與其事，任之不專，以致規固難行則凶。

上六：大君有命，開國承家，小人勿用。

行師到了最後的階段，那就要從事復員工作，大則開國，次則承家，封疆建制，各安其所，但在復員過程中，難免有小人混雜其間，故必須加以清理，而曰「小人勿用」。

肆、彖傳

彖曰：師，眾也。貞，正也。能以眾正，可以王矣。剛中而應，行險而順，以此毒天下，而民從之，吉又何咎矣。

按「師，眾也。貞，正也」，是〈彖傳〉釋卦辭「師貞」之義；群體非個人可比，糝雜不齊，如能使群體大眾，不偏差而端正，不散漫而固結，當然可以更發揮最高的統制功用，即所謂「可以王矣」。剛而得其中，則不覺其剛，人皆心悅誠服，群起而應之，險而迎其勢，則不覺其險，可以履險如夷，所行皆順利，果然照這樣治理天下，又獲得萬民一致的歸附，當然是吉，何咎之有？

伍、大小象傳

象曰：地中有水，師。君子以容民畜眾。

外坤內坎，為地中有水之象，地之於水，不僅能容，而且蓄積不散，《老子・二十五章》有謂「人法地」，謀國君子對於民眾，應如地中之水，不分巨細，一是皆容而畜之，蓋坤為民眾，又虛而有容，善能凝聚，卦惟九二一陽居中主宰，故曰：「地中有水，師，君子以容民畜眾。」

初六象曰：師出以律，失律凶也。

初六體坎，坎為律，在行師動眾之初，必有規律以為節制，規律毀壞，秩序則亂，故曰：「失律凶也。」

九二象曰：在師中吉，承天寵也；王三錫命，懷萬邦也。

　　二以陽居中，與五相應，能得群體悅服，五居天位，故曰：「承天寵也。」外體三陰隨五而同來應二，有王三錫命之象，坤爲邦，又爲萬，故曰：「懷萬邦也。」

六三象曰：師或輿尸，大无功也。

　　六三互坤爲身爲喪，身喪爲尸，坤又爲輿，是輿尸也，行師乃至於輿尸，故曰：「大无功也。」

六四象曰：左次无咎，未失常也。

　　六四以陰居陰，陰主退，師左次者，退而防守，乃兵家之常，故曰：「未失常也。」

六五象曰：長子帥師，以中行也；弟子輿尸，使不當也。

　　六五應二，體震居中，震又爲行，故曰：「以中行也。」震爲長子，三體坎則爲弟子，以陰柔而居剛位，是爲爻不當位，而使之參與行師，故曰：「使不當也。」

上六象曰：大君有命，以正功也；小人勿用，必亂邦也。

　　上六爲師在復員之時，復員當然要論功行賞，故曰：「以正功也。」上與三應，三爲輿尸之弟子，有小人亂邦之象，復員時非加以清理不可，故曰：「必亂邦也。」

第八卦

比卦

周鼎珩講　樊楚才記錄

比

坤　坎
下　上

—— 此係〈坤〉宮歸魂卦，消息四月，旁通〈大有〉，反對〈師〉。

壹、總說

佈卦的次序

　　我們以前講過〈師〉卦，〈師〉的體象是一個陽爻統治數個陰爻，在氣化上形成了內在的集中。我們知道，氣化既然在內在集中了，成了一個堅強的群體，就能夠招致外在其他的氣化來結合。在自然界裡，有很多現象都是如此。例如一棵樹、一株花、或一根草，它既然成了草或樹，它就能跟外界的許多東西，像陽光、空氣、肥料或土壤等等，結合起來，自然界是這樣，人事社會更是明顯。比方一個人成了一個形勢，不管他在哪個行道裡，工商界、政界、教育界或文

化界，只要他佔據了一個地位，成了一個體，自然就有許多外在有關的人，與他相互往返，相互結合。假如他沒有成體，在各行道裡還站不住腳，很少有有用的人，去跟他往返結合的，個人是如此，國家社會更是如此。假如一個國家，本身有了健全的制度，欣欣向榮，這個國家就會招致其他國家來跟它結盟，來提供協助，甚或來歸附它。這種招致外界來結合的現象，在六十四卦中，就是〈比〉卦。而〈比〉卦這種吸引外界前來比附的現象，既是形成在內體氣化集中成體之後，也就是在〈師〉卦之後，自然在卦序上，也就是成了〈師〉在前而〈比〉在後。因此我們在〈師〉卦以後接著講〈比〉卦，其次講到〈比〉卦的卦體。

成卦的體例

《說文》說：「比，密也。二人爲从，反从爲比。」《廣韻》說：「比，和也，並也。」因此「从」是一前一後的現象，「比」則是並也，是比肩並立的現象，它的涵意象徵著兩個以上的結合。師，固然是群體，不過，這個群體所構成者，只是它的本身，而師的本身，構成群體之後，再向外吸引結合，壯大了本身，就成了比。也就是說，我們已經構成了一個東西，這個東西再跟外界另一個東西結合起來才成爲「比」；「師」呢，只構成這個東西的本位而已。這是〈比〉卦第一個體象。

其次，比既是結合的現象，其相互結合卻不是隨便湊合，不是烏合之眾，它有它結合的型態和標準。〈比〉卦的體象，外坎而內坤，坤有凝結的性能，坎水則是運下。又坤爲土而坎爲水，土本來是鬆散的，土遇到了水，它就堅固的凝結起來，所以〈比〉卦是水土溶

結的現象，它象徵人類的交流，有如土水的密合而無空隙，這也才是「比」的結合。這是第二個體象。

第三，〈比〉卦的體象是根據〈師〉卦而來的，〈師〉和〈比〉卦都是一陽五陰的卦，所以都以陽爻爲主爻。不過，〈師〉的陽爻居於二爻，而〈比〉的陽爻居於五爻。以〈乾〉卦的性能觀之，〈乾〉卦六爻之中，二爻是「見龍在田」，表示「本身剛達到構成的階段」而已顯現出來；而五爻「飛龍在天」，是乾陽最滿意的時候，是它發展到顛峰，無往不利的階段。〈師〉卦既以二爻爲主爻，所以〈師〉卦只是本身方才「成體」的階段，它表示某一現象，才剛剛奠定了它內在的基礎，而〈比〉卦是以五爻爲主爻，它表示一個現象已經超過了內在的基礎，而達到了外在發展的階段，它已經「飛龍在天」，已經可以招致外界一切的風雲際會了。所以孔子在〈雜卦〉中，解釋這兩卦的性能時說：「〈比〉樂，〈師〉憂。」他說：〈比〉卦是愉快的，而〈師〉卦是憂鬱的。因爲〈師〉卦陽居二爻，還在創造自己基礎的階段，是否能創造起來，還是疑問，當然憂心忡忡；而〈比〉卦陽居五爻，「飛龍在天」，它的基礎早就創造好了，它已經居於向外發展，風雲際會的階段，當然是很愉快的，所以〈比〉卦的體象與〈師〉卦有這樣的不同。這是第三個體象。

第四，我們過去講過的〈需〉卦、〈訟〉卦，裡頭都有坎，不僅〈需〉、〈訟〉兩卦，在〈乾〉、〈坤〉以後的各卦，〈屯〉、〈蒙〉、〈需〉、〈訟〉、〈師〉，乃至於目前我們所講的〈比〉卦，卦中都有坎。爲什麼都有坎呢？這表示宇宙在開始化生的時候，都是以坎水爲主。宇宙開始化生時，是先有濕潤的氣化，然後慢慢生出一種熱能，由於在最先整個太空都是濕潤的氣化，於是在卦中，就

用坎來代表，所以〈屯〉、〈蒙〉、〈需〉、〈訟〉都以坎爲主。不過，坎在這幾卦中，都是一種險難，像〈屯〉和〈需〉，坎水在外，表示這兩卦，外在有險；〈蒙〉和〈訟〉，坎水在內，則表示這兩卦，內在存著險難。可是到了〈師〉卦、〈比〉卦，兩卦也都有坎；〈師〉，坎在內，而〈比〉，坎在外，坎水在卦中，卻不是險難，不但不是險難，而且還是很好，這是〈屯〉、〈蒙〉、〈需〉、〈訟〉跟〈師〉卦、〈比〉卦卦體不同的地方。但是爲什麼有這種不同呢？這是由於〈坎〉水在卦中，所搭配的卦，陰陽性別不同，作用也就不同之故。在〈屯〉、〈蒙〉、〈需〉、〈訟〉之中，除卦中的坎之外，所搭配者皆爲陽卦，〈需〉與〈訟〉中之乾卦，〈屯〉中之震，〈蒙〉中之艮，皆爲陽卦；由於陽卦中的乾陽，是個向外擴散的東西，它是一種電的熱力，這種熱力的擴散就怕潮濕。所以收音機、電視機，凡是用電的東西都怕潮濕，宇宙間那種電波的氣化，都怕潮濕。因爲乾陽是代表一種動能的電力，用現代語來說，它好像是一種電波，甚至是超過電波，在電波以上的東西，我們爲了說明方便起見，所以說它是電波，這種東西，最怕濕氣。可是坎水就是濕氣，正好成了乾陽向外發展的阻力，因此坎水在〈屯〉、〈蒙〉、〈需〉、〈訟〉之中，就成了險難。但是到了〈師〉卦和〈比〉卦就不同了，兩卦都是坎水與坤陰的結合，坤是向內凝聚的，坎是運下的，它倆性能是相合的，坤土遇到坎水更好，可以凝聚得更爲密切，因此坎不致構成壞處，反而成爲它的好處。所以在〈師〉、〈比〉之中，坎不爲險，反而助長它的發展。這是〈比〉卦的第四個體象。

立卦的意義

　　現在繼續講〈比〉卦的卦義。我們知道，宇宙一切現象，在它的發展過程中，都免不了結合的現象，假如沒有結合的現象，則宇宙之中，永遠都是些元素，而不可能有各種不同的東西了。所以宇宙的演進就靠著結合，沒有結合，宇宙的發展就停止了。因此一切現象離不開結合，人事、社會受了宇宙法則的支配，也免不了有這種現象，結合現象愈複雜，人事社會也就愈繁榮。但是結合的方式有正當的，有不正當的，有基於利害的，有迫於威脅的，有營營苟苟的，我們應該如何，才能正大光明的作有益於社會的結合呢？這就是〈比〉卦所要啓示我們的。結合有一定的規則，有它可遵行的途徑，在某種情況之下，作某種方式之結合，就能夠成爲正當的結合。在〈比〉卦裡有「孚比」、有「內比」、有「外比」，也有「不正當的比」、「無目標的比」，所以〈比〉卦是把世上、社會上各種不同的結合現象，作一個全盤的交待，這就是〈比〉卦的卦義。

貳、彖辭（即卦辭）

〈比〉：吉。原筮，元永貞，无咎。不寧方來，後夫凶。

　　卦辭中第一句是「比，吉」，「比，吉」這兩個字的意義就和〈蒙〉卦的「蒙，亨」一樣，一「蒙」就亨，在這裡是一「比」就吉。這是什麼道理？因爲〈比〉通〈大有〉，換句話說，〈比〉的結合情形中，它的遠景就伏著〈大有〉在。所謂「大有」就是「所有者大」，在〈比〉以後，〈比〉一定要息成〈大有〉，〈比〉卦既能結合而逐漸長成〈大有〉，那麼所有者大，當然是吉。再拿字義來講，

「反从爲比」，就是說兩個東西並肩爲鄰，這就是「比」。換句話
說，兩個以上的東西，組成一體就是「比」。一個東西的力量絕對沒
有兩個東西合在一起的力量大，所以你若「比」，把兩個東西結合成
一體，在社會上發展的力量當然大，這自然是吉。所以「比，吉」是
沒有象的，是意義如此，它像「蒙，亨」或《易經》上其他類似的句
子一樣，如「大有，上吉。」卦名之後就緊跟著一個斷辭。

　　第二句「原筮，元永貞」，這句話就複雜了。「原」，〈比〉本
坤體，坤爲土，有平原之象，所以說「原」；「筮」，三、四、五互
艮，艮爲手，反對卦〈師〉卦二、三、四互震，震爲草，以手執草，
「筮」之象也。這筮草一叢有五十根，生在山東曲阜，以手執草，就
是「原筮」的現象。同時〈比〉是兩個以上的單位的結合，其結合之
前，未比之前，一定有相當的層次，彼此都要有誠意，希望有結合
的誠意是祈禱的現象，它有「筮」的卦象。第三「元永貞」，「元」
是從哪來的？因爲〈比〉是〈乾〉卦的五爻到了坤體裡，做了〈坤〉
卦的主宰，有「元」的象徵。「永貞」，因〈比〉本坤體，〈坤〉卦
有「用六，利永貞」的句子，所以坤陰有「永貞」之象。「无咎」是
斷辭。「不寧方來」，「不寧」是哪來的呢？第一，坎爲勞卦，因坎
水的流動是川流不息的，這流動不息就是不安寧。其次，〈坤〉卦卦
辭最後是「安貞，吉」，表示坤所需要的是「安貞」，是寧靜自主，
而現在乾陽五爻鑽進了坤體，也就打破了坤體，所以就「不寧」，
「不安貞」。「方」，坤爲方，〈坤〉卦六二：「直方大，不習无不
利。」所以坤之德「方」。「來」，這「來」字與〈需〉卦裡「有不
速之客三人來」的「來」是一樣的，就是說，〈比〉卦底下的群陰，
都是來和五爻這一陽來結合。這是「不寧方來」四字的源頭。「後夫

凶」，陽爲夫，這夫是指五爻的陽，而上爻居於五爻之後，所以稱爲「後夫」。「凶」是斷辭。

現在說明這幾句話的意義。「原筮」的意義有三種說法，第一種：「原」是本源、推原，「筮」是祈禱，兩字合起來是「推原祈禱的根本」或「本質是什麼」的意思。第二種說法：《爾雅·釋言》說：「原，再也。」「原」是一再的意思，我們既是親比，大家幾方面要結合在一起，當然是相互祈禱，希望結合在一起。這祈禱是幾方面的，而不是一方面的，所以「原筮」是「多方的祈禱，多次的祈禱」的意思。第三種：我們知道《周禮·春官宗伯》：「大卜：掌三兆之法，一曰「玉兆」，二曰「瓦兆」，三曰「原兆」。……掌三易之法，一曰《連山》，二曰《歸藏》，三曰《周易》。」「三易」是《連山》、《歸藏》和《周易》，「三兆」是「玉兆」、「瓦兆」和「原兆」，我們推想「原兆」是《周易》的筮法，而「原筮」即指「原兆」而言。「元永貞」，「元」是始也，是開始；「永」是永久；「貞」是穩固。「原筮，元永貞」整句話的意思是說，假使我們推原它祈禱的根本，它是一開始就想結合，而且想久於結合，固於結合。這樣的比沒有毛病，「无咎」。不但沒有毛病，而且「不寧方來」，結合是接踵而來，「方來」是比并而來，接踵而來的意思。但是「後夫凶」，如果在「原筮，元永貞」的情況下，你在那遲迴觀望，等到人家結合的形勢穩定了，你才再來比附，那就「凶」了。這就像當初劉秀光武中興的時候，還有幾個地方一直在觀望，等到劉秀成功了，才來投附，劉秀就不要了，所以「後夫凶」。人家形勢已經成功了，你才跑來，這不是趨炎附勢？當然不要你，所以推原祈禱的本質，要一開始就比附才行，而且要久於比附，穩於比附，這才是比

的結合的道理。

參、爻辭

初六：有孚比之，无咎。有孚盈缶，終來有它吉。

「有孚」是誠意的意思，易例裡面，凡是講到「有孚」，都是指卦中的坎象，因坎為孚，而〈比〉以五陽為主爻，五居坎卦中爻，故有「有孚」之象。「有孚比之」，「之」指五爻而言。「无咎」是斷辭。「有孚盈缶」，「盈」，〈比〉初爻一變，內卦為震，外卦為坎，水雷〈屯〉，屯為盈，所以有「盈」之象；又坤為土，為器，是「缶」之象。「終來有它吉」，〈比〉通〈大有〉，〈比〉卦最後要息成〈大有〉，所以講「終」。而〈大有〉是所有者大，是很好的一卦，所以說「吉」。又〈比〉以五陽為主，五、二相應，初在應外，故稱「它」，這是初六的卦象。它的意思是，「有孚比之」，拿至誠至信來比，來結合，沒有毛病。為什麼說「有孚盈缶，終來有它吉」？因為這誠信是坎，坎水往下流，底下是坤缶，是一種瓦器，坎水流到瓦器中，裝滿了已經漫了出來，表示你太多的誠懇已經漫出來了，到這種程度，「終來有它吉」，最後一定有其他的好處。這是說，我們所處的位置在應外，和對方隔得很遠，我們如何和對方結合呢？比如他是最高的統治者，我是一介書生，兩人向無淵源，初在應外，我在應爻之外，如何跟他攀上關係？「有孚盈缶」我以一片至誠想幫助他發展，而且誠心始終不渝，就像談戀愛一樣，到最後一旦因為某件事而被他發現了，「終來有它吉」，一定有我的好處，不過時間晚了點，沒有發展得很快。換句話說，如果我們處在應外，在沒有

關係的環境之下，想跟對方達成關係，該如何做呢？要一本至誠至信，對方有感應是如此，沒有感應還是如此，這種誠懇多到漫出了瓦器之外，最後一定有人發現了，一定會有我的好處的，「它」者就是我，五爻為主，初爻為「它」。其次，〈比〉最後息成〈大有〉，〈比〉卦的初爻是失位不正，息成〈大有〉後，初爻變陽得正，陽來了，就表示結合的熱能來了。

六二：比之自內，貞吉。

「比之自內」，這種結合是怎麼結合？是自內裡結合。因為坤為「自」，二爻居內卦之中，故曰「比之自內」。二爻又得正位，故有「貞」象。何謂「比之自內」？是說我所想的，或我的心情與你不謀而合，這是「比之自內」。人類的思維路線是否相應，有三種情形：第一，兩人的情緒、思想不謀而合，就像干寶《搜神記》裡記載漢朝的山陽范巨卿和汝南張元伯一樣。張元伯死了，但是棺材要下葬，卻不肯進，他娘就說：「元伯啊！你是不是還有甚麼未了的心願呢？」到了范巨卿趕來了，一祭，棺材一抬就走了。他就是等范巨卿，所以臨死了，還跟他一致，這就叫神交。就是說，兩人的心情密切的結合。這是第一種情形。第二種情形，兩個思維路線，根本是平行的，永遠到不了一塊。你想的是這個，我想的是那個，話不投機半句多，我聽到你講的話就頭痛，兩人的思維路線交叉不到一起。第三種情形，兩人的思維路線，雖不是密合，卻有個交叉點，兩人在某一點上是相合的，抓住了這交叉的一點就結合了。過去的縱橫家所研究的揣摩術，講求的，就是如何抓住這些交叉點。從前蘇秦佩六國相印，就是由於他深懂這個道理，蘇秦頭一次出山，到各國去都碰壁，弄得自

己狼狽不堪，於是他苦讀《太公陰符》，每逢睏乏欲睡，便用錐自刺其股，幾年後練成揣摩術，再度出山去說諸侯，結果一說就中，無往不利。這是什麼道理？因為他抓住了交叉點，他了解諸侯的心理，他揣摩到在當時的情況下，各國諸侯最迫切的需要是什麼，各國諸侯腦中所想的是什麼，他就抓住這一點，就說這個，這一說就把諸侯說動了，認為此人真是「深獲我心」，因此一拍即合，蘇秦之所以能佩六國相印，道理就在這。上次我和諸位先生談到命運，談到世上各人生理的體質不同，歡喜吃不同的味道─酸、甜、苦、辣、鹹，現在我就舉這個例子來說明，講一些揣摩術中最小的東西。比如我倆結合，我必須先了解你，用什麼方法呢？我就請你吃飯，桌上五味具備，五味俱全，菜搞得很多，在吃飯的過程中，就看你喜歡吃哪種菜，假使你喜歡吃甜的，那就勇氣不夠，要上前方打仗，一聽到槍聲就怕了。腑臟的熱能不夠，就喜歡吃甜的。假使你愛吃酸的，那就是血液不夠，可能你貧血，貧血者的頭腦不能做深入的思考，那麼我重要的計畫就不能交給你做。這是就五味的喜惡來揣摩人的個性、特質。又如我們若在一對夫妻家裡，談一個我們過去辦的離婚案子，就說先生有外遇，太太發覺了，提出離婚，先生不肯，於是吵了起來。如果這對夫妻之中，太太一聽就聲色俱厲，力加指責，說先生怎麼可能有外遇，那麼我們就從這個太太的反應中，可以推想到，這對夫妻也可能有問題了，這也是揣摩的一種。過去縱橫家所講求揣摩術，就是以「比之自內」為原則。本來「比之自內」，像范巨卿和張元伯那樣的例子很少，那是天生的，他倆內部基礎身體構造是一致的。但是若要達到那種「比之自內」的效果，我們可以用人為的方法來補救，也就是用揣摩術。我把你心裡所想要的找出來，然後結合就容易了，這結合的主權就操之在我，我要結合就結合，我不願結合就不結合，因為我了解

你，這是「比之自內」。這種揣摩溝通的方法很多，一時講不完，總之，我們讀中國的舊書不能囫圇吞棗，「比之自內，貞吉」這幾個字沒有什麼，但是它裡面隱藏的意思太多了。

六三：比之匪人。

三爻居群陰之中，裡面一點陽氣都沒有，它所比的就是群陰，陰是陰暗，是陰昧不明，因此有「匪人」之象。「匪人」者，是反乎人道的人，我們現在稱匪、稱盜，就是從這裡來的。「比之匪人」，在實際的情況來講，就是所謂的黑社會；黑社會的結合是殺人越貨，走私販毒，這也是結合，但這結合卻是彼此曖昧不明，不能見人的，所以說「比之匪人」。

六四：外比之，貞吉。

四爻居於外卦之中，所以稱為「外比之」，與內比剛剛好是對應的。「內比」是從內在心心相印而結合，「外比」是因形跡相近的結合，是「外比之」，它兩個心情未必相合，但形跡相近，耳鬢廝磨，天天在一塊，雖是心情不相近，但也可能發生情感，也可能結合。這種情形很多，現在一般青年夫妻，自由戀愛，女的哪曉得男的哪裡好？男的哪曉得女的哪裡好？只因他們形跡相近而結合，並不是因為心心相印而結合，這都是「外比之」。「外比」的結合，內比就差得遠，不過它還是一種正當的結合。因為四爻在五爻之下，陰之承陽，就等於以形跡相近和很好的人在一塊相處，固然我的氣質不如他，但是我倆天天在一塊，雖是氣質不同，可是也能夠結合起來。這種結合「貞吉」，要能夠穩定，也是好的結合。

九五：顯比，王用三驅，失前禽，邑人不誡，吉。

〈比〉卦本來全是陰爻，由於到了五爻有乾陽注入才成了〈比〉，陽明而陰暗，因此在卦象上，〈比〉在前幾爻都是幽暗，一直到了五爻，有了陽，光明才四達，因此稱「顯」。「顯」是光明，在《說文》上作「㬎」，意為「从日中視絲」，表示「明足以察秋毫之末」，看得很清楚的意思。五為坎爻，坎伏離，離為明，為日，故有「顯」象。因此五爻之比稱為「顯比」。「王用三驅」，五為君位，又陽爻居之，是「飛龍在天，利見大人」，有王者之象，故稱「王」。「用」，坤為用。「三驅」，五爻之下，三陰連體，故稱「三」，又坎伏離，離數三，故有「三」象。「驅」，外坎為輿，是車子，內坤也是車子，又〈比〉卦的反對卦〈師〉卦裡有震，震為行，故〈比〉卦有行車之象，即「驅」之象也，「驅」即策馬駕車前行也。「失前禽」，坤為喪，喪者「失」也。「禽」，坎通離，離為雉，「禽」之象也。「前」的說法很多，有的說，卦以上爻為首，初爻為尾，「前」指上爻而言；又有的說，初爻為前，因五與二應，初在應外，好像在化外之區，因此「失前禽」之「前禽」應是初爻。不過後一說法不如前一說法妥當，因為我們以五爻來看，上爻是在五爻之前，所以「前」指的應是上爻。

「邑人不誡，吉」，「邑」，坤為邦，為「邑」；「人」，五居人位，故稱「人」。「不誡」的象有兩種說法：第一種說法，乾為言，五爻為陽；坤為喪，是消滅，五陽入於坤體而為坤所滅，是「不誡」的象。「誡」是說話，警戒，「不誡」是不能言語了，不能警戒了。第二種說法，〈比〉卦為〈師〉卦二爻上居五爻而成，但二爻未上之前，〈師〉二、三、四互震為言，二既上五，震象不見，就是

不言語了，所以有「不誠」之象。以上所交待的是五爻爻辭幾個字的源頭，現在說明它的意義。什麼是「顯比」呢？過去我們交待過「內比」和「外比」，內比是從內在兩情相投來比，外比是形跡相近來比。初爻的「孚比」是拿誠懇的追求來比，而到了五爻的「顯比」則是光明的比，坦白的比。怎麼能夠「顯比」呢？我們人類有個共同點，就是大家的是非標準都差不多。因為人都是由宇宙的氣化而成形的，宇宙的氣化構成人體之後，氣化運行的規則也跟著下來變成了人性，所以人有理性，這理性就是根據宇宙氣化運行的規則而來。理性在人身上是一致的，是不分貧富男女的，因為理性來自天德，它是天理，所以《三字經》上說：「性相近，習相遠。」因為凡是一件事，大家的標準都差不多，就拿解釋卦辭、爻辭來講，如果我講得不對，大家一定搖頭；縱然嘴裡不說，心裡也一定會覺得我講得不對頭。如果講得對，大家一定是內心首肯，這是非標準，冥冥之中在人心裡是埋沒不了的。所謂「顯比」，就是抓住人心共同點—是非標準一致的那一點所發揮出來的一種結合。這是非標準是本乎天理，是本乎宇宙氣化運行的規則，若表現在我們的言論上、行為上，無論到什麼地方，人家都是贊賞的，「言忠信，行篤敬，雖蠻貊之邦，行矣」！過去老子講「無為而治」，並不是很多人所認為的，是一種自私，個人主義的，無所作為的思想。老子所講的「無為」就是「顯比」，無為者就是自己不加匠意，順著天理去做。我所做的，不是為自己，不是自己有意這樣做，而是順著天理的路線而做，是順著大家願意去做的路線去做，故無為而無不為，一唱百諾，什麼事情都能做得通。老子所說的「無為而治」其實就是真正的民主政治。《尚書‧泰誓中》：「天視自我民視，天聽自我民聽。」就是從老子的無為，從「顯比」裡頭出來的。「顯比」是我們一本天理，所言所行，都是代表人心坎

裡要說的話，代表人急切要做的事，也等於成湯伐夏桀，「南面而
征，北狄怨，東面而征，西夷怨」（《孟子·梁惠王下》），為什麼
不打到我這邊來呢？這就是由於他所伐的，正是大家一致所要求的，
是所有老百姓的意思，那是天理，而不是他個人的私心，所以說：
「天視自我民視，天聽自我民聽。」「顯比」既是根據人性共同所要
求的，自然一唱百諾，大家都來歸了。所以根據這種比法結合得很
廣，它跟我們過去所講的「內比」不一樣，「內比」是內在情投意合
的「比」，這種「比」可以結合得很深，可是「內比」的情形不多，
很難遇到，而「顯比」本諸人性、天理，可以結合廣大的群眾。所以
下面接著是「王用三驅」。

　　「王用三驅」，王是君王，指五爻。「三驅」是指往年的打
獵，往年打獵，不像現在只為了打野獸，它主要的目的是在實施國民
軍訓。往年打獵分四季，春蒐、夏苗、秋獮、冬狩，每季有每季的
課目。《左傳·隱公五年》：「春蒐、夏苗、秋獮、冬狩。」注：
「蒐，索，擇取不孕者。苗，為苗除害也。獮，殺也；以殺為名，順
秋氣也。狩，圍守也；冬物畢成，穫則取之，無所擇也。」春天是
蒐，蒐者，索也，春天搜索、獵取不孕的禽獸。夏天是苗，苗，為苗
除害也，夏季獵取殘害禾苗的禽獸。秋天是獮，獮者，殺也，秋天獵
殺傷害家禽的野獸。冬天是狩，狩者，圍守也，冬天圍守禽獸。所以
往年打獵，表面上是打獵，事實上就是國民軍訓。打獵時虞人把狩獵
區三面都紮上網子，一面沒有網，意思是要禽獸靠天意求生路。天意
不該被獵的禽獸，可以由沒網的一面跑掉，打獵的人也不去追趕，所
以「王用三驅」就是網開一面的意思。「三驅」，根據《周禮·夏官
司馬》：「中冬教大閱。前期，群吏戒眾庶修戰法。虞人萊所田之

野，爲表，百步則一，爲三表，又五十步爲一表。」是指冬天進行的大校閱。「立四表」是指把校閱的地方由南而北分立四表，「田之日，司馬建旗于後表之中，……乃陳車徒如戰之陳，皆坐。……鼓行，鳴鐲，車徒皆行，及表乃止。」這是說自第一表（後表）向前至第二表，這是第一驅。「三鼓，擽鐸，群吏弊旗，車徒皆坐。又三鼓，振鐸作旗，車徒皆作。鼓進，鳴鐲，車驟徒趨，及表乃止，坐作如初。」這是說自第二表向前至第三表，這是第二驅。「乃鼓，車馳徒走，及表乃止。」這是說自第三表向前至第四表（前表），這是第三驅。每一段插一個旗子，從開始的地方敲鑼打鼓，於是人車往前頭跑，跑到第一區，拿到了旗子，這是第一驅。休息一會，然後再打鼓，再跑，到了第二區休息一會，這是第二驅，然後再打鼓再跑，這是第三驅。意思是說，往年打獵不在乎打到禽獸，而在於練兵。網有三面，一面沒有，禽獸可以跑掉。「失前禽，邑人不誡」前面一面沒有網，那些禽獸都跑掉了，就喪失了前禽；「邑人不誡」，邑人是指打獵的眾人，大家都互不警戒，跑掉就算了。這句話的意思是說，「顯比」是光明、坦白的正當結合，來者自來，去者自去，不需要用其他方法來四面網羅，跑掉了就隨它跑掉，因爲眞正的「顯比」乃是基於嚮往天理所在的一種結合，那是自然的歸附，跑掉的一定是桀傲不馴，違逆天理之徒，這種徒眾一定是害群之馬，你不來還更好，你來了我還要宰你，因此「失前禽，邑人不誡吉」。「顯比」的情形很多，在商紂王時，文王是西伯侯，但是天下都歸依他，因爲他是抓住人類共同希望的那一點來做，他的所作所爲，都是百姓心坎裡所想要的，他所給人們的，都是百姓們嗷嗷待哺，急需要的東西，當然人家都認爲他是萬家活佛，哪有不歸附他的？這是自然的結合，這種結合誰也破壞不了，這是「顯比」。紂王就是在這種顯比的情況下，自然

地被消滅了。其次，在漢代，布衣也有顯比的情形，像《史記‧遊俠列傳》上的朱家、郭解，他們本是一介平民，但是朱家「自關以東，莫不延頸願交焉」。郭解呢？有一年，漢武帝要把豪富遷徙到茂陵，郭解不符豪富的條件，「諸公送者出千餘萬」，等到解入了關，「關中賢豪知與不知，聞其聲，爭交驩解」。他們哪有這本事？他們就是拿著自己的肝膽，來換取人類的同情，也就是「顯比」。

上六：比之无首，凶。

乾爲首，乾陽是首，但上六居於五陽之後，它沒有頭，故曰「无首」。又〈比〉卦三、四、五互艮爲背心，是「无首」之象。什麼是首？首是頭腦，是首領，對結合來講，是頭緒，是目標。所以上六「比之无首」是指沒有目標的結合。既無目標，結合如何能夠維持、凝固？所以稱之爲「凶」。

以上交待的是〈比〉卦的六爻，這六爻告訴我們人類幾種結合的方式。因爲人在社會上，脫離不了群體的生活，就像宇宙間的其他生物一樣，蟻有蟻群，馬有馬群，蜂有蜂群，魚有魚群，牠們都是靠著群體生活來維繫生命，繁衍種族。而群體生活之得以維繫，則有賴彼此之間的結合，因此結合在人類生活中，是很重要的一環。合乎比道的結合有四種：

第一種是「顯比」。「顯比」是抓住人類共同的那一點，需要的那一點來做功夫，把它發揮在言論上，行動上，而天下人皆歸之，這是光明的結合，而且結合得非常廣。

第二種是「內比」。假設「顯比」做不到，你就「內比」，找

情投意合的人結合，這種比是有益處的比。但是上次交待過，情投意合合乎天然的情形並不多，因此往年的縱橫家就利用人為的方法，造成情投意合，而促成彼此的結合。各位先生都曉得小孩滿歲抓周的風俗，抓周有什麼用處呢？就在測驗小孩子性情的趨向。抓周那天，大人把筆硯、刀劍、吃的、玩的好多東西擺在孩子面前，就看他抓哪樣東西。若抓到筆硯，這孩子將來愛讀書，拿刀劍呢，這孩子是個當兵的，當然這並不一定可靠，不過可以利用抓周來測驗孩子的性向。這種風俗由來已久，過去李斯就用過同樣的方法來和秦始皇結合。秦始皇這個人，殘暴而自信，很難相處，那真是伴君伴虎，跟他在一塊，等於跟老虎在一起，但是李斯卻使得秦始皇貼貼服服的，這是什麼道理呢？正史上也許有一點，但野史上的說法很多。「凡事必三策，已可上秦」，「凡事必三策」，李斯對於每一件事，一定是三種辦法，他從不同的觀點，擬出不同的計策獻給秦始皇；「已可上秦」，於是看秦始皇要選哪種辦法。可能在這些辦法中，有的是自私的，有的是大公的，有的是殘酷的，有的是仁慈的，有的是獨斷的，有的是民主的。假設李斯的這些辦法都呈上去了，秦始皇就會覺得，李斯很能努力奉公，肯對他用頭腦，而且對每件事都想得很周到，於是第一印象就好了，他就沒想到李斯是在揣摩他。秦始皇接到這些策略，當然要批，那個辦法可行呢？假使他批殘暴獨斷的辦法可行，李斯就抓住你秦始皇的靈魂了，你這人一定殘暴獨斷，假設我要抓住你，我就左一個殘暴，右一個獨斷，你就服服貼貼地聽我的，這就是李斯運用秦始皇的一個方法。這個辦法就是人為的。本來李斯的頭腦與秦始皇沒有交叉的，李斯是荀卿的學生，他是儒家的，而秦始皇是個殘暴而莫名其妙的人，他把秦始皇的心理勾勒出來，做個交叉點，而跟他成了內比式的結合。自李斯以後，兩漢、唐、宋、明、清的權臣多半是用這

個方法，來跟主子結合，這就是內比。這種風俗由來已久，過去商鞅就用過同樣的方法來和秦孝公結合。秦孝公第一次見商鞅，商鞅講了很久，秦孝公常常睡著了，原來商鞅講的是「帝道」，沒有抓住秦孝公的心；過了五天，又求見，商鞅還是沒有抓住秦孝公的心，原來商鞅講的是「王道」；最後一次，秦孝公竟然聽著聽著，不知不覺，想更接近商鞅，而移坐向前，商鞅連講好幾天，秦孝公都不厭煩，這一次講的是「霸道」，抓住秦孝公的心了！用「帝道」、「王道」彊國，都是可以和三代相比的，但是效果要耐心等待；用「霸道」彊國，很快就可見到效果。秦孝公就沒想到商鞅是在揣摩他，這個辦法就是人為的，本來商鞅的頭腦與秦孝公沒有交叉的，商鞅用這個辦法把秦孝公的心理勾勒出來，找到交叉點，而跟他成了內比式的結合。自商鞅以後，兩漢、唐、宋、明、清的權臣多半是用這個方法，來跟主子結合，這就是內比。

第三個是「外比」。我們兩個情不投意不合，但耳鬢厮磨，天天在一塊，也能結合起來。往年那些太監能與帝王搞得很好，就是靠著形跡相近來結合。

第四種，是用單方面的誠懇來比附。我不管你和我可不可以結合，我單方面的一本誠懇到底，你對我好，我固然如此，你對我不好，我還是這樣，最後可能有結果，可以結合。這是〈比〉卦告訴我們四種有意義、有結果的結合方式。

其次有兩種不正常的結合方式，一種是「比之匪人」，也就是黑社會上的結合，這種結合是反乎人道的，是不好的結合，另一種是「比之无首」，是無意義、無目標的結合，那是大家瞎鬧，最後不會有什麼結果。

肆、象傳

象曰：比，吉也。比，輔也，下順從也。原筮，元永
貞，无咎，以剛中也。不寧方來，上下應也。後夫
凶，其道窮也。

「比，吉也。比，輔也，下順從也。」孔子解釋〈比〉卦卦
辭，說〈比〉之所以「吉」，是由於「比，輔也，下順從也」的緣
故。「比，輔也」就是「比是輔」的意思。《左傳‧僖公五年》說：
「輔車相依。」「輔」是頰骨，「車」是齒床，頰骨和齒床互相依
存，表示關係很密切。「下順從也」，〈比〉卦以五陽爲主爻，因爲
有「主爻」這個觀念的存在，而主爻是在卦的高頭，所以孔子講：
「下順從也。」下頭很順從，「下」指初、二、三、四爻，這些爻都
順著五爻，向五爻相比，尤其是二、三、四爻三陰連坤，而坤又爲
順，故有「順從」之象。〈比〉爲什麼吉呢？因爲「比輔」，比是兩
兩相依，關係很密切，而且「下順從」，底下一般都順從主爻，所以
「比，吉」。孔子解釋第二句「原筮，元永貞，无咎」說是「以剛中
也」。

「原筮，元永貞，无咎，以剛中也。」「原筮，元永貞，无
咎」是說：我們推原他祈禱的本意，是想「元」，一開始就結合，而
且想「永」，久於結合，想「貞」，固於結合，這樣的比沒有毛病。
爲什麼會沒有毛病？孔子解釋是「剛中」。「剛中」是什麼意思？
這兩字看起來很剛強，但是這「剛」字並不是一般所說鐵打的東西
很硬很剛，或棉花很軟很柔那種講法；「剛」是一種「勁（正）」
氣，是曾國藩所謂的「勁（正）氣內斂」（《曾文正公全集‧國史本

傳》）的氣，這種正氣是從哪來？是從孟子所說「我善養吾浩然之氣」（《孟子‧公孫丑上》）來的，而什麼叫「浩然之氣」呢？就是天理。我們剛才所講的，本乎天理的人性，內在所有的一切主宰都本著那個出發點，那就是「剛中」。假使我們一切本乎天理，本乎宇宙自然的法則來作主宰，「原筮，元永貞」自然无咎，所以孔子說「原筮，元永貞」之所以「无咎」，是由於「剛中」的緣故。

「不寧方來，上下應也。」「不寧方來」，就是不遑寧處比并而來，就是你也來，我也來，大家栖栖惶惶地，像趕集一樣地趕來趨附結合。為什麼「不寧方來」？因為「上下應也」。在卦中，五爻與底下的坤體是非常密切的結合，而二與五又是正應，所以說「上下應」。所謂「應」，過去我們講過，就是我所想到的是這一點，是如此，你所想到的也是這一點，也是如此，大家所想到的都是如此，這就是「應」。過去有對夫妻，那真是上下應，譬如先生在辦公室裡想吃雞，回到家裡，果真家中就蒸了一隻雞，你說怪不怪！問她：「誰叫你蒸雞的？」她說：「我想到要蒸雞給你吃。」那奇怪，不曉得什麼道理，先生想到的，太太就做；太太想到的，先生也做；先生上街買個東西，拿回家去，正好是太太想要買的，「應」到這種程度，所以太太早死。夫妻太好了很不好，還是要常常打打架、吵吵嘴才能長久。

「後夫凶，其道窮也。」「後夫凶」，為什麼「後夫凶」？孔子說是由於「其道窮也」。因為一切事情，你若是瞻顧遲迴地，人家形勢已經成了你才跑來，當然其道窮也。「道」是哪來的呢？乾為道，坤也為道。「窮」者，是因為上爻（後夫）已經到了這一卦的卦來，快要變了，卦氣已經窮了，所以說「窮」。這句話的意義呢，是說凡

事不可二三其德，「後夫凶」，凡事一瞻顧遲迴就不行了，像是男女談戀愛，男女一見面就好像觸了電般，說不出來那味道，這就好。宇宙空間充滿了電波，人與人之間相處也有電波的，我們常看到「酒逢知己千杯少，話不投機半句多」的情形，那是什麼道理？因為電波不相合，我坐在這裡發出電波，你坐在那裡也發出電波，兩個電波相吻合，兩人看了很順眼，假如兩個電波不合，越看越不對味道。因此男女談戀愛，一見傾心的，就是電波相合，假使男女談戀愛反反覆覆，時好時壞，我勸你還是不要結合，結合後還是有毛病，那就是「後夫凶，其道窮也」。

伍、大小象傳

象曰：地上有水，比。先王以建萬國，親諸侯。

　　〈師〉卦的〈大象〉是：「地中有水，師。」因為〈師〉卦是內在的結合，因此它的象是「地中有水」，地中水是聚在一起的。但「地上有水」就不然了，地上的水，是分散在海裡、湖裡、江裡、河裡……它分散的地方很多，不是一體的；但是地上水卻都是往下流的，最後流到了海裡，仍是一體交流。所以「地中有水」是〈師〉，是內在的結合；而「地上有水」是〈比〉，是外在的結合。其次講「先王」，「王」指五陽而言，五爻居坤體君位，而坤為國，故有王者之象，但是坤義為喪，五陽入於坤體，被坤所喪，故稱「先王」。「建萬國，親諸侯」，〈比〉卦反〈師〉，〈比〉卦是〈師〉卦的二爻鑽到五爻裡面構成〈比〉，而〈師〉卦的二爻是從〈復〉卦來的，息初為〈復〉，息二成〈師〉，再息五就是〈比〉。〈師〉卦二、

三、四互爲震，〈復〉卦內卦也是震，震爲侯、爲建；又坤爲國、爲眾，所以說「建萬國」。其次，震既爲侯，〈比〉卦上下相應，是相親之象，又比外坎爲心，內坤爲腹，心腹爲比當然是親，所以說「親諸侯」。「先王以建萬國，親諸侯」，這句話是說先王是根據「地上有水」的卦象，來「建萬國，親諸侯」，地上的水本是散居各處的，但是最後流入海中都結合在一起，先王就是取這現象來把諸侯凝結在一起。這句話也就是告訴我們，假使謀國的大君，想要使國內各地方來親密相比，就要效法這「地上有水」的現象，把各地方統治勢力都溶爲一體。

初六象曰：比之初六，有它吉也。

初六是「有孚盈缶」，初六本來居在應爻之外，是化外之居，等於過去一個普通的書生跟帝王相處的那個境界，一個普通的書生和高高在上的帝王，兩人怎能結合得了？但這普通書生，他能「有孚盈缶」，效忠於帝王、國家，而效忠的程度，不管帝王有沒有反應，他都始終不渝，所以最後「有它吉」。「它」者，是指他不在感應之內，而在感應之外，應外叫「它」。「有它吉」是說最後還是能得到一個結合的結果。

六二象曰：比之自內，不自失也。

「比之自內」是自裡面來比。就是說，我倆思維路線交叉了，我們就在這交叉點上來結合。「不自失」，坤爲喪、爲失，坤又爲「自」。二爻代表內卦的坤，與五爻相比，五是陽爻，就把內卦坤體開化了，坤本爲喪，內坤一開化，自然不會喪失了。這意思是說，內

在情投意合的相比，彼此之間只有所得，而沒有所失，所以「不自失也」。

六三象曰：比之匪人，不亦傷乎。

初至五有〈剝〉卦體象，三爻居中，剝者傷也，故曰「傷」。又以納甲而言，三爻是卯，卯是木，〈比〉為〈坤〉宮卦，坤為土；三爻既為卯木，木克土，是本卦的鬼爻，故有「傷」的象。所以孔子感嘆曰：「不亦傷乎！」這「傷」的意義，是就結合的觀點而言，不是我們一般所指身體受傷的傷。他是「比」道之傷，也就是不合乎比道，所以說「傷」。

六四象曰：外比于賢，以從上也。

四爻跟五爻很接近，五爻是卦主，卦主在卦中是有作用的，居一卦最重要的地位，而孔子以「賢」稱之，就點明了這五爻是好的一爻，而四爻仰承五爻，跟它很接近，所以說「外比于賢」。此處說「外」比，因為四爻已經是外卦了，外卦向上比稱「外」，向下稱「內」，五爻在四爻之外，所以是「外比」、「比從上也」。「從」是隨從、仰承的意思，「上」指五爻，「外比」是形跡相近的「比」，像過去做官的，接近至尊的人就是「外比」。固然他作中樞、內府的官，和至尊很接近，但「外比於賢」，他只是靠外體形跡的相近來跟至尊結合，並不是靠內在的情投意合。這種比一定要保持形跡上的接近，如果一旦生疏了，就結合不了了。因為本來在心靈上並不是契合的，完全是靠外在的接近來維繫，所以要隨時追求，不能離開。因此「外比」的卦要貞，要穩定，不能離開，一離開就不能結合了。

九五象曰：顯比之吉，位正中也。舍逆取順，失前禽也。邑人不戒，上使中也。

「顯比之吉，位正中也」，「位正中」是指五爻所居之位置正中。「正」是正確，指本質而言：「中」是恰到好處，指作用而言。比如這錄音機，它內在的結構確實，本質好，很靈光，這就是「正」；「中」是指這錄音機在這時間、這空間才能發揮作用，如果這錄音機本身再好，但現在要用它時，它還在電器行裡，而不在這裡，根本沒有用。所以在這時間、這空間能夠發揮它的作用才叫「中」。「顯比之吉」，爲什麼是正中？因爲它很正確，因爲它抓住了最高的人性要點，天理的規則，很正確地，把握這要點，發揮爲言論，爲行動，而且發揮得恰到好處。如果言論過火了，人家聽得厭煩，如果沒有把意思表達出來，也沒有用；或者聽到言論的，只有少數人，而不是廣大的群眾，這也不行，所以要各方面都恰到好處，這才叫「中」。這「顯比」的位置得「中」，這「位」就是時間和空間交合的現象。

「舍逆取順，失前禽也」，這是倒裝的解釋。「舍逆取順」，因爲上爻在高頭，陰乘了陽，是「逆」。《易經》的例子，陰陽的位置要順才好，陰承陽是「順」，陰乘陽是「逆」。因爲陽是發動的東西，陰是實在的體質，就像我們的身體和精神，身體要承這精神意志去做才好；如果身體指揮著精神意志，那就變成神經病了。因此陽爻在上而陰爻在下，表示賢者在位而不肖者在下，於是賢者可以指揮百姓，這樣就好；如果把一個很普通的人弄在上位，很多賢者在下，那不是反了？因此說「舍逆」，是不要它了，不要上爻，等於大禹會諸侯於塗山，防風氏後至，大禹不要他，把他殺了。「取順」，五爻之

下二、三、四爻，皆爲陰，都是順著五爻的，甚至連初爻最後也能和五爻結合在一起，這是「取順」。「失前禽」，是因爲「取順」的關係，前頭的禽獸失掉了就算了，不要了。

「邑人不誡，上使中也」，「上使中」不好解釋，〈比〉卦反〈師〉，〈比〉卦是〈師〉卦的二爻上去與五爻相應，於是變成〈比〉。〈師〉卦二、三、四互震爲言，有「誡」之象，但二上居五，是震體已破，故「不誡」。「上使中也」是二爻去使它（五爻）居於中，合乎中道。這是卦象，它的意義是，它能上去使五爻得中，也就是能做到恰到好處。

上六象曰：比之无首，无所終也。

「乾知大始，坤代有終」，有乾陽的開化，始有坤陰的收成。「首」指乾，首是頭腦，對結合來講，是目標。上六喪失比的目標，自不能獲得比的結果，所以說「无所終也」。

第八卦

比卦

周鼎珩手稿

比肩比鄰
比翼比方

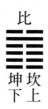

比

坤下 坎上

壹、總說

概念——

〈繫辭傳〉謂「陽卦多陰，陰卦多陽」，任何卦體所包含的陰、陽各爻，以少者爲主體，其餘各爻皆歸赴於此一主體之爻，尤其卦中只有一爻：或是陰爻、或是陽爻，居中得位，最爲有力。陰爻居中者，如〈同人〉、如〈大有〉；陽爻居中者，如〈師〉、如〈比〉。惟居於內體之中，其力量不及居於外體之中，此在〈同人〉與〈大有〉兩卦，即甚明顯，〈同人〉只曰「亨」，而〈大有〉則曰「元亨」；而在〈師〉、〈比〉兩卦，更可以看得明顯，〈師〉卦一陽居內體之中，群陰向內體一陽凝聚，這是表示群體內在的團結。

〈比〉卦則不然，一陽居外體之中，且居君位，既中又正，群陰皆向外在君位之一陽凝聚，這是表示群體已由內在的團結而擴展為外在的結合，故〈師〉卦〈大象〉只說「容民富眾」而已，而〈比〉卦〈大象〉則曰「建萬國，親諸侯」，其範圍之廣狹，於此可見矣。〈師〉是著手於內在團結，當然比較難，〈比〉則已經有了內在團結的基礎，而向外擴大結合，當然比較易，故〈雜卦〉曰：「〈比〉樂、〈師〉憂。」

《說文》：「二人為从，反人為比。」陸佃曰：「二人向陽為从，向陰為比。」而〈象傳〉則釋之為：「比，輔也。」綜合這些解釋，比之為義，乃二以上之結合也，通常口語說的「比方」，彷彿就是比的涵義。「比方」者是兩個以上互相比併也，〈比〉本來是〈坤〉，由〈乾〉五入居坤體最有力之君位，於是整個坤體便與乾陽九五，相輔發展，是陰陽兩相比併運行，故有比輔之象。又因〈比〉之坤體在上，而坤陰在下，坎水在上而潤下，坤土在下承之而凝聚，於是水土兩者交溶，是亦「比輔」之象。〈師〉卦不然，坎水在下，不能發生水土交溶之功，只是坤陰凝聚而已。又按〈師〉雖具有群體處中之象，但只一個群體之本位而已；〈比〉則為兩個以上群體互相結合，故〈象傳〉謂之「比輔」。〈師〉如臺灣內部的團結，〈比〉則由臺灣內部團結之力量，而統一大陸匪區。

卦序——

〈師〉一陽在內，為內在基層團結。以氣化言，有了內在團結而成堅強之體，則能招致外在氣化與之結合。以今之社會言，尤覺明顯，凡屬任何社會現象，既已有了基本團結，且已樹立一種堅強形

勢，即可與其他社會相輔以行，甚或有其他社會自動歸赴。此所以〈師〉卦以後，繼之以〈比〉，比就是表示相輔以行之親比現象也。

卦體——

在〈需〉、〈訟〉兩卦遇坎，皆謂之爲險，此則不言險，何也？蓋〈需〉、〈訟〉以乾遇坎，此則以坤遇坎。以乾遇坎，則坎還可以阻礙乾陽之行進；以坤遇坎，則坎水可以協助坤之凝聚，彼此諧和相輔，故不言險，即〈師〉坎在內，亦不成其爲險也，此其一。外則坎水潤下，內則坤土凝聚，水土交溶，潤下而又凝聚，乃密切結合之象，故成其爲〈比〉，此其二。〈師〉始著手於內在團結，較爲吃力，〈比〉則內在已成堅強之體，獲致外在之比輔，較〈師〉之內在團結爲易，故「〈比〉樂、〈師〉憂」。蓋〈師〉猶一陽居二，爲「見龍在田」，屬於自身之發展而已，〈比〉則一陽升五，居中得正，而爲「飛龍在天」，可以招致群陰趨赴，故〈師〉通〈同人〉，而〈比〉則通〈大有〉矣。此其三。

卦義——

卦中一陽，好像是精神意志的靈能，卦中群陰好像是五官百骸的形體，靈能有所發縱指使，則五官百骸的形體，必順應靈能，而輔助其達成目標，所以說「比，輔也」。形體在靈能主宰之下，相互親輔而成其比，不過靈能必須剛健而端正，一如〈比〉卦之九五，居於君位，既中且正，才能使其坤陰群體，親輔而比；如靈能不剛健、不端正，則五官百骸即不能聽其指使，靈能與形體彼此便脫節，也就談不

上比輔。而至於國家，如居於君位之政府剛健而端正，坤體的人民，才會支持政府而形成比輔的狀況；要是政府不剛健、不端正，人民就會離開了，甚至成為相反的力量。其次，我們要想擴大結合而獲得比輔，應該注意〈比〉卦是在〈師〉卦，必須有〈師〉卦基層本位的結合，才會發展有比輔的可能，有了自己的基礎，才能獲得人家的比輔。

貳、彖辭（即卦辭）

彖曰：比，吉也。比，輔也，下順從也。原筮，元永貞，无咎，以剛中也。不寧方來，上下應也。後夫凶，其道窮也。

彖曰：比，吉也。比，輔也，下順從也。

比吉—比是兩個以上的互相比併在一起，不論是自然現象或社會現象，兩個單位以上互相結合的能力，大於一個單位的能力，果能互相結合，而親比無間，無不吉也，蓋〈比〉通〈大有〉，所有者大，故曰「比吉」。

原筮，元永貞，无咎，以剛中也。

原筮，元永貞—《爾雅·釋地》：「廣平曰原。」坤為地，有原象，故曰「原」。中爻三、四、五互艮為手，在反對卦〈師〉震有竹策之象，手持竹策，「筮」之象也。（震又為草，手持草，「筮」也。）筮者以蓍草或竹策為之也，必兩相比輔，在於彼此之誠摯，

故有「筮」象。筮者祈禱也，兩相比輔，完全基於彼此之誠摯，故以「筮」形容之。但「原」之為義有二：其一，據《爾雅・釋言》：「原，再也。」因既是親比，當然不是一方面的，而是多方面的，彼此在親比以前，皆有祈禱之誠摯，故曰「筮」。又按「比之」之道，必須一開始便比，如稍存遲疑，二三其德，便不能比矣。一開始便比，斯能久於其比，而固其所比，其開始便比，「元」之謂也，久於其比，「永」之謂也，固於所比，「貞」之謂也。「原」之為義另一說，《韻會》：「原，推原也。」孟康曰：「原，本也。」故「原筮」之義，為推原祈禱之本也，即推原祈禱之本，為始即相比，而且久於其比，固其所比，如是而可以无咎。兩說皆通，並存之。又「再筮」是指祈禱之兩方而言，非謂一方一再祈禱也。

不寧方來，上下應也。

不寧方來－卦本坤體，坤體安貞，寧者安也，坤有安寧之象，故言安，惟乾陽變坤，外體變坎，坎為勞卦，故「不寧」。蓋以坤體被九五一陽之感召，群陰起而向陽，不復安貞自處，有「不寧」之象，又坤之德方，因坤之偶數為方，而〈坤〉二曰「直方大」，故言「方」。按《說文》：「方，併船也。」《爾雅・釋水》：「大夫方舟。」注：「併兩船為方舟。」《史記・酈食其傳》：「方船而下。」是「方」之為義，比併也，「方來」即相與比併而來。此「來」字與〈需〉卦上六「有不速之客三人來」之「來」字同義，〈需〉上係指在下乾陽體三陽而言，此則係指坤體群陰而言，皆本諸〈乾〉、〈坤〉兩卦往來之象，非一卦上下往來之例。「不寧方來」之總義，即因九五一陽居中得正，有最高之統御能力，而坤體群陰皆

不遑寧處，爭相比併而來以應之。

後夫凶，其道窮也。

後夫凶－後夫指上六，上六居一卦之末，而且乘在九五之上，其情不順，群陰皆比矣，而此獨居最後，故曰「後夫」。凡比之道，必須出於至情，一開始便覺親比無間，其情始真；如瞻望遲回，不來相比，非發乎至情，而必另有所圖，不僅不能相比，且生相反之結果，尤其上與三應，三為匪人，其比無類，故曰「後夫凶」。「前禽」、「後夫」，卦曰「後夫」，爻曰「前禽」，以卦看則上在後，以爻看則上在五之前。

參、爻辭

初六：有孚比之，无咎。有孚盈缶，終來有它吉。

卦以九五為主，九五居坎為「有孚」。〈比〉與〈大有〉旁通，〈比〉息〈大有〉，則初變正，「比之」者的「之」字，指五言，初變正而比五，故「无咎」。按《周禮·冬官考工記》：「凝土以為器。」坤為土，缶者土器也，坤又為腹，中虛能容，有「缶」之象，初變成〈屯〉，〈屯〉者盈也，坎水在上，不斷流入坤器，以致溢於坤器之外，是即「有孚盈缶」也，表示誠摯之情，已盈溢於外，因卦二、五為正應，初居應外，孚及於初，猶之孚盈於缶之外也。〈比〉與〈大有〉，互相往來，故〈比〉至最後，必息成〈大有〉，〈比〉息〈大有〉，則初必變，而陽來居初，故曰「終來」。卦只二、五為正應，初居應外，而非本有，猶之異域殊俗，故曰「有它

吉」，義即相距甚遠，如欲相比，必本「有孚盈缶」之至誠，最後亦可獲吉。蓋五之力大，可以孚及於外也。

六二：比之自內，貞吉。

坤身爲「自」。凡比之「之」字，皆指九五而言。二居內卦之中，得位而正，爲內卦之主，可以代表內卦，故曰「自內」。「內」即指內在而言，言二之親比，本乎內在之至誠，無絲毫假借，故曰「貞吉」。「貞吉」者即固著於內在之至誠，即可獲比之吉也。坤性安貞，二又得正，故言「貞」，「貞」則凝聚而固著內在之至誠，不使之或失也。

六三：比之匪人。

〈坤〉六三納己卯爲木，〈比〉爲〈坤〉之歸魂卦，坤爲土，土以木爲官鬼，故六三爲坤之鬼爻，鬼爻故稱「匪人」。蓋以三居人位，卻不中、不正，而又上下皆陰，一團沉滯陰森之氣，毫無生發可言，故曰「比之匪人」，即所比不得其人也。人之常情，每在親比之過程中，不能控制其情緒，而中途有變，以狎暱宵小爲親比，於是失其比之正道矣。

六四：外比之，貞吉。

〈比〉以九五一陽爲統率之主爻，群陰皆向九五集中歸赴。六四以陰居陰，非如六三以陰居陽，而能順承九五，四已居於外體，最近九五，故曰「外比」。「外比」之義爲對「內比」而言，「內比」是

由內在心性上結合，「外比」則由形跡上接近，互相薰染，而趨於結合。

九五：顯比，王用三驅，失前禽，邑人不誡，吉。

《說文》「𣊫」字下云：「眾微杪也，从日中視絲，古文以爲顯字。」卦自下升，微而之顯，故至五而稱「顯」，易例：陰暗陽明。九五一陽，光被全體，群陰皆在其伏照之下，所以成其爲「顯」也。蓋〈比〉通〈大有〉，五伏離明，故曰「顯比」。〈大有〉五稱「威如」，謂伏乾也，〈比〉五稱「顯」，謂伏離也，又因〈比〉五伏離成〈晉〉，〈晉〉卦曰「晝日三接」，此則「王用三驅」，所稱之「三」，皆指內體三陰之坤。〈晉〉言「晝」者，以外體爲離也，此言「王」者，以外體爲坎也。坎五居君位，有「王」者象。「王用」之「用」，取象於坤，坤爲「用」。「王用三驅」之「驅」，以坎有馬象，坤有車象，以馬駕車，故曰「驅」。「三驅」者古時天子狩獵，只設三面之網，而空其一面，以便禽獸之自由出入，即雖狩獵，亦有仁者之心存乎其間。外坎通離，離爲雉，有「禽」象，三、四、五互艮，艮爲黔喙之屬，是即「禽」也。「失前禽」之「失」，取象於坤，坤爲喪，即「失」也。「失前禽」是指九五之前的一爻，就是上六，因爲上乘在九五之上，乘剛不順，而不相應，有「失前禽」之情況。坤爲邑，又爲民，是「邑人」之象也。「失前禽」者，繼「三驅」而言，「三驅」而不合圍，空其前面，任由禽獸從此脫逃，故曰「失前禽」。卦本坤體，坤通乾爲言，但卦爲坤體，是「不誡」之象。「不誡」者，不加警戒，聽由禽獸自去也。（乾爲言，乾入坤爲坎，坎爲隱伏，「不誡」之象也。）〈比〉至九五，爲光明正

大之比，如同「王用三驅」而空其一面，來者不拒，往者不追，一任其自來自去，縱有「邑人」之眾，亦不加以警戒，此所以成其爲比之顯也。

上六：比之无首，凶。

〈說卦〉：「乾爲首。」上六以陰乘五，五互艮爲背，是上六居艮背之上，而無乾首，又以〈師〉反成〈比〉，〈師〉二至上體〈復〉，〈復〉上曰：「迷復，凶。」上居卦終，坤承乾而代有終，以乾爲首也。今既迷失乾道，故「无首」，「无首」則無所終也，故「凶」。乾陽對坤陰而言，即主宰也，「比之无首」即無主宰之比也，無主宰之比，自無結果，故〈小象〉曰「无所終也」。義爲親比之情，有其階段性，比之所以爲比，即在親比之階段內發生其作用，但兩相親比者，必有其親比之目標，如目標已經喪失，則親比之作用，即不能繼續存在，上六居比之最末，其親比之階段性已過，無須再爲親比矣。故曰「比之无首，凶」，「首」者目標也。

「爲何兩來相依取象，蓋〈乾〉五入〈坤〉，以統坤陰，坤陰便順從，從乾陽，相輔而化物。」

肆、象傳

象曰：比，吉也。比，輔也，下順從也。原筮，元永貞，无咎，以剛中也。不寧方來，上下應也。後夫凶，其道窮也。

「比，吉也，比，輔也，下順從也。」卦辭爲「比吉」，此則

曰「比輔」，是以「比輔」解釋「比吉」，謂〈比〉之所以吉，是因為「比輔」也。「輔」者，《左傳》云：「輔車相依。」《正韻》：「車輔，兩旁夾車木也。」《說文》：「輔，人頰車也。」是輔之為義，不論是車、是頤，皆兩兩相輔以行也。在卦象上，外坎為輿，內坤亦為輿，有兩車相輔以行之象。坤又為順而居下以順應九五之一陽，是為「下順從也」。下既順從，而兩相輔以行，故「比，吉」。

　　「原筮，元永貞，无咎，以剛中也。」陽位一、三、五，但在一、在三皆不中，只有五位居中得正，「剛中」者，即陽剛居五也。〈比〉以九五一陽為主爻，以統率坤體群陰，蓋陽為靈能，五為天位，靈能主宰於天位之上，則所有坤體之群陰，皆被其化育之功，而隨同天位之靈能向前演進，所以成其為陰陽親輔之比。以義言之，蓋以剛中而無過不及之偏差，故能始即相比而為「元」，剛中無游離之二三其德，故能久於其比而為「永」，剛中而無散漫不正之虞，故能固其所比而為「貞」。推原各方祈禱而為〈比〉之意境，具有「元、永、貞」之德性，當然是「无咎」。（蓋剛中則得天理，可以掌握民心，故能始即相比，久於其比，固其所比。）

　　「不寧方來，上下應也。」內卦坤體群陰與五正應，外卦六四亦以承五而能相應，是內、外群陰皆趨赴之，故為「上下應也」。九五陽剛而居天位，天下萬有無不被其同化也，其有不化者淪為化外矣。故皆不遑寧處，比併而來。

　　「後夫凶，其道窮也。」〈比〉反〈師〉，〈師〉震為道，〈師〉變〈比〉後，震道不見，故「其道窮也」。上居卦終，以陰乘陽而又無正應，如禹會諸侯於會稽之山而防風氏後至，禹即戮之，故「後夫凶」而「道窮」。

伍、大小象傳

象曰：地上有水，比。先王以建萬國，親諸侯。

五居君位，有王者象，但五入於坤，而陷於坎，坤爲喪，坎爲隱伏，是王已喪而隱伏不見，故曰「先王」。蓋〈比〉以九五爲主爻，故以五明示〈大象〉。〈比〉在卦變上，由初陽息成，初息復震，震爲建，震又爲諸侯，坤爲國，坤又爲萬，是即「建萬國」之象。坤爲腹，坎爲心，腹心相處，有相親之象，故爲「建萬國親諸侯」。又〈比〉爲四月卦，《禮記・月令》曰：「立夏之日，天子親帥三公、九卿、大夫以迎夏於南郊，還反，賞封諸侯。」故建國親侯而取於〈比〉。

初六象曰：比之初六，有它吉也。

初居應外稱「它」。九五至情之孚信，溢於應外，在時位上，初雖較後，而亦得吉，故「有它吉也」。

六二象曰：比之自內，不自失也。

坤爲「自」，又爲「失」。二應五，是由於內在至情之比，極其融洽，陰陽得其化育之功，坤陰承陽而化，故「不自失也」。

六三象曰：比之匪人，不亦傷乎。

初至五體〈剝〉，三正居於〈剝〉中，剝者「傷」也。又六三納甲爲卯，卯屬木，坤爲土，木剋土，亦「傷」之象也，故曰「不亦傷

乎」。傷之爲義，以其有傷於比也，蓋「比之匪人」，比道斯毀，所
以有傷。

六四象曰：外比于賢，以從上也。

四在外卦而承五，有「外比於賢」之象。五得位而正，可以統率
群陰，爲卦爻中之賢者，五居於四之上，故曰「以從上也」。

九五象曰：顯比之吉，位正中也。舍逆取順，失前禽也。邑人不戒，上使中也。

九五之所以成爲「顯比」，以其居中得正，光明正大，故曰
「位正中也」。蓋居君位而可以統率群陰也，如在九五光明正大的感
召之下，尚猶不肯歸赴而比者，自屬梗頑不化之逆，故舍之；其純潔
而順者，則取之，此所以「失前禽」而一任之也。有謂「失前禽」係
指初爻，因初在應外，實則不然，「前禽」云者，上爻也，初雖居應
外，而「有孚盈缶」，故猶爲順，而終來「有它吉也」。上則乘剛，
而爲「後夫」，故爲逆而「比之无首，凶」。「上使中」虞義謂使
〈師〉二上居五中，蓋〈師〉二互震，震爲「言」，二上之五，則震
體不存，是即「邑人不誡」也。「上使中」之義，爲五在上而以中道
化下體之坤，邑人爲其所化，故亦不誡前禽之失也。

上六象曰：比之无首，无所終也。

「首」指乾，上六以陰居上，是「无首」，「无首」即無乾，坤
陰無乾，則不能開化，坤代有終，坤陰不能開化，即「无所終也」。

第八卦

比卦

講習大綱

比

坤坎
下上

—— 此係〈坤〉宮歸魂卦，消息四月，旁通〈大有〉，反對〈師〉。

《說文》：「二人爲从，反从爲比。」故爲二以上的結合，即相與比併之義。〈師〉卦雖是群體結合，但因九二居內，只是內在本位的結合而已，至〈比〉則九五居於天位，可以接納各方的結合，而成整體之比。

壹、總說

佈卦的次序

　　師者所以謀群體之集中，群體既經集中，則必有一種堅強的形勢，卓然屹立，此種形勢存在，便能招致天下萬民來歸，相與比併而

爲一體，故〈比〉次於〈師〉之後。

成卦的體例

外體坎，坎爲水而潤下，內體坤，坤爲土而凝聚，坤土得坎水潤下，於是水土交溶，其凝聚更爲緊湊，且可使水蓄積而不流散，彼此之間，翕然而合，〈比〉之意境，大蓋如此。

立卦的意義

〈比〉承〈師〉後，一陽升五，當位而正，下體群陰，無不順從。陽者心也，陰者身也，心之所向，身則隨之。義即必如心君統率五官百骸的身體，感應眞切，息息相通，才能夠獲得〈比〉之成就，而通〈大有〉。

貳、彖辭（即卦辭）

〈比〉：吉。原筮，元永貞，无咎。不寧方來，後夫凶。

群體之勢，大於個體之勢，結合之力，大於分散之力，果能相比，無不吉也；〈比〉本坤體，坤有原野之象，《爾雅・釋言》：「原，再也。」比爲多方結合，在結合之先，必互相祈禱，一開始便比，斯能久於其比，而固於所比，似此，當然无咎。既是相比出於祈禱之誠摯，各方自會不遑寧處的而來，以從事於相比之結合，如遲遲落後，非發乎至誠則凶。

參、爻辭

初六：有孚比之，无咎。有孚盈缶，終來有它吉。

初六雖遠居應外，而以至情至性相比，亦可无咎，因初六之誠摯，猶如水之盈缶，已溢於外，終必獲得陽來變初，以息成〈大有〉，是即「它吉」也。初在應外，故稱「它」。

六二：比之自內，貞吉。

二在內卦，居中得位，可以代表內卦，所謂「比之自內」，即指內在而言，以二之於比，完全從內在的性情而發，無絲毫之假借，且與五為正應，彼此非常融洽，只須固守其正則吉。

六三：比之匪人。

三居人位，不中、不正，有「匪人」之象。比貴具有熱烈之誠摯，且須出之以光明的態度，但三在坤陰幽暗體內，既乏熱誠，又不光明，是為「匪人」之比。

六四：外比之，貞吉。

「外比」對「內比」而言，「內比」是說二、五正應，由於內在的性情相通而比，「外比」則以四已居外，順承九五，由於外在的形跡相近而比，形跡相近，更得要固守其順承的本位之正，方能獲吉。

九五：顯比，王用三驅，失前禽，邑人不誡，吉。

九五以一陽動於君位，光被四表，有「顯比」之象，不分遠近，自然來歸，故「王用三驅」，往者不追，來者不拒，一任其便，在九五光明感召之下，而猶梗頑不化，必爲乖戾者流，失之殊不足惜，此所以「失前禽，邑人不誡，吉」。

上六：比之无首，凶。

上六即卦辭所稱之「後夫」，居於卦末，而在〈比〉之外，無乾陽可與相比，乾爲首，是「无首」而「凶」也。

肆、彖傳

彖曰：比，吉也。比，輔也，下順從也。原筮，元永貞，无咎，以剛中也。不寧方來，上下應也。後夫凶，其道窮也。

「比，吉也。比，輔也，下順從也。」〈比〉以相親之情，而成相輔之勢，下體坤陰，皆順從九五之一陽，故〈比〉由於親輔而吉。卦辭「原筮，元永貞，无咎」，是說九五陽剛居中，至情至性，以感召各方出於祈禱之誠摯永相親輔，穩固不移，自能无咎。卦辭「不寧方來」，是說一陽居上，而與在下之坤體相應，上下之間，翕然而合，坤體群陰便不遑寧處，比併而來。卦辭「後夫凶」，是說上居卦體之末，以陰乘陽，又不相應，比之爲道，貴能肇之於始，遲遲不應，焉有不凶之理？

伍、大小象傳

象曰：地上有水，比。先王以建萬國，親諸侯。

　　物之相比而無間者，莫如水在地上，先王觀〈比〉之象，遂設公侯伯子男，分爲五等國，並由上之巡狩，與下之朝聘，天下比於一矣，故曰：「地上有水，師，先王以建萬國，親諸侯。」

初六象曰：比之初六，有它吉也。

　　初六居於應外爲「它」，而以誠摯遠比於五，終必獲得感應，故曰：「有它吉也。」

六二象曰：比之自內，不自失也。

　　六二與五爲正應，一本之於內在的性情相通，故曰：「不自失也。」

六三象曰：比之匪人，不亦傷乎！

　　六三比而不得其人，當然要遭受傷害，故曰：「不亦傷乎！」

六四象曰：外比於賢，以從上也。

　　六四上承於五，五當位有賢者象，故曰：「以從上也。」

九五象曰：顯之比吉，位正中也。舍逆取順，失前禽也。邑人不誡，上使中也。

九五以陽居中得正，故曰「位正中也」。居上之陰不與五應，上在五前，故曰「失前禽也」。五居君位，而以中道處比，故曰：「上使中也。」

上六象曰：比之无首，无所終也。

上六喪失比之目標，自不能獲得比之結果，故曰：「无所終也。」

第九卦

小畜卦

周鼎珩講　陳永銓記錄

小畜

乾　巽
下　上

—— 此係〈巽〉宮一世卦，消息四月，旁通〈豫〉，反對〈履〉。

　　畜者蓄也，就是蓄積的意思，通稱蓄積。卦以六四爲畜主，所畜的是畜在內體三陽之乾，易例：四爲巽爻。而在外卦，四又體巽，巽爲入，具有入而內向的性態，可使乾陽入而聚之於內野，故能成其爲畜。但六四居坤，而四「括囊」，是則六四之陰，並未充實，柔弱無力，還得要妥爲封置，加意得養，而三陽成體之乾，卻剛強又極奔放，以柔弱未成熟之陰，而畜剛強又奔放之陽，這在畜的能力上，以及畜的功效上，當然都是很有限。歷來治《易》者，因見及此，皆謂此陰畜陽，陰本爲小，所能畜的自亦少，《說文》：「少，不多也，從小。」四與中爻互兌，兌又爲小，故即名之爲〈小畜〉。再就實際現象以明之，不論是自然現象，或是社會現象，既經由於蓄積而成，那都是從一點一滴中，逐漸得來，誠如《老子‧六十三章》所說

的「爲大於其細」是也。汪洋大海，其積也只由於一勺之水；巍峨高山，其積也只由於一簣之土，推而至於萬有，盡管其現象發展到了如何地榮盛，然如追溯其所自，率皆不厭於細小，唯其不厭於細小，才能成就其融盛，此亦〈小畜〉之又一義也。按〈小畜〉息自〈豫〉，初息〈復〉，二息〈臨〉，三息〈泰〉，四變陰，五息〈需〉，上息則自〈豫〉而成〈小畜〉，彼此卦固自相通有；而爻位排列，則與〈履〉卦的爻位互相顚倒，故〈小畜〉與〈履〉具有反對的關係，蓋陽畜已極，勢必有所行進而圖發展，斯極履也。卦氣是在四月，居於八宮中〈巽〉宮第一世。

壹、總說

佈卦的次序

《老子・第五章》曰：「天地之間，其猶橐籥乎。」凡經發展而用之於前，則必收而聚之於後，發展有收，才能夠綿綿不斷，天地間的大法則，就是如此。此以一陽，當位於五，而籠罩群陰，群陰的生機，莫不仰此一陽，以爲之鼓舞，其陽發用太過，故於此後，對陽剛之氣，必求有以補充。〈小畜〉即於此種情形之下，應運而起，專以蓄積乾陽爲務，蓋比則發而用之於前，畜則收而聚之於後，〈序卦傳〉曰：「〈比〉必有所畜，故受之以〈小畜〉。」是其義也。據《周禮・地官司徒》：「正月之吉，始和布教于邦國都鄙。乃縣教象之法于象魏，使萬民觀教象，挾日而斂之。乃施教法于邦國都鄙，使之各以教其所治民。令五家爲比，使之相保；五比爲閭，使之相受；四閭爲族，使之相葬；五族爲黨，使之相救；五黨爲州，使之相賙；

五州爲鄉，使之相賓。」蓋必比、閭、族、黨之法行，後稼穡、樹藝，是即畜也，足見「比」與「畜」之關係。早在古代社會裡，已有明顯之表現，就是〈比〉之後而必繼之以〈小畜〉。《論語·子路》亦云：「冉有曰：『既庶矣，又何加焉？』曰：『富之』。」居比之時，有所謂「內比」，有所謂「顯比」，不分遠近各方面紛至沓來，競相比輔，其番庶矣，則食之者眾，民生所需，日漸增多，當然要致力於富，否則使之無從維持其繁庶。那麼，致富之道爲何？恃惟畜之而已，可是比輔之成爲番庶，並不僅限於一城一邑，或一鄉一鎮，而是普及於每一個小落，故欲有所畜，必須在每一個角落裡，不厭其細小，一點一滴以進其畜，這豈不就是小畜的境界？所以〈比〉之後，而受之以〈小畜〉。尤有進者，此所言富，與世俗間富的觀念不同，世俗間富的觀念，是謂資產財貨，而屬於陰；此所言富，是謂〈小畜〉所畜之陽，據易例：陽富陰不富，陽之所以稱富，以人事社會而言，就是指的知識、技術、文化等一些精神能力，因爲精神能力是人事社會生機的根本，而資產財富，無異乎是精神能力的產員或副產員，有了這些精神能力，地則盡其所能，物則盡其所用，人則盡其才，百利不愁不興，百廢不愁不舉，〈繫辭傳〉讚之以「富有之謂大業」，其庶幾乎。反之，如今日貧窮落後地區，不都是缺乏這些精神能力麼？在自然方面，即使具備資產財貨的條件，貧窮落後地區的人們，也不知道如何運用，由此可以增進我們的認識：比輔固然能夠導致蕃庶，但非畜之以陽的〈小畜〉，則無以繼矣。

成卦的體例

〈小畜〉以巽乾成卦，外體巽，巽屬陰而爲入，又爲風；內體乾，乾屬陽而性好動，但乾陽二氣出入之軌跡，震出而巽入，氣化運

行至震，則由陽爲之主宰，陽遂突破重陰，出而發之於外，以盡其創生之功；氣化運行至巽，則由陰爲之主宰，陽遂隨陰收斂，入而聚之於內，以盡其涵養之道，就這樣一出一入，才能用之不竭，而不至於窮。又據〈說卦傳〉云：「坤以藏之。」藏就是畜，巽爲長女，坤爲母，長女代母，此所以巽能畜陽也。或有疑之者，謂巽象爲風，風是擴散的，如何能夠收斂？如何能夠聚積？這裡說是巽性收斂聚積，豈不與卦象相背麼？曰：是又不然。氣下行而撲向地面，始有風的感覺。氣下行，無異乎是巽爲入而收斂的表現。撲向地面而不播散太空，無異乎是巽爲入而聚積的表現。故巽象爲風，而巽義爲入。不過巽之所以能畜陽，就在乎六四之一陰；六四一陰，乃巽之主，巽有六四之陰，始能凝陽入內，〈小畜〉之以六四爲主爻，義亦在此。而六四之陰，並未充實，前面已經講過，其體猶弱，尚在涵養期中，所畜者少，只能成爲〈小畜〉，以之與〈大畜〉相較，即可瞭然矣。〈大畜〉不僅六四居外，而又生爲六五，以成體之艮，六四之陰，固然在〈坤〉爲「括囊」，還需涵養，可是陰至六五，則已「黃裳元吉」，飽滿豐隆，光輝以射，與六四迴異，其畜陽的能力，當然較大，故稱爲〈大畜〉。尤其〈小畜〉之外體爲巽，而〈大畜〉之外體爲艮，巽雖以入爲義，可使乾體三陽入而聚之於內，但巽象爲風，風則究竟是流動不居，有氣而無質，其能畜者較少，且畜得不堅牢，所以〈小畜〉至上爻即曰「既與既處」，而已顯得畜不住了。〈大畜〉外體艮，其義爲止，而象爲山，止是止於其所，山則穩固不移，能將乾體三陽，止之於內，並使之穩固如山，其畜陽的能力之大，由此可以想見，所以〈大畜〉之上爻猶曰「何天之衢，亨」，顯示對於所畜，一直能貫徹到底。從〈大畜〉與〈小畜〉之區別，更可以看出〈小畜〉的體例。

　　由〈小畜〉六四，加之以六五居中，其體增強，所畜較大，就成為〈大畜〉。那麼，〈大有〉亦係六五居中，何以不名之為畜？此在初學者，難免不發生疑竇。所謂畜，是將成體的乾陽，畜之於內，乾陽性最好動，何況乾陽已經成體，而不向外奔放，居內含養，以安於畜；這就因為〈小畜〉外體是巽，巽者入也，可使乾陽入之於內，故能畜；〈大畜〉外體是艮，艮者止也，可使乾陽止之於內，故能畜。按此六十四卦，只有外體是巽，或外體是艮，方能畜得住內體乾陽，而外體巽以畜乾，或外體艮以畜乾，亦只有〈小畜〉與〈大畜〉兩卦而已。至於〈大有〉，雖亦六五居中，但外體是離，離為火，其性炎上，而向外發揚，非能畜者也。〈大有〉以內乾外離成卦，乾與離，原有先後天連帶的關係，乾陽本來就是奔放成性，隨著外體炎上的離火，那就越發的向外奔放，如何能畜？

　　先儒皆謂〈小畜〉為以陰畜陽，所畜者少，誠然，〈小畜〉是由六四一陰入於乾體之中而畜之，兼之外畜內乾，巽為陰，乾為陽，乾陽在巽陰之內，而為巽陰之所畜，其象都是以陰畜陽，然而為什麼以陰畜陽，所畜者就較少呢？這是在〈雜卦傳〉裡講到：「〈小畜〉，寡也」，而各家並沒有交代，茲為便於瞭解，分別從自然和社會兩方面來說明，例如一株花，結成了花苞，其在在必須含攝相當的動能，便是以陰畜陽，但在未開花前的花苞，本身尚須涵養，猶之六四「括囊」，其所含攝的動能，當然不會太多，多則這個花苞也承受不了，故說〈小畜〉以陰畜陽，所畜者少。又如《管子・牧民》云：「倉廩實而知禮節，衣食足而知榮辱。」倉廩和衣食，屬於有體之陰，禮節和榮辱，屬於無形之陽，由倉廩達到禮節，由衣食達到榮辱，便是以陰畜陽；但須依賴倉廩才能夠知禮義，依賴衣食才能夠知榮辱，這樣

對於禮義與榮辱的認識，只是從外而來，不是出自本然，畢竟不能深入，故說〈小畜〉以陰畜陽，所畜者少。

立卦的意義

宇宙間萬有現象，乍一看，棋布星羅，相與交織，繁複得不可指數，可是認真得透視，就覺得這些繁複的現象，並不是突如其來，也不是一蹴而就，而是各按其化生的程序，由微而著，由簡而繁，經年累月，按部就班，逐漸蓄積起來的。如自然界人所供養的太空星辰，最初不過是一團一團的氣化，在空中經過一段漫長時間的運轉，遂由氣化演進爲形化之體，更由形化之體演進而爲這些星辰，其演進的過程，並非都是逐漸的蓄積，積少成多，積小爲大。如從社會現象裡，那可以看得更明白。

前面提到〈小畜〉是以六四爲主爻，拿個人成長的過程來講，六四是表示這個人的氣質還沒有完全成熟，對於人生還沒有什麼體驗；拿爻位的人事階段來講，六四是公卿大夫的臣位，不像六五是天子的君位，所以不是豐隆飽滿的位置，但是既稱〈小畜〉，就是在還沒有成熟的階段便要蓄積，不能等到飽滿豐隆時才畜，因爲在尙未成熟時，如果不事蓄積，就不能成熟，在尙未飽滿豐隆時，如果不事蓄積，就不能飽滿豐隆。其次，〈小畜〉是要一點一滴的畜，堆磚成塔，集腋成裘，所謂「江海之大，不棄涓滴之流」，江海怎麼能有那樣大的水面呢，是由山澗裡一點一滴的水儲蓄而成的，唯有不厭其繁細地蓄積，始能成其大，就像吃飯要一口一口地吃，不能一碗飯一口吞下去，《論語・八佾》裡頭提到孔子「入太廟，每事問」，不知道就發問，這樣才能夠吸收知識，孔子自稱「我非生而知之者，好古，

敏以求之者也」（《論語・述而》），足見他之所以能夠成爲致勝，並不是天生如此，而是由一點一滴蓄積而成的，〈小畜〉卦指示我們，不要因爲所畜者小而嫌棄，因爲積小始能成大，這是〈小畜〉的第一義。

　　〈小畜〉既名之爲小畜，在蓄積的過程中，就不能夠散，我們看到許多人稍許有一得之知，就沾沾自喜，想求表現，這樣一面畜一面散，是不會有成就的，因爲既然需要一點一滴的畜，當然在畜的時候就不能散失或洩漏，一面畜一面散，永遠蓄積不了，所以「畜而不散」是小畜的第二義。例如日本在明治維新以後，畜養了六十年，把國家的精神文明和物質文明都啓發到相當的程度，但是，卻做不到畜而不散的功夫，稍微有個樣子，就沾沾自得，躍躍欲試，沉不住氣，於是發動侵華戰爭，這一散，不但把六十年所畜養的精神物質統統消耗殆盡，甚至連國家都爲之不保。總之，〈小畜〉卦指示我們，第一，要在尚未成熟之前就開始一點一滴地畜；第二，不能一面畜一面散，同時，要知道如何畜法，就是應在什麼環境畜，在什麼時候畜，此乃〈小畜〉卦之宗旨所在。

　　上次講此卦，提到一見鍾情，有人沒有聽懂一見鍾情的意義而發生疑問，現在再作補充說明。所謂一見鍾情，並不一定發生在男女之間，男的和男的，女的和女的，也有喜愛的，不喜愛的，這是什麼道理呢？打個比喻，我們每個人都有電波感應，我在這兒一站，我身上的電就被射出去了，同樣的，你在那兒一站，也有電被放射出來。如果二個人的電波相吸，那我看見你，覺得很順眼，你看見我，也覺得很順眼；如果二的人的電波相斥，那我看見你，覺得很討厭，你看見我，也覺得很討厭。過去我們講婚姻是緣分，有沒有緣分，就看二個

人的電波是相吸或相斥，這是很科學的，但是，電波有和諧的，有不和諧的，假使二十幾歲左右的毛頭小子，還沒有踏進社會，談不上什麼感應或體驗，那他對於男女的好惡，完全憑一種邪氣的色感，也就是說，這種電波是不和諧的，因為男女在少年時期，生理上難免會有性慾衝動，所以古人說「少之時，血氣未定，戒之在色」（《論語·季氏》），這樣基於性慾衝動而發生的情感，有些人以為就是一見鍾情，這簡直是胡鬧。那麼，怎樣才是一見鍾情呢？必須男女雙方無論在社會或在家庭方面都有相當閱歷或體認，你覺得對方的談吐舉止、進退應對都很有分寸，很合乎你所欣賞的標準，而對方看你，也覺得很順眼，二個人往來相當時間，但是不及於亂，也就是說，這種電波是和諧的，如果隔了幾天不見面，好像身上掉了什麼東西似的，即使吃飯睡覺，頭腦裡還有對方的影子，不及於亂，而有這種感覺，那才是一見鍾情。現在有許多人把性慾衝動當作一見鍾情，以致離婚案件特別多，如果真的是一見鍾情而有了感情，二個人已經在一塊，你少不了他，他也少不了你，怎麼會離婚呢？既然離婚，就是根本沒有情，這種婚姻是性慾衝動的結合，所以，我們要把情與慾分辨清楚。

貳、彖辭（即卦辭）

〈小畜〉：亨。密雲不雨，自我西郊。

　　〈小畜〉為什麼能夠亨呢，因為〈小畜〉是以陰畜陽，陰既能凝畜得住陽，那陰陽彼此之間一定非常融洽，比如一個太太能把丈夫凝得住，丈夫一下班就回家，根本不在外頭跑舞廳，逛酒家，這就是陰能夠凝得住陽，為什麼太太能夠把丈夫凝得住呢？那是陰陽二情

融洽的緣故，因為夫妻二個感情好，才能做到這個程度，既然二情融洽，當然裡頭是通暢的，亨者，通也，暢也，所以〈小畜〉有亨之象。再如我們健康的時候，身體軀殼能夠把精神靈能畜得住，精神靈能在身體裡涵養自如，二情非常融洽，於是，身體涵養靈能，靈能指使身體，身心都非常通暢，可是一旦生病而瀕臨死亡，身體變成僵化的軀殼，靈能指揮不了身體，身體也涵養不了靈能，這個時候就不亨了。其次，〈小畜〉與〈豫〉卦旁通，〈豫〉卦〈大象〉是「雷出地奮」，有亨通之象，〈小畜〉旁通〈豫〉卦，就是畜之既久，則雷出而亨通的意思。我們可以拿曾國藩所講「勁氣內斂」（《曾文正公全集‧國史本傳》）來說明，一個人做勁氣內斂的功夫，並非僅僅止於內斂而已，內斂至相當程度，則必有所作為，「〈小畜〉，亨」就是這個道理。

　　「密雲不雨」的密字是細小的意思，〈小畜〉本來是小，而且中爻二、三、四互成兌卦，兌為少女，少者小也，小就是很細密，所以有密之象。〈小畜〉的外卦是巽，巽卦與坎卦是同根的，底下都是少陽，少陽高頭加一個陰爻，就是坎，少陽高頭加一個陽爻，就是巽，所以巽卦是坎象半見，這就叫做「半象」，虞翻《虞氏易》裡頭講半象最多，《焦氏易》裡也講半象。巽卦具有坎卦一半的象，坎卦在上為雲，在下為雨，現在巽卦居於外體，而有坎象半見，所以稱「雲」；同時，因為坎象只是半見，所以有「不雨」之象。至於「自我」二字是從〈小畜〉旁通〈豫〉的卦象來的，〈豫〉卦本是坤體，坤為自，坤為我，所以有「自我」之象。而「郊」的象又是從那兒來的呢？〈小畜〉中爻二、三、四互兌，按後天八卦卦位，兌居西，乾居西北之郊，〈小畜〉卦體是兌在乾上，所以有「西郊」之象。其

次，「自我西郊」可能是文王繫卦辭時自況之辭，因為文王那個時後是個西北侯，西北是在歧山，就是現在的六盤山以西的地方。以上是卦辭的源頭。

剛才說過〈小畜〉要不厭其小，一點一滴的蓄積，就像天在還沒有下雨之前要綢繆好一陣子，這種未雨綢繆的功夫就是「密雲」。下雨之前，一定是烏雲緊布，雲密布到相當的程度，雨的能量才夠，但是在布雲的時候，不能下雨，因為一旦發洩，就沒有了。既是要畜，就不厭其小，所以要「密雲」，細密地在那兒布雲，但是不能夠下雨。至於「自我西郊」，歷來有三種說法：第一，西郊是〈小畜〉的本位，「自我西郊」的意思是要從自己的本位上去充實，不能向外發洩而施之於外；第二，歷代先儒解釋「密雲不雨，自我西郊」，有的說這個雲是從西方發起的，從西方發生的雲，去向一定是到東方，而東方是發散的方向，因為東方屬木，木是向外發散的，西方屬金，金是向內收斂的；雲從西方開始收斂而成，飄向東方，到了東方就擴散了，因此要「自我西郊」，把握在西郊時固結不散的現象，就像金一樣地向內收斂，不使向外發散；第三，「自我西郊」是文王自況之辭，文王那個時候在商紂的暴政之下，雖然發政施仁，但究竟只是個北侯，還是在六四諸侯的位置，而不是在六五的天子，所以雖然已經蓄積到了三分天下有其二的地步，但還是不能夠把紂王的暴政扭轉過來，是以「密雲不雨」，只在自己的本上發政施仁，做布雲的功夫還沒有布然而雨，澤被生民。總之，做蓄積的功夫要「密雲不雨」，像很細密的雲在那兒布置，不能發散；其次，要有「自我西郊」，在自己的本位上力求充實，這是卦辭上最重要的意義。

參、爻辭

初九：復自道，何其咎，吉。

　　〈小畜〉旁通〈豫〉卦，〈豫〉卦六爻一陽五陰，根據卦變，凡是一陽五陰的卦，都是從〈復〉卦來的，〈豫〉卦四爻到了初爻，就變成〈復〉卦，〈豫〉卦的四爻是由〈復〉卦的初爻慢慢地升上去的，所以〈豫〉卦的前身是〈復〉卦，〈小畜〉旁通〈豫〉卦，〈豫〉卦的前身又是〈復〉卦，所以有「復」之象。〈豫〉卦本是坤體，坤爲自，〈豫〉卦外體是震，震爲大塗，就是大路，所以有「道」之象。由此可見，「復自道」是取象於旁通的〈豫〉卦。「何其」就是從〈復〉卦卦辭「出入无疾，朋來无咎」來的；坎爲疾，十二辟卦從〈復〉卦到〈坤〉，裡頭沒有坎卦，所以稱「无疾」。〈小畜〉通豫，〈豫〉卦外體是震，震爲出，〈小畜〉外體是巽，巽爲入，所以有「出入无疾」之象。爲什麼講「朋來无咎」呢？〈復〉卦內體震，震有一個陽爻，假使其他的陽爻再來了，就變成兌，兌爲朋；在〈復〉卦的時候，正需要陽，群陽齊來，當然沒有毛病，所以說「朋來无咎」。

　　「復自道」爲什麼能夠无咎而且吉呢？比如說我們追求知識，知識是陽，我們身體稟賦氣質是陰，拿我們身體稟賦的氣質，來吸收知識，就是以陰畜陽；不過，我們吸收知識，最初是從文字吸收起，因爲人類一切的經驗與智慧，都是載在經典上，我們必須先把文字的功夫搞好，才能夠懂那些經典，然後才能接受古人的經驗與智慧，學習文字是吸收知識的橋樑，就是必經的路線。因此，如果我們吸收知識是從學習文字做起，就是「復自道」，這當然沒有毛病，所以說「何

其咎，吉」。

九二：牽復，吉。

〈小畜〉旁通〈豫〉卦，〈豫〉卦中爻二、三、四互成艮，艮爲手，〈小畜〉外卦是巽，巽爲繩，合起來看就是以手持繩，手拿著繩子，那豈不是牽手之象嗎？「牽復」的意思是說，初爻既經復了，二爻就跟著復，因爲這是一個相併的爻，初爻動了，二爻就跟著動，這就是我們過去講的併發症，這個東西來了，那個東西就跟著來，至於「牽復」是什麼意思呢？前面我們提到學習文字是吸收知識的橋梁或工具，而當我們學習文字時，就會連帶發生許多「一」，比如兒童初學認字，從一個「月」字，連帶就想到爲什麼月亮有時候是圓的，有時候是彎的呢？爲什麼月亮跟太陽不同呢？兒童在學習文字的過程中一連帶的就體會到月亮爲什麼又圓而又缺，缺而又圓，這就叫做「牽復」。復了這個，連帶的復了那個，吸收了這個知識，連帶的吸收了那個知識，這就是「牽復」，於是觸類旁通，越畜越多，當然是吉。所以「牽復，吉」在我們人類的知識上就是觸類旁通，根據這個東西，就推測到那個東西，現在有很多的科學家由這一點現象，於是乎推測到那一點現象，發現了許多新的東西，比如說由這個分子，發現了那個電子、質子。這叫做「牽復」，由於牽復，智慧就愈來愈大，當然是吉。

九三：輿說輻，夫妻反目。

往年「說」「悅」「脫」這三個字都用「說」字，所以說字有時做悅字解釋，有時做脫字解釋。這個說字就是做脫字解釋，〈小畜〉

二、三、四互兌，兌爲毀折，所以有「脫」之象。「輻」是車子勾心的木頭，二個車輪子中間接連的木頭，那個鉤心之木就是輻。〈小畜〉旁通〈豫〉，〈豫〉卦三、四、五互坎，坎爲輿，同時，〈豫〉卦本是坤體，坤爲輿，輿就是車子；其次，〈小畜〉外體是巽，巽爲木，〈豫〉卦外體是震，震亦爲木，而且〈豫〉卦三、四、五互坎，坎爲車，震木在坎車之上，就是鉤心之木，有輻之象，這是「輿說輻」卦象的由來。

〈小畜〉外體是巽，巽爲長女，長女爲婦，內卦是乾，內乾爲夫，外巽爲婦，故有夫妻之象。同時，〈小畜〉旁通〈豫〉，〈小畜〉外卦爲長女，〈豫〉之外卦震爲長男，亦有夫妻之象。其次，〈小畜〉三、四、五互離，離爲目，外卦是巽，巽爲白，白眼相看，有反目之象。再者，根據焦氏易理的解釋，〈離〉卦的上頭是半離卦，下頭也是半離卦，二個半離卦相對，就是二個眼睛相對，亦有反目之象，這也可以作爲參考，但是仍以前面的說法比較妥當，這是「夫妻反目」卦象的源頭。

「輿說輻，夫妻反目」是什麼意思呢？我們還是拿人類追求知識這個例子來說明，前面提到，知識是陽，身體稟賦的氣質是陰，所以人類追求知識就是以陰畜陽。可是有些知識不是我們所能畜的住的，因爲人類稟賦的氣質各有不同，有些人長於數理化學，對於數理，很容易就搞通，有些人長於文學藝術，看到數理都頭痛，這可以從現在學生的考試卷子上看出來，有些學生文章做得很好，數學題目卻答得一塌糊塗，因爲他頭腦子不接近數學，就是說以他所稟賦的氣質，沒有辦法畜養吸收數學這個知識，於是乎這個知識就跟他變成「說輻反目」的現象。「輿說輻，夫妻反目」這二個比喻，就是說明陰陽不諧

和、陰畜不住陽的情況。陰陽就像二個車輪子，如果中間的鉤心木壞了，二個輪子就脫落不能夠再相輔以行；陰陽也像夫妻，夫妻反目就是陰看不住陽，〈小畜〉的四爻是陰，三爻是陽，〈小畜〉本來就是以陰畜陽，但是四爻之陰畜不住三爻之陽，因為四爻位居外體巽卦，三爻位居內體乾卦，巽為妻，乾為夫，往年又夫應當在外，妻子應該守內，所謂「門以內，女主之，門以外，男主之」，現在九三與六四正好相反，妻子不顧家，跑到外頭，丈夫不能在外頭創造，反而在家裡睡大頭覺，這就是不守妻分，不守夫分，於是陰陽不合，夫妻反目。

這裡要附帶說明的是，有人對〈小畜〉卦的爻辭一再提到〈復〉卦，感到大惑不解，這是什麼道理呢？〈小畜〉與〈豫〉卦旁通，〈小畜〉卦是由〈豫〉卦息成的，〈豫〉卦要息成〈小畜〉，必須經過這樣的程序：首先，〈豫〉卦的四爻要跑到初爻來，於是〈豫〉卦就變成了〈復〉卦，這是第一個階段；息成了〈復〉卦以後，接著往上息第二爻，二爻變成陽，於是〈復〉卦又變成〈臨〉卦；變成〈臨〉卦以後，第三個爻再來了，就變成〈泰〉卦；接下去這個地方要特別注意，四爻本來是陽爻，但是四爻在第一個階段，已經到了初爻而變成〈復〉卦，變過了一次，就不能再動了，所以經過〈泰〉卦以後，四爻既然不能再動，於是由〈泰〉卦進一步直接息五爻，就變成〈需〉卦；息成〈需〉卦以後，高頭再息，則成〈小畜〉。所以〈小畜〉是經過這麼多的過程來的，從〈豫〉卦開始，經過五個階段，始能息成〈小畜〉，而由〈豫〉卦息成〈復〉卦，是首須經過的路程，所以〈小畜〉初爻稱「復自道」，二爻稱「牽復，吉」。

六四：有孚，血去惕出，无咎。

六四是〈小畜〉的主爻，「有孚」的孚字是從那兒來的呢？〈小畜〉旁通〈豫〉卦，〈豫〉卦中爻三、四、五、互坎，所以〈小畜〉四爻伏有坎象，坎是「有孚」的現象，坎卦爲什麼「有孚」呢？坎卦的本體是陰，因爲陽爻鑽到陰體裡面而變成坎，坎爲水，水是陰質的東西，但是水是川流不息、變動不居的，不像石頭或是木頭這類的東西，可以穩定在一個地方，水是不穩定的，稍許有些不平，就會流動，坎水流動是代表什麼意思呢？就是說坎水雖是陰的體質，但是裡頭有陽的動能支持著，而且動能和體質彼此非常融洽，永遠是川流不息，因爲陰的體質和陽的動能配合得非常融洽，所以講「有孚」，孚字就是很融洽，很誠實的意思。要想融洽，一定要誠實，比如我們二個人相處得很融洽，那一定是彼此肝膽相照，這樣才能融洽，假使彼此猜忌多疑，或是不拿心肝出來，那是不會融洽的，所以「有孚」表現出來的是融洽，骨子裡面就是誠實，內在誠實而外在融洽，這才叫做「有孚」。

〈小畜〉旁通豫，〈豫〉卦三、四、五互坎，所以，〈小畜〉四爻伏著有坎，坎爲血卦，〈豫〉卦息成〈小畜〉以後，坎象已經不見了，所以有「血去」之象，「血去」是什麼意思呢？血是代表傷害，血去就是沒有傷害。「惕」字也是從四爻伏有坎象來的，坎爲心智，坎爲加憂，心志加憂爲「惕」，就是心裡有所憂悒警惕的意思，〈小畜〉的四爻雖然伏坎，但並不是居坎，因爲三、四、五互離，坎變成離，有「惕出」之象，出是超脫的意思，「惕出」就是心智超脫的現象已經超脫，爲什麼講「出」呢？因爲四爻在〈豫〉卦外體裡頭是震，震爲出，在〈小畜〉而言，出字是用伏象，四爻伏震，有出之

象，這是第一個意義。其次，我們過去講〈需〉卦六四「需于血，出自穴」時曾經提到，〈需〉卦六四「出自穴」是因為〈需〉卦外體為坎，坎象為陷，內體則為三陽成體之乾，整個體象是三個陽爻在坎卦的陷阱之內，有所等待，乾陽在坎卦的陷阱裡頭，要想出去，很不容易，只好一步一步的來；到了第四一爻，已經是在外卦，總算從底下那個陷阱裡跳出來了，那就是不在陷阱之內而跑到陷井之外，好像從窟洞裡頭跑出來，所以稱「出自穴」。照虞翻的說法，〈小畜〉卦是從〈需〉卦息成的，〈需〉卦上爻一息就變成〈小畜〉，所以〈小畜〉是從〈需〉卦來的。那麼，〈需〉卦六四講「需于血，出自穴」，則〈小畜〉六四講「血去惕出」。至於「无咎」是斷辭，這是爻辭幾個字的源頭。

　　〈小畜〉是以陰畜陽，所畜的陽和本身的陰，要非常融洽，唯有彼此「有孚」而融洽，才能沒有傷害而為「血去」，接著才能夠沒有憂惕而為「惕出」，然後才能夠沒有毛病而為「无咎」。例如一枝花，它是有體之陰，需要太陽光能，如果一直都是陰雨的天氣，花就憔悴了，因為花需要太陽光能照射，花吸收太陽光能就是〈小畜〉以陰畜陽，花朵是陰，太陽光能是陽，如果太陽光能恰好是這枝花在這個階段所需要的，而且太陽光能強度恰好符合這枝花的需要，那麼，這枝花得到太陽光能，就可以欣欣向榮；假使這枝花的本質很弱，承受不了很強的太陽光能，也就是說，〈小畜〉的陰畜不住陽，就是太陽光能反而會摧殘這枝花，這就有傷害而有所憂惕，並不是沒有毛病了。所以，陰陽彼此之間一定要有孚而融洽，這個太陽光能恰好是這枝花所需要的，二個結合得非常緊湊，於是太陽光能在照到開化的對象，不會空自鼓舞，花朵也得到太陽光能得開化，而更鮮豔奪目，

「有孚，血去惕出，无咎」就是這個道理。以上是拿花做比喻，我們吃東西也是如此，比方說我們的體質是陰，人參是陽，在東北老山出產人參的地方是不下雪的，因爲雪都化掉了，除見人參裡頭含陽的氣化非常之多，所以一吃人參，人就有精神，可是如果我們體質陰的成分不夠的話，就不能吃人參，否則，一吃就會發燥，鼻孔或牙齒會流血，反而搞出毛病來，那就不是「有孚，血惕去出」，這是講吃東西。我們在其他地方吸收陽，也是如此，比如吸收知識，如果那個知識我們消化不了，就不能成爲我們的知識，從每年大學聯招可以看得出來，有些考生國文做得很好，但是理化數卻答得狗屁不通，繳不了卷子，有些考生理化數的卷子搞得很好，可是答起國文來也是狗屁不通。可見我們頭腦的氣質各有所向，如果所吸收的知識恰好是你需要的，那就是「有孚」，那個知識可以住長你的人生，使你的人生發揮無限的光輝，可是，如果吸收的知識不是你所需要的，即使勉強吸收了反而會使你的頭腦出毛病，那就不是「有孚，血去惕出，无咎」。

九五：有孚攣如，富以其鄰。

「攣」字根據《說文》的解釋：「係也。」就是株繫牽連的意思，連繫到一起，就叫做「攣」。〈小畜〉外卦是巽，巽爲繩，〈小畜〉旁通〈豫〉，〈豫〉以中爻二、三、四互成艮，艮爲手，底下有手，高頭有繩，以手持繩，是牽連維繫的現象，這是攣字的出處。「攣如」是二個東西連繫在一起，爲什麼連繫在一起呢？第一，因爲五爻和四爻二個靠近，彼此非常融洽，所以連繫在起。第二，因五爻與二爻相應，五爻一動，二爻就跟著動，二爻居內體之中，有統帥的能力，二爻上去與五爻相應，於是內在三陽統帥都動了，而與四爻相

繫，所以五爻的作用很大，它是統帥群陽的，群陽跟著他一陣和四爻相繫，所以有「攣如」之象。初、二、三、五陽爻整個連成一起，與六四陰爻互相融洽，所以稱「有孚」。

什麼叫做「富」呢？首先我們要看納甲，在納甲來看，四爻納未，而在五行裡頭，辰戌丑未是屬土，〈小畜〉外卦是巽，巽在〈說卦〉為木，也就是說，巽的本質是木，五爻是巽卦的主爻，四爻則是〈小畜〉的主爻，四爻與五爻有木剋土之象，《京氏易傳》：「我剋者為財」，五爻巽木以四爻未土為財爻，所以有富之象；同時，六四恰好是九五的鄰居，故有「富以其鄰」之象，這是納甲來講。除掉納甲而外，還有另一種說法，按易例：陽實陰虛、陽富陰不富。六四既是財爻，為什麼在六四不講富，到了九五才講富呢？這個先要把富貴解釋清楚。凡是我們能夠掌握或指揮物的權限，就叫做貴，簡單的說，能夠掌握人就是貴，能夠指揮物就是富。我們能夠指揮它，能更用它，這才叫做富，假使那個東西擺在那個地方，而我不能用，怎能叫做富呢？那山間野外的東西多的很，你沒有拿來用，就不能稱富，必須是我拿來用了，比如說吧，木柴做成房子，這房子是我所有的，才叫做富；其次，為什麼說「陽富陰不富」呢？因為能指揮，能應用，完全靠著陽，乾陽有發揮指使的能力，陽指揮，物聽陽指揮，這個陽就富了。所以，真正大有錢的人，就是大有權的人，真正大有權的人，就是大有錢的人。五爻固然講富，可是五爻所講的富是「富以其鄰」，五爻能夠稱富，是靠著四爻，五爻雖有指揮物的能，但是，如果沒有東西讓它指揮，還不是等於零嗎？現在四爻剛好在五爻底下仰承著它，聽它指揮，所以「富以其鄰」。

爻辭的意義是什麼呢，比方剛才講到一枝花得了太陽光能照

射，花能夠吸收太陽光能，這個太陽光能恰好是花所需要的，彼此非常地融洽，這就是「有孚攣如」；花得到太陽光能，於是乎花開得更茂盛，更艷麗，而太陽光能有沒有白費，本來太陽光能是在空中飄蕩的，你不用它，等於白費，現在，花吸收了它，太陽光能有了著落，就能發揮光能本身的作用。五爻好比太陽光能，四爻好比一枝花，太陽光能附著在花上，發揮光能的作用，而使花開得茂盛艷麗，就是「富以其鄰」。我們前次談到婚姻，美好的婚姻一定是陰陽歟和，像是九五「有孚攣如」，或者像是六四「有孚，血去惕出，无咎」，我們看一些年輕的夫妻，結婚以後，有幾種不同的象徵：第一，結婚以後，二個人身體越來越榮華，女的過得非常地艷，男的也很有精神，這一對夫妻就是陰陽融洽、「有孚攣如」；其次，有的夫妻在結婚以後，女的臉色發黃、不思飲食，男的無精打采、垂頭喪氣，這就是血不去而惕不初，所以，結婚不是隨隨便便的，要「有孚攣如」。

上九：既雨既處，尙德載，婦貞厲。月幾望，君子征凶。

「既雨既處」，「既」是已經的意思，「既雨」是已經下雨了。〈小畜〉上爻一變，則外卦成坎，坎為水，有雨之象；〈小畜〉通〈豫〉，〈豫〉的外卦是震，震為出，〈小畜〉外卦是巽，巽為處，我們講君子有出處之道，或出或處，一個讀書人愛名節，要懂得出處的道理，嚴其出處，例如大陸淪陷時，有許多人投降共匪，就是不懂得出處的道理。處者出之反也，在家裡守著不出去，就是處，處的卦象是從巽為伏來的，伏而不出，便是處，例如我們講處女，是指尙未出嫁的閨女，留在家裡不出去，就叫做處。

「尙德載」，我們桐城有一句口語，走在路上常說「我尙前，

我尙後」，這個尙字就是「夏尙黑、殷尙白、周尙赤」的那個尙，中國古代口語裡頭尙字用的很多，這個尙字要怎麼解釋呢？就是以此爲貴、應該如此、應當這樣的意思，作「宜乎」解。其次，〈小畜〉內卦是乾，乾爲德，「載」字又是從哪兒來的呢？上爻一變則外體爲坎，坎爲車，車子是用來載物的，有載之象。「尙德載」這句話的意思是說，我們要把乾陽的德裝在車子裡頭，因爲卦氣是向前運行的，不是停在那兒不走的，如果拿車子把它裝起來運行，它就不會潑灑散失，所以「尙德載」就是運行的過程中，把它畜聚起來，使令它不至於潑灑散失。

「婦貞厲」，上爻居巽，巽爲長女，婦之象也，上九以陽爻居陰位，失位不正，變成陰爻，就是「之正」，貞者正也，所以有貞之象；上爻一變，則外卦變成坎，坎爲險難，所以有厲之象。婦是代表陰的，而且是代表很強很旺的陰，巽爲長女，長女是盛陰，所以稱婦；貞者正也、固也，就是正確穩固在那個地方。因此，「婦貞厲」的意思是說，如果陰已經強盛了，你還規固穩定在坤陰強盛的那個地方，那就危險了。

「月幾望」有三種解釋，第一，上爻一變就成坎，坎爲月，上爻居一卦之終，有滿之象，望者是十五滿月的時候，所以上九有「月幾望」之象，這是第一種說法，比較簡單。第二，上爻與三爻相應，三爻居於乾兌之間，因爲中爻二、三、四互兌，內卦初、二、三則爲乾，根據魏伯陽《參同契》的納甲圖，月亮在初三哉生明是震庚，就是娥眉月，初八上弦是兌丁，十五月圓是乾甲，十八哉生魄是巽辛，廿三下弦是艮丙，三十月晦是坤乙癸，〈小畜〉上與三應，三爻在兌卦與乾卦之間，我們看納甲圖，就是在初八到十五之間，月亮近

乎望，所以有「月幾望」之象，這是另一種說法。第三，〈小畜〉內卦是乾，外卦是巽，在納甲圖中，乾卦是十五月望，巽卦是十八哉生魄，由乾到巽，就是由月望到哉生魄，上九居外卦之末，巽卦到了極點，所以是十八的月亮，也是近乎望，故有「月幾望」之象。

「君子征凶」，上爻與三爻相應，〈乾〉卦九三是「君子終日乾乾，夕惕若，厲无咎」，故有君子之象；征者行也，〈小畜〉旁通〈豫〉卦，〈豫〉之上爻居震，震為行，故有征之象。

這一爻比較複雜，意義也比較重要，無論治國，或是治家，這一爻都值得參考，〈小畜〉卦辭是「密雲不雨」，就是要在那兒未雨綢繆地蓄積，不能下雨，下雨就等於白費了。可是畜到上九，而稱「既雨」，已經到了盡頭，就要下雨了；又稱「既處」，則是應該伏處，不要再望前走，「既處」是與「貞凶」二個字遙相呼應的，就是說，已經到了盡頭，應該伏處，否則征凶。「尚德載」是宜乎把所畜聚的乾陽拿車子裝起來，這樣雖是在運行的當中，也不會散失；「婦貞厲」的婦是代表盛陰，陰已經很旺，你還規固穩定在盛陰那個地方，這是很危險的；「月幾望」就是月亮已經近乎望，而且從月圓乾甲到十八巽辛，快要哉生魄了，就是陰已經盛到快要滴陽的地步，「君子征凶」就是懂得道理的人在陰將滴陽的這個時候，如果還往前運行，必然是凶。那是什麼意思呢？打個比喻，例如〈小畜〉外卦是〈巽〉，內卦是乾，巽卦是陰，乾卦是陽，乾陽伏在巽陰之內，就是以陰畜陽，以陰畜陽是什麼現象呢？拿人事社會來講，就是管子講的「倉廩實而知禮節，衣食足而知榮辱」（《管子・牧民》），因為一般的販夫走卒、愚夫愚婦，一定要先豐衣足食，然後他才曉得羞恥榮譽，如果他窮，那他什麼壞事都能做，就是不知羞恥，如果他富有

了，衣食豐足，就懂得羞恥，所以說衣食足而後知榮辱。那麼，倉廩實而後知禮義又是什麼意思呢？一個國家，如果府庫裡的糧食物資很多，它社會的禮義一定很昌明，管子這二句話正好可以解釋〈小畜〉。

〈小畜〉是以陰畜陽，我們由倉廩實而達到知禮義，由足衣食而達到知榮辱，倉廩衣食是陰，禮義榮辱是陽，拿物資的充實，來培養精神的文明，豈不是以陰畜陽？可是以陰畜陽要畜得其法，如果陰已經太盛了，你還規固在陰的方面，就是說衣食過於豐足了，倉過於充實了，但是，大家只曉得豐衣足食，指曉得實倉廩，以致陰過剩了，反而畜不住陽，就弄成驕奢淫佚，寡廉鮮恥；同時，因為倉廩過於豐足，於是就招致人家的覬覦，啟發人家的侵略，到那時，殘酷的戰爭反而摧殘禮義。所以完全在衣食倉廩方面著眼，過於重視物質上的發創豐足，反而損失精神的文明，今日世界，尤其是美國社會的表現，就是犯了這個毛病，因為從個人到國家，大家只曉得賺錢，賺錢以外，精神是空虛了，因而造成社會秩序的混亂，什麼嬉痞阿飛，寡廉鮮恥的事情非常多，這就是陰太盛了。〈小畜〉以陰畜陽，到了陰太盛的地步，陰不但不能畜陽，反來傷陽害陽，這就是上九的毛病。其次，日本侵華也是如此，日本從明治維新以後，費好大的功夫，從足衣食，實倉廩，經過六十年慢慢地畜養，終於成為世界上第一等國家，但是槍砲子彈畜聚得太多，陰過剩了，造成一些軍閥野心侵華，戰爭一發，整個都完了，這就是以陰畜陽，畜到陰已經過剩時，所造成的毛病，上九就是這樣。此外，我們可以拿這一支爻來管理自己，例如我們看到很多暴發戶的家庭，兒女驕縱的非常多，這就是不懂了「君子征凶」的道理，已經是「月幾望」了，還是再往前走，一副暴

發戶的味道，這樣它很快的就要毀了。其次，每個人總是感覺不足，好像這一生沒有快活的日子過，做官沒有做到大官，發財沒有發什麼大財，居家過日子也沒有過得痛快，青春就在抗戰剿匪中消耗掉了，很多人都是覺得自己不足、受委屈，但是，一個人有了委屈，它才會想盡辦法去畜，假使覺得滿足，就是以陰畜陽而畜不住陽了，自己的精神變質了，一但自己覺得很滿足，這個人就快完了，一生到了滿足，就快要翹辮子了，人就是要有點委屈不足，他才會往前走，上九這一爻的意義就是如此。

肆、象傳

象曰：小畜，柔得位而上下應之，曰小畜。健而巽，剛中而志行，乃亨。密雲不雨，尙往也。自我西郊，施未行也。

「小畜，柔得位而上下應之，曰小畜」，這是解釋〈小畜〉；「健而巽，剛中而志行，乃亨」，這是解釋亨；「密雲不雨，尙往也」，這是解釋密雲不雨；「自我西郊，施未行也」，這是解釋自我西郊。孔子解釋爲什麼叫做〈小畜〉呢？因爲「柔得位而上下應之」，六四是〈小畜〉的主爻，四爻以陰居陰，陰就是柔，以前講過，初是震爻，二是離爻，三是艮爻，四是巽爻，五是坎爻，上是兌爻。四是巽爻，巽爲順，順也是柔，六四以陰柔居陰位，是爲當位，故稱「柔得位」。爲什麼說「上下應之」呢？五爻乘著四爻，四爻「有孚」，五爻也「有孚」，二個融洽在一起，初爻與四爻是正應，當然能爲四爻所畜，二爻是五爻的應位，陰位五爻與四爻「有孚」，

二爻也就和四爻融洽；同時，初爻動而應四，二爻也就動而應四，三爻與四爻「夫妻反目」，固然是差一點，但因三五同功，而且二爻代表內體三陽，三陽是連成一體的，所以三爻雖是有點畜不住的樣子，究竟還是為四爻所畜。所謂「應」，就是你所需要的，恰好他也能供給，二個相互呼應，初、二、三、五之陽既然都和四爻相應，那麼，〈小畜〉所不能照料的只有上爻，除了上爻之外，就是三爻比較麻煩一點，其餘上下各爻都相應，所以稱「柔得位而上下應之」。四爻上下應，因此能夠畜得住陽，但是，陰柔是小，所以叫做〈小畜〉，這是孔子解釋卦名。

　　〈小畜〉為什麼亨呢？孔子解釋是「健而巽，剛中而志行，乃亨」。〈小畜〉內卦是乾，乾為剛健，外卦是巽，巽為柔順，〈乾〉卦〈大象〉：「天行健，君子以自強不息。」所以乾的德性的剛健，內在的是剛健，外在的是柔順，所以稱「健而巽」。這句話的意思是說，內在有剛健的主宰，自己中心有些主宰是不會變的，可是應付外在的社會卻非常的柔順；換句話說，就是內方而外援，我們過去鑄造的錢幣，裡頭是方的，外頭是圓的，就寓有給一般老百姓設個教訓的意義。我們做人要內方外圓，因為外頭是柔順的，才能與人相處得很融洽，而裡頭有剛健的中心主宰，就能使令社會上每個人都不會偏差，這樣拿整個的社會來講，當然是通暢的。拿個人來講，內在有剛健主宰，外在則柔順應付，事情當然可以做得通。現在，有些人正好搞錯了，做起事來，外在表現是脾氣暴躁，內在則毫無主宰，一片空虛，剛剛相反，這是失敗的人生，成功的人生不是這樣，一定是「健而巽」，才能夠亨通。其次是「剛中而志行」，〈小畜〉二、五兩個陽爻分居內外二體之中，陽剛居中，所以稱「剛中」；〈小畜〉以四

爻爲主爻，四爻伏坎，坎爲心志，〈小畜〉通〈豫〉，〈豫〉之外卦
是震，震爲行，所以稱「志行」；「剛中而志行」是什麼意思呢？
「剛中」就是內在有一股陽剛正氣來守住自己；志是心之所向，心裡
頭有個趨向，就叫做志，「志行」就是按照自己的方向往前做，一般
人對於志行二個字不大留意，所以做事都是看機會，今天有機會做生
意，就做生意，明天有機會做官，就做官，或者有機會教書，就教
書，自己心中沒有東西，都是與外在環境相浮沉，隨著外在的波動而
波動，載沉載浮地度過一生，以致這一生都是斷斷續續、片片斷斷
的，這一段是做這個事情，那一段是做那個事情，前後的事情互不相
干，這個就不叫志行。志行是我在社會上立身處事，首先要跟孔子一
樣，三十而立，在三十歲就立定志向，自己發個心願，我這一生要幹
什麼事情，在社會上扮演什麼角色，把這個志向確立以後，就按照自
己志向的圖案，一步一步地去做，固然在做好的過程中可能有些挫
折，但是不氣餒，鍥而不捨地抱著這個志向去做，這樣從三十歲開始
立志，一直做到六、七十歲，有個三、四十年，一定成就非凡，可是
一般的人都是把自己的一生精力片片斷斷地消耗了，今天去當兵、明
天做生意、後天去教書，我個人就是這樣，把一生的精力一段段地用
掉了，結果到了生命結束時，問問自己這一輩子幹的是什麼？找不出
答案，這種人太多了，所以孔子告訴我們，〈小畜〉怎麼能亨呢？第
一個要「健而巽」，第二個要「剛中而志行」，這樣才能亨，就是內
在有中心主宰，一股剛健之氣，外在照著自己的志向一步步地去做，
這樣一定能做得通。

　　第三句解釋「密雲不雨，尙往也」，尙往就是往前走，尙字各
家的解釋非常多，事實上就是中國古代口語間的那「尙」，就是往前

走。爲什麼要「密雲不雨」呢，〈小畜〉底下是乾陽，乾陽的本質是向外擴散奔放的，內在的乾陽本質拼命地要往前走，外在我們要畜，就要「密雲不雨」，就是要「密雲」以畜之，「不雨」以固之，「密雲」是慢慢地在那兒一點一滴的蓄積，「不雨」是要穩定住，不要破散掉。「尙往也」是說底下乾陽的性能是往外跑的，我們要想蓄積，必須密雲不雨，才能夠把乾陽穩定住，要不然，乾陽就跑散了，所以「尙往」的象是根據乾陽的卦體來的，內在乾陽的卦體是向上的，是往前走的，所以稱「尙往也」。其次，〈小畜〉旁通〈豫〉，〈豫〉卦裡頭有震，而且由〈豫〉息成〈小畜〉，首先四爻要到初爻來，初爻息成〈復〉，〈復〉之內卦爲震，往前走，因爲〈小畜〉內卦陽爻有往前走的先天德行，所以要「密雲不雨」。

　　第四句解釋「自我西郊」是「施未行也」，〈小畜〉上頭是兌，兌居西，底下是乾，乾爲郊，「西郊」的卦象是如此。「施」是〈乾〉卦〈象傳〉「雲行雨施」的施，〈小畜〉息自〈需〉，〈需〉卦外體爲坎，坎在上爲雲，在下爲雨；〈小畜〉旁通〈豫〉，〈豫〉卦外體爲震，震爲行，所以「施未行」的象是從這兒來的。「施」也就是陽施陰受的施，是說明「自我西郊」、「密雲不雨」。「自我西郊」是說雲雖是發自西郊，並未指出到達什麼地方，只是說明雲的來處，沒有說明雲的去處。雨從哪兒來呢？自我西郊；往那兒去呢？沒有講；從哪兒來是施，從哪兒去是行，所以統稱「施未行也」，沒有說明它往哪而走，就是還沒有行。「密雲不雨，自我西郊」，是要從我們的本位來做〈小畜〉的功夫，施是施爲，行是行動，「施未行也」就是指固在那兒綢繆，只管那麼做而還沒有行動，只是內在的做，而沒有外在的表現，「自我西郊」就是從我們本位畜陽蓄積起，

而不能自外表現，就是「施未行也」。

伍、大小象傳

象曰：風行天上，小畜。君子以懿文德。

　　「風行天上」是根據主象來的，〈小畜〉的高頭是巽卦，巽為風，底下是乾卦，乾為天，就是「風行天上」。「行」是從伏象來的，因為〈小畜〉卦首先要息成〈復〉，〈復〉卦的內體是震，震為行，〈小畜〉先天的德行就是「行」，所以有風行天上之象。風在天上行，拿我們人事社會現象來講，就是風教還正在朝廷裡頭準備，並沒有施之於天下，因為風行天上，風教還在天上，只是朝廷中樞做準備，還沒有頒布實施，等於還從小處一點一滴的在準備，所以叫〈小畜〉。君子是取象於內體的乾卦，乾為君子，〈小畜〉以陰畜陽，主要的是要陽，所以稱「君子」。《說文》：「懿，嫥久而美也。」〈乾〉卦〈文言〉：「乾始能以美利利天下。」所以乾為美，乾又為文，乾又為德，可見「懿文德」這三個字都是從乾的卦象來的。

　　「文德」拿現代語來講，就是研究發展朝廷中樞裡頭所準備的典章制度，〈小畜〉「風行天上」就是典章制度還在中樞裡頭做準備，風教還沒有頒行下去。典章制度之所以要研究發展，是為了要做到真善美的地步，光有真是不夠的，真就是有那個東西，我們現在雖然有個典章制度，但是典章制度有好有壞，所以要使令它盡善，有就是說這個典章制度要非常完整，能夠適用得天衣無縫，這就是善；光是完整也還是不夠，還要做到盡美，所以第三個要追求完美，美到什麼程度呢？必須這個典章制度跟宇宙的法則差不多，施之於萬事而皆準，

假使這個典章制度在施行的過程中發現漏洞，就夠不上稱美，這只是真有個典章制度就是了，不但不是美，而且還談不上善，所以「懿文德」就是要使令這個典章制度跟宇宙化生萬物依樣，根本是天衣無縫，找不出一點空隙，施之於老百姓中間，無論是尊卑上下，男女老幼，生活在這個典章制度中，都過得很舒服，都覺得這是應當的，和宇宙化生萬物的方式是一樣的，裡頭沒有一點毛病，這個才叫做美。所以「君子以懿文德」就是說，在〈小畜〉的風教還沒有下去以前，首先要把這些典章制度研究發展，弄得盡善盡美，使令典章制度施行起來天衣無縫，沒有一點毛病。

初九象曰：復自道，其義吉也。

「義者，心之制，事之宜也」（《朱子語類・孟子一》），就是應該這個樣子，「復自道」是因為〈豫〉卦若要息成〈小畜〉，必須四爻下來到初爻，變成〈復〉卦，所以初爻是必經之路，猶如前面所講的，假使我們要吸收知識，一定要先從文字的功夫著手，如果文字弄不好，就沒辦法吸收古人典籍上的知識，學習文字是吸收知識的必經之路，那個事情應該是這樣做的，所以稱「其義吉也」。

九二象曰：牽復在中，亦不自失也。

「牽復」是說二爻由於受到初爻和五爻的牽引，於是乎繫於四爻，和四爻相應，這是因為牽引而復，不是自動自發的；雖然不是自動自發的，但是二爻居於內卦之中，居中就表示內在有主宰，內在既有主宰，那麼它雖是被人牽復，還是能夠辨別是非善惡，假使它內在的主宰經過考量結果，覺得人家的牽引是對的，它才接受人家牽引，

而不是糊裡糊塗地盲目跟從，所以不自失，因為二爻居中，內在有主宰，自然不會喪失。「亦不自失」的亦字是根據初爻來的，初爻「復自道」，以陽居陽，是為得位，「其義吉也」；二爻則居內體之中，所以「亦不自失也」。「亦不自失」還有另一個說法，〈比〉卦二爻〈小象〉：「比之自內，不自失也。」內比是從心裡面結合，當然不會有錯誤，失者就是錯誤，〈比〉卦的二爻居中，所以稱「亦不自失也」，因為孔子的文章前後都是貫的。

九三象曰：夫妻反目，不能正室也。

三爻陽過於剛，非四爻陰柔所能畜住，四爻是代表內卦的巽，巽為婦，就是妻，三爻是代表內卦的乾，乾為夫，有夫在內而妻在外之象。「室」是什麼意思呢？女以男為家，男以女為室，所以娶妻就叫做授室，而我們恭賀人家娶媳婦就說是授室之喜。男應當正位乎外，女應當正位乎內，所以過去有個說法：「門以內女主之，門以外男主之」，夫應當向外發展，妻應當居家操持，現在妻跑道外頭，夫反而在內，這個家庭是搞不好的，所以「夫妻反目，不能正室」。

六四象曰：有孚惕出，上合志也。

四爻為什麼「有孚惕出」，彼此融洽而沒有憂慮呢？因為四爻乘著五爻，陽上陰下，其情頗順，所以四爻「有孚」，五爻也是「有孚」，三個情投意合，非常接近。〈小畜〉息自〈需〉，五爻在〈需〉卦時是位於外卦坎體之中，同時五爻是坎爻，坎為志，四爻和五爻二個情投意合，非常融洽，所以稱「上合志也」。

九五象曰：有孚攣如，不獨富也。

「有孚攣如」就是彼此融洽而且連繫得很緊，為什麼彼此融洽而連繫得很緊呢，因為五爻「不獨富」，不是一個人自己富，五爻是陽，四爻是陰，陽得到陰，就能發揮開化的作用，也就是能夠指揮陰這個東西，當然能富；而在陰的方面，因為受到陽來開化，一如花朵接受太陽光能照射，花朵就開得更豔麗、更茂盛，於是陰富了，太陽光能陰位發揮了作用，所以陽也富了。同時，初爻二爻三爻都跟著五爻和四爻結合而融洽，內在的乾陽也都發揮了作用，所以「不獨富也」。

上九象曰：既雨既處，德積載也。君子征凶，有所疑也。

〈小畜〉本來是「密雲不雨」，到了上爻而稱「既雨」，就是已經下雨了，可是已經到了盡頭，又應該伏處而「既處」，孔子解釋為什麼到了盡頭就要伏處呢？是「德積載也」，因為上爻一變，則外卦成坎，坎為車，有積載之象，「德積載」就是把乾陽的德蓄積起來，不使散失，就是「德積載也」。為什麼說「君子征凶」呢，因為「有所疑也」。上變為坎，坎為疑豫，就是躊躇、憂悒、恐懼，君子看到這個現象，到了高頭，陰盛足以消陽，於是有所疑慮，不敢再往前走。

第九卦

小畜卦

周鼎珩手稿

—— 此係〈巽〉宮一世卦，消息四月，旁通〈豫〉，反對〈履〉。

壹、總說

　　畜爲聚積，又爲蔾。凡百現象，既經比輔而結合，就要有所蓄積，否則這種比輔的結合，便很難持續下去。〈序卦傳〉曰：「比必有所畜，故受之以〈小畜〉。」而《論語》亦云：「既庶矣，又何加焉？曰：富之。」比輔當然蕃庶，蓄積當然富有，既庶而加之以富，也就是比必有所畜的意思。按《周官・大司徒》必先施以比、閭、族、黨之法，而後稼穡、樹藝之利始有所本，此所以在〈比〉卦後，繼之以〈小畜〉，〈小畜〉係指部分蓄積的現象。

　　〈小畜〉爲五陽一陰之卦，而以六四的坤陰爲主，〈說卦傳〉曰：「坤以藏之。」藏是儲存收藏，義同蓄積，六四柔而得位，所以

能畜。但〈坤〉卦六四曰：「括囊，无咎无譽。」「括囊」是緊密封置於囊中，「无咎无譽」，是沒有什麼好，也沒有什麼壞，足見六四在〈坤〉卦裡所居之地位，自身仍在涵養之中，尙未達於旺盛豐滿的程度，其對蓄積的能力，究屬有限，故所畜者小，而爲〈小畜〉。同樣的，〈大有〉也是五陽一陰之卦，然〈大有〉以六五的坤陰爲主，〈坤〉卦六五曰：「黃裳元吉。」「黃裳」，是充實而有光輝的表現，其陰之爲體，與六四迥異，不僅旺盛豐滿，而且光彩外射，五陽皆能爲其所畜，故所畜者大，而爲〈大有〉。試觀〈大有〉之卦辭曰「元亨」，〈小畜〉之卦辭只曰「亨」，兩者之差別，可以瞭然，而〈小畜〉之所以稱小，其主要的意義，亦即在此。

歷來各家的解釋，都以爲是由一個六四的陰爻，入於乾陽之中，而爲蓄積的主體，其象爲以陰畜陽；兼之，外巽內乾，巽爲陰，乾爲陽，乾陽居於巽陰之內，而爲巽陰所畜，其象也是以陰畜陽，陽大陰小，以陰畜陽，所畜較少，因之成爲〈小畜〉。然而以陰畜陽，爲什麼蓄積的就較少呢？這只在〈雜卦傳〉裡講到：「〈小畜〉，寡也。」而各家並沒有交代，我們爲便於瞭解，可以從自然和社會兩方面來說明，例如一株花，結成了花苞，其內在必須含攝相當的動能，這個花苞才有力量開放得出來，花苞屬於有體之陰，動能屬於無形之陽，花苞含攝動能，便是以陰畜陽。但在未開花前的花苞，本身尙在涵養期內，猶之「六四，括囊」，其所含攝的動能，當然不會太多，多則這個花苞也承受不了，所以說〈小畜〉以陰畜陽，蓄積的是較少。又如《管子‧牧民》云：「倉廩實而知禮節，衣食足而知榮辱。」倉廩和衣食，屬於有體之陰，禮節和榮辱，屬於無形之陽；由倉廩達到禮節，由衣食達到榮辱，便是以陰畜陽。但須依賴倉廩才能

夠知禮節，依賴衣食才能夠知榮辱，這樣對於禮節與榮辱的認識，只是從外而來，不是出自本然，畢竟不能深入，所以說〈小畜〉以陰畜陽，蓄積的是較少。

最後，以陰畜陽之性能而言，陰之性能，特別富於凝聚。〈小畜〉卦體，是乾陽伏於巽陰之內，為陰所畜，這就表示乾體陽剛之氣，凝聚於陰，而巽又為入，入是入之於內，故乾陽一經為巽陰所畜，便入於陰體之內，而凝聚不散，以發揮其化生作用。我們可以舉先聖先賢的養氣為例，先聖先賢對於陽剛之氣的培養，總是力求內在的充沛，而不輕易發之於外，如孟子的「我善養吾浩然之氣」，曾國藩的「勁氣內斂」，所謂「小畜」之畜，髣髴就是這種境界。或有疑之者，認為外體巽有風象，風是散播不居的，而說凝聚不散，豈不是與卦象相背麼？這卻不然，氣下行而撲向地面，始有風的感覺，氣下行，無異乎是「巽為入」的表現，撲向地面而不飛向太空，無異乎是「陰性凝聚」的表現，故巽象為風，而巽義為入。

貳、彖辭（即卦辭）

〈小畜〉：亨。密雲不雨，自我西郊。

據前節所述，〈小畜〉卦體，六四是成卦之主。六四承五據三而應初，內體三陽具有連帶關係，二與五又居於應位，於是五和內體三陽，遂皆為四所畜。但九三曰：「夫妻反目。」六四雖能畜三，而畜之不固。到了上九，位居卦末，六四更覺鞭長莫及，所以上九爻辭有「既雨既處」之句，〈小畜〉本來是「密雲不雨」，上則「既雨」，這就顯得有些畜不住的情勢，即使能畜，所畜的也比較少，《說

文》：「少，不多也，从小。」而陰對陽言亦爲小，故以「小畜」名卦。

　　〈小畜〉之所以亨，是因爲陰能畜陽，陽亦爲陰所畜，兩情融洽，資以化生，這當然是通暢而亨。反之，陰雖能畜陽，而陽不爲陰畜，或陽爲陰畜，而陰不能畜，兩情乖離，根本就結合不到一起，更談不上什麼化生，這當然不能通暢而亨。如人在平時，身體軀殼，可以畜養靈能和熱力，就可以思想行動，到了死亡的前後，身體軀殼，畜養不了靈能和熱力，靈能脫離了，熱力消逝了，不僅不能思想行動，連身體軀殼也隨之變成殭化死體。身體軀殼是陰，靈能熱力是陽，以身體軀殼，畜養靈能熱力，正是〈小畜〉的以陰畜陽，畜養得了，就能夠思想行動，畜養不了，就變成殭化死體，故曰「小畜亨」。

　　據《虞氏易》，以「〈小畜〉息自〈需〉」，其說可從。蓋〈小畜〉與〈豫〉旁通，〈豫〉四之初成〈復〉，息至二成〈臨〉。息至三成〈泰〉，息至五成〈需〉，〈需〉再息至上便成〈小畜〉。但〈需〉卦外體爲坎，「坎在上爲雲，在下爲雨」，息成〈小畜〉，外體變巽，坎象半見，中爻互兌爲密，故只「密雲」而已。另據《焦氏易林》，則用伏象，〈小畜〉通〈豫〉，〈豫〉中爻互坎，坎固爲雨，可是變作〈小畜〉，坎象伏而不見，離日出現於乾天之上，故曰不雨。綜其意義，雲在雨之先，必須雲先密集，然後才能夠有雨，這就是說任何現象，如其發展過程，尚在準備期間，則應力求其本身之蓄積，以期更充實而有所發揮，通常所謂「未雨綢繆」，恰好是這種情況的寫照。

　　〈小畜〉通〈豫〉，〈豫〉內體坤爲「自」爲「我」，〈小

畜〉中爻互兌，兌正秋，於卦位居西，而〈小畜〉之內體乾，則居西北之隅，有郊野之象，故曰「自我西郊」。「自我西郊」，是說雲自西郊而來，西之對方爲東，雲來自西，去向必東，但東方屬木，爲陽氣生動之處，雲去向東，必然消散而不能雨，此爲多數先儒一致之解釋。然如進一步研究，「西郊」之上而加之曰「我」，實爲文王自況之辭。本來姬周就是發跡於西岐，以疆域而論，西岐是屬於西郊。當時文王雖能三分天下有其二，究竟還是諸侯，而居於臣位，猶之〈小畜〉六四（四爲諸侯之位）之以陰畜陽，畜而未至於極，尚不能化作霖雨，以澤被生靈，其卦情頗與自身之處境相似，因即以〈小畜〉自況，而有「自我西郊」之辭。

參、爻辭

初九：復自道，何其咎，吉。

〈小畜〉通〈豫〉，〈豫〉四之初成〈復〉，初具〈復〉卦體象，便以「復」爲言。〈豫〉內體坤爲「自」，四之初，則內體坤變震，震爲反生，反生的意思，是生機將盡而又重新恢復，如樹木屆入秋冬，枝葉完全凋落，其生機一反而復歸於根荄之內，亦即老子所說的「歸根復命」[1]，似此分析，反生就是復，復就是反生。在〈復〉卦的卦辭裡，有「反復其道」之句，並言反復，其義尤明。但生機反復，決不能夠漫無準據，準據爲何？那便是「反復其道」的道。〈小畜〉內體乾，「乾道變化」，其象爲道，〈豫〉四之初，內體變震，

---

[1] 《老子‧十六章》：「夫物芸芸，各歸其根，歸根曰靜，靜曰復命。」

震為大塗，其象也就是道。然而「反復其道」的道又是什麼？這已經義盡於辭，是指的乾陽往來的軌道。我們可以從〈小畜〉卦的體象來看，小畜之所以為畜，在息乾陽，而乾陽之息，必須先自初爻息起，因一切現象生機的恢復，都得要先自發端的所在入手，初爻是一卦的發端，乃乾陽必經之軌道，故於初九而曰「復自道」。

　　〈復〉卦的卦辭又謂：「出入无疾，朋來无咎。」「出入」，是說乾陽和坤陰彼此間之出入，乾坤出入，以成十二消息卦，而十二消息卦中，不見坎卦，坎為疾，故曰「出入无疾」。〈復〉初體震，再息體兌，兌為朋，陽息在內稱來，且二陽相比而浸長，其勢盛，其情悅（兌象），故曰「朋來无咎」。前面已經說過，〈豫〉變〈小畜〉，初爻具有〈復〉卦體象，爻辭中「何其咎」一語，就是基於〈復〉卦的卦辭所引伸，言初爻遵循之軌道而復，何咎之有？所以斷之曰「吉」。

九二：牽復，吉。

　　外體巽，巽為繩：通〈豫〉，〈豫〉二居艮，艮為手，二與五屬於應位，是為以手持繩，而有牽引之象。〈豫〉四之初成〈復〉，二比於初，具有連帶關係，初復，二亦隨之並復，且五曰「攣如」，二五因居應位，二遂得五之援引而復，故曰「牽復」。〈小畜〉的旨趣，是在畜陽，所畜的愈多，其功用發揮就愈大，好像人藉官能吸收知識，知識吸收得愈多，其人生價值就愈高，初爻既復，而為所畜，二隨初復，亦為所畜，所畜的逐漸增多，這當然是吉。

九三：輿說輻，夫妻反目。

　　三在〈豫〉居坤，坤為輿，〈豫〉中爻互坎，坎亦有輿象。說，古通脫，〈小畜〉中爻互兌，兌為毀折，毀折與脫同義，脫是脫落，就是毀折。輻，今本誤為輻，《說文》：「中軸縛也。」即鉤心之木。據《虞氏易》，謂〈豫〉四之初成〈復〉，〈復〉息至三，則乾成而坤毀，且互兌為毀折，是輿象已不完全，故「輿脫輻」。另據《焦氏易林》，則用覆象，〈小畜〉通〈豫〉，〈豫〉中爻互艮，艮乃震之覆象，震為車輻，震覆，故「輿脫輻」。二說以後者更為圓滿，至馬融等以乾為車，不僅於象不合，於義亦難解。蓋「輿脫輻」，即不能相輔而行，以喻九三雖承六四，但因過剛不馴，不為所畜。而〈小畜〉之蓄積功能，一若脫輻之車，將見停而不進。

　　九三以陽而居乾為夫，六四以陰而居巽為婦，三與四有「夫妻」之象，惟以四在外而三在內，是妻不守內而務外，夫不務外而守內，不合於夫妻之道，兼之陰乘陽，兩情不順，其結果必至於扞格而反目。《虞氏易》謂：「豫震為夫為反，巽為妻，離為目，今夫妻共在四，離火動上，目象不正，巽多白眼，夫妻反目。」據此，既云「夫妻共在四」，其與九三何關？即不應在九三而言及夫妻，足見取象旁通的震巽，似嫌鑿而費解。按易例：三四皆居人位，而九三近承六四，陰陽相接，原屬有情，故以夫妻喻之，不過九三因太剛猛，六四難於為畜，陰倡而陽不和，夫妻遂致反目。反目二字，各家皆取象於中爻互體離，《九家易》曰：「離為目也，離既不正，五引而上，三引而下，故反目也。」而《焦氏易林》則以三四為半離體，四五亦半離體，離為目，兩半離相對，是即反目。二說於象皆合，可以並存。

六四：有孚，血去惕出，无咎。

　　四在〈豫〉居坎，坎實爲孚，《說文》：「孚，一曰信也。」四因承五，其情眞切，而初對四，又係陰陽正應，是四與群陽，孚洽而融爲一體，以發揮其蓄積之功能，故曰「有孚」。坎又爲血，爲加憂，加憂義即爲「惕」，〈豫〉變〈小畜〉，坎象不見，故曰「血去惕出」。血是表示傷害的意思，惕是表示憂慮的意思，「血去惕出」，是說六四陰得位而體已成，既有孚洽群陽之力量，即無遭受傷害之憂慮，儘管以陰畜陽，而可以「无咎」。

　　又因〈小畜〉息自〈需〉，〈需〉六四曰：「需于血，出自穴。」〈需〉六四居坎爲血，息成〈小畜〉，即無坎血之象，是血已去。〈需〉下體乾，入於坎窞之內，有入穴之象，六四超越於乾體之外，則已出穴；而坎爲惕，乾至九三亦曰惕，〈需〉變〈小畜〉，坎毀已無惕，六四又越過九三而居於外，是爲「惕出」，惕出之云出，原本諸〈需〉四出穴之象。

九五：有孚攣如，富以其鄰。

　　九五與六四，位近而情眞，五在〈需〉居坎，坎實爲孚，二變又正應，故四有孚而五亦有孚。攣，《說文》：「係也。凡拘牽連繫者皆曰攣。」外體巽，巽爲繩，五二應，二在〈豫〉居艮，艮爲手，彼手此繩，二遂「牽復」，五則「攣如」。以〈小畜〉之卦體而論，四爲畜主，五之孚，最切要的是孚於四，但五居尊位，四之孚，最切要的亦是孚於五。就因爲五居尊位而統領群陽，五孚於四，於是初復二復，群陽牽連相繼而復。〈小畜〉旨在畜陽，群陽既已皆復而爲所畜，是畜道即將完成，故曰「有孚攣如」。

按易例：陽實陰虛，陽爲富。五又居巽，巽爲「近利市三倍」，而有富象。但五之所以能富，由於六四以陰畜陽，五爲群陽之尊，五爲四畜，則群陽亦皆隨之而畜，於是陽凝於陰，陰便化生，以成其富。陽之性能，本來就是向外擴散的，要不是爲四所畜，使之凝聚於陰，那便散而不聚，還談得上富麼？故於九五而曰「富以其鄰」。「鄰」是指四而言，四因近五，而又彼此相孚，斯有鄰象。《虞氏易》以中爻互兌，五在〈豫〉居震，震東兌西爲鄰，其說似與本爻情形不合。另據納甲，五居巽屬木，四納未土，木剋土，土爲木之財爻，即四爲五之財，五得四爲富，正符於「富以其鄰」之象，由是更足以證明五之鄰爲四。

上九：既雨既處，尚德載，婦貞厲。月幾望，君子征凶。

上變坎，又當畜極之位，畜極則通，通則雨。上居巽，巽爲伏，又爲進退不果，〈繫辭傳〉曰：「或出或處。」處爲出之反，是巽有處象。既，《玉篇》：「已也。」「既雨」，言〈小畜〉畜至上九，陽已畜得飽滿，勢必向外發揮，原來雖是密雲，至此則已成爲雨了。「既處」，言〈小畜〉由不雨逐漸發展而至於雨，算是已經達到盡頭的地步，不能再求發展，而應止於其所了。

「尚德載」之德，指的是乾陽之德，因乾有龍德之象。上變坎，坎爲車，車所以載物，是載之象。但車之載物，應將所載之物，聚積於車上，然後運行，雖在運行之中，不致散失。〈小畜〉畜至上九，已經到達盡頭，且已發展而爲雨，其所畜乾陽之德，必須如車之載物，集中運行，聚而不散，否則畜道即因「既雨既處」，而功敗垂成，故曰「尚德載」。尚，應訓爲崇尚，即「夏尚忠、殷尚質、周尚

文」之尚，言應以德載爲尚。

外體巽，巽爲長女，有婦之象。上以陽居陰，位不正，之正斯變坎，貞，「正也固也」，之正則貞；坎，「險也難也」，變坎則厲。〈小畜〉所畜之陽，到了上九，其畜已極，極則陽變爲陰，而陰遂盛，足以消陽，一若長陰之婦（巽爲長陰），其陰已長，又居卦之極位，如再正而固眞長陰之勢，必有消陽之危厲，故曰「婦貞厲」。先儒有以上之應位爲三，三既夫妻反目，上則婦貞而必至於厲。

上變坎，坎爲月，中爻互兌，兌納丁，時當初七八，內體乾，乾納甲，時正十五日。月至兌丁爲上弦，將至乾甲爲幾望，幾望，是快要到月圓的時候（見附圖），表示陰正滋長而極盛。上與三爲應位，三居乾有君子之象，「征」是向前行進的意思，合起來講，月至乾甲則既望，於是降入巽辛而爲哉生魄，復經巽辛以迄於下弦之艮丙，如再向前行進，勢必滅於坤乙，而乾陽消盡，故曰「月既望，君子征凶」。蓋乾至上則亢，坤至上則傷，卦至上爻，未有不變，〈小畜〉到了上九，雲變爲雨，陽已加速度在消，陰已加速度在長，如不力挽其趨勢，而一任陽消陰長，即難免有婦貞之厲。月望則盈，既盈必虧，乃理之自然，君子應提高警覺，而戒之以「征凶」。

月幾望圖

（月幾望應為十三四之月）

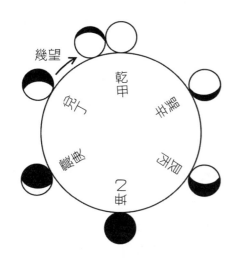

震庚哉生明 時在初三
兌丁上弦 時在初七八
乾甲為月望 時在十五
巽辛哉生魄 時在十七八
艮丙下弦 時在二十三
坤乙為月晦無光 時在三十

肆、象傳

象曰：小畜，柔得位而上下應之，曰小畜。健而巽，剛
中而志行，乃亨。密雲不雨，尚往也。自我西郊，施未
行也。

六四以陰居陰，而為成卦之主，故曰「柔得位」。四承五而相
孚，又與初為正應，內體三陽，本有連帶關係，於是五遂統領群陽而
畜於四，故曰「上下應之」。〈小畜〉與〈大畜〉不同，〈大畜〉無
「上下應之」的辭句，因〈大畜〉卦體，二陰分應，〈小畜〉則一陰
獨畜，群陽只有趨於六四之一途，而成上下皆應的體象。

乾健在內，巽陰畜之於外，故曰「健而巽」。五以陽剛居中，

二應而之正，則中爻互坎爲志，又〈小畜〉通〈豫〉，〈豫〉中爻亦互坎爲志；〈豫〉外體震爲行，〈豫〉四之初，內體亦變震爲行，故曰「剛中而志行」。義爲內有剛健之主宰，外卻施之以柔順的態度，秉此而行，自可通達。固然，乾陽在〈小畜〉卦內，畜之於陰，但陰陽兩孚，剛中之五，本來就有「飛龍在天」之象，內卦又結成剛健之乾體，決不致沉溺於陰，誠如《孟子・公孫丑上》所說的：「其爲氣也，至大至剛，以直養而無害，則塞於天地之間。」故能遂行其志而亨。

《京房易傳》以「〈小畜〉之義，在於六四，陰不能固，三連同進，傳曰『密雲不雨，尙往也』」，陸績注云：「一陰劣，不能固陽，是以往也。」據此，則所謂「尙往也」是由於六四力弱，雖能畜陽，無如陽性奔放，固結不住，而內卦遂三陽連體，向外而往，往則畜道即虧，故密雲以畜之，不雨以固之。

按易例：陽施陰受，五以陽居尊，有陽施之象，二未之正以應，是施而未行之象。項安世云：「自我西郊者，方起於此，未至於彼也。」根據「自我西郊」這一句的語氣，只說出密雲所發生的地方爲西郊，然而雲是行動的，行至何處，並未說出到達的地方，那就意味著雲在此時，仍屬於綢繆期內，故曰「施未行也」。「施未行」，蓋如文王的處境，雖經發政施仁，仍然守在西郊。

伍、大小象傳

象曰：風行天上，小畜。君子以懿文德。

巽爲風，乾爲天，通〈豫〉體震爲行，巽在乾上，故曰「風

行天上」。「風行天上」，表示風猶未達於地面，以言人事，就是
風教猶未普及於天下。內體乾，乾爲君子，乾又爲德，伏坤爲文，
《說文》：「懿，尃久而美也。」外體巽陰柔順爲美，初至四體象
〈夬〉，夬爲書契，故曰「懿文德」。「文德」的涵義，講得具體
些，是指典章制度一切施政的準備，「懿文德」，即對典章制度一切
施政的準備，做到盡善盡美，因爲〈小畜〉卦象，只是風行天上，尚
在準備當中，君子應取法而先行側重於文德。

初九象曰：復自道，其義吉也。

初九居〈復〉之始，而爲〈豫〉變〈小畜〉必須遵循之軌道，
這在前面已經說過。「義者，事之宜也」，就是很恰當的意思，在一
開始，便遵循軌道而復，當然不會有什麼偏差，而最恰當不過的，故
曰：「復自道，其義吉也。」

九二象曰：牽復在中，亦不自失也。

九二近比初九，而有連帶關係，五因應位又有援引之情，於是
二遂隨初與五牽連而復。牽復雖由於連帶援引，不完全出於自發，但
二以陽剛居中，內有主宰，決不致於以連帶援引，而喪失其所守，故
曰：「牽復在中，亦不自失也。」

九三象曰：夫妻反目，不能正室也。

九三與六四，有夫妻之象，但四居外而三居內，陰乘陽，陰陽
不協。按〈家人〉象辭：「女正位乎內，男正位乎外，男女正，天地

之大義也。」茲則夫內而妻外，反乎夫妻居室之道，故曰：「夫妻反目，不能正室也。」

六四象曰：有孚惕出，上合志也。

六四有孚，九五亦有孚，而五爲群陽之綱領，四五兩孚，則〈小畜〉雖以一陰畜群陽，即亦無所憂慮，是爲惕出；既已惕出而無憂慮，更無論於傷害之血，所以〈小象〉不言血去。又以〈小畜〉息自〈需〉，〈需〉外體坎爲志，五爲坎主而孚於四，居四之上，故曰：「有孚惕出，上合志也。」

九五象曰：有孚攣如，不獨富也。

九五因居尊位，對於內體群陽，有援引之能力，五既與四兩情相得，其他群陽自亦隨之而畜於四，斯即所謂攣如。但五得六四之陰，以資化生而成富有，同樣的，其他群陽自亦可得六四之陰而富，故曰：「有孚攣如，不獨富也。」

上九象曰：既雨既處，德積載也。君子征凶，有所疑也。

上九變而成坎，二變應五亦成坎，坎爲輿，重坎不僅有既雨之象（上坎爲雲下坎爲雨），且有積載之象。內體乾陽爲德，積載是說乾陽之德已畜得飽滿，故曰：「既雨既處，德積載也。」坎又爲心爲加憂，心有所憂，是即爲疑。上已畜至盡頭，如再進進不已，則變陰而消陽，頗堪憂慮，故曰：「君子征凶，有所疑也。」

第九卦

小畜卦
講習大綱

小畜

乾巽
下上

—— 此係〈巽〉宮一世卦，消息四月，旁通〈豫〉，反對〈履〉。

〈小畜〉以陰畜陽，但陰居四，不如〈大畜〉之陰升於五，故其所畜有限，陰本爲小，而又居四，斯稱小畜，蓋僅止乎內部之蓄積。

壹、總說

佈卦的次序

《論語·子路》云：「既庶矣。又何加焉？曰：『富之。』」比則必庶，需要財富，以裕給養，而致富之道，在於蓄積，故繼〈比〉之後，爲求內部之充實，而佈〈小畜〉。

成卦的體例

外體巽陰，內體乾陽，巽為入，又為伏，其氣向內收斂，乾陽性本好動，但入於巽陰體內，而為巽陰所畜，伏而不出，力求內體之充實，在人如所謂「勁氣內斂」是其意境。

立卦的意義

雷霆風雨之未發，必先有密雲不雨之綢繆。〈小畜〉者陰畜陽也，義即以陰之靜，培養陽之動，如人在平時，能善養其浩然之氣，到必要時，才能為人之所不敢為，言人之所不敢言。

貳、彖辭（即卦辭）

〈小畜〉：亨。密雲不雨，自我西郊。

〈小畜〉者，在求充實也，充實到了相當的程度，則必「充實而有光輝之謂大」，於是畜極而亨矣。〈小畜〉息自〈需〉，〈需〉上變為〈小畜〉，則坎象半見，是即「密雲不雨」。蓋畜之為畜，聚而不散，如雲密便雨，其氣已散，斯不能稱之為畜，卦以四為主爻，四互兌，兌居西，所畜之乾為郊，而有西郊之象。義為凡畜必有所自，尤其西為陰方，陰性凝聚，蓄而曰「小」，其重點即在凝聚，陰之凝聚，是從細小著手。

參、爻辭

初九：復自道，何其咎，吉。

〈小畜〉通〈豫〉，〈豫〉息〈小畜〉，自初陽息起，息初成〈復〉，息就是〈復〉，故在〈小畜〉，其所息之陽，以初九爲開始必經之道，既是開始必經之道，當然沒有什麼咎病，所以斷之曰「吉」。

九二：牽復，吉。

二居五之應位，而又比於初，初既〈復〉，遂亦牽引而〈復〉，義即氣機一經開始萌動，接著便相繼而動，故亦爲吉。

九三：輿說輻，夫妻反目。

三陽太猛，四陰力不能蓄，陰陽之間，極不諧和，如輿已脫（說通脫）輻，其左右兩輪，失去相輔以進之功用，三體乾爲夫，四體巽爲婦，具有夫妻之象，但三應居外而居內，四應居內而居外，以陰乘剛，兩情不順，遂至反目。

六四：有孚，血去惕出，无咎。

〈小畜〉在三，陰陽不協調，不是脫輻，便是反目，但至六四，上承五，下應初，陰陽則顯得孚恰。又以〈豫〉既息成〈小畜〉，四體坎象不見，坎爲血，又爲憂慮，是已無傷害之憂慮矣，故无咎。

九五：有孚攣如，富以其鄰。

五乘四，又得二應，彼此牽引連帶，非常孚恰。〈小畜〉以陰畜陽，五居群陽之尊，五既爲所畜，則群陽亦皆隨之而畜，遂使陽凝於陰，陰便化生，以成其富，是五之富，在有四之鄰也。

上九：既雨既處，尙德載，婦貞厲，月幾望，君子征凶。

上變爲坎雨，未變爲巽處，言〈小畜〉密雲至上而已雨矣，並因發洩爲雨，陽已伏處矣，必須集中其乾陽，有如車之載物，不使散失，因爲上居巽陰之極，足以傷害乾陽，月將近望，君子如再循此前進，則必至於凶。

肆、象傳

象曰：小畜，柔得位而上下應之，曰小畜。健而巽，剛中而志行，乃亨。密雲不雨，尙往也。自我西郊，施未行也。

〈小畜〉四爲主爻，四以陰居陰，是爲柔得位，上下諸陽，皆多與四相應，而爲其所畜，四屬陰小，故稱「小畜」。內體乾而有剛健之主宰，外體巽而有柔順之態度，秉此以行，自能暢遂其志而亨。卦辭「密雲不雨」，是說主爻之四陰力弱，而所畜之群陽勢強，尤其在內三陽連體，向外而往，往則畜道即虧，故必「密雲」以畜之，「不雨」以固之。卦辭「自我西郊」，是說雲雖發自西郊，並未指出到達什麼地方，在此期內，尙屬綢繆階段，含有「施而未行」的意思。

伍、大小象傳

象曰：風行天上，小畜，君子以懿文德。

巽風在乾天之上，表示風教猶未普被於天下，君子應取法以〈小畜〉卦象，而作有關於文德上之準備，諸如確立各種典章制度是也，故曰：「風行天上，小畜，君子以懿文德。」

初九象曰：復自道，其義吉也。

〈小畜〉畜陽，自初息起，初爲發端之軌道，那有什麼咎病？故曰：「其義吉也。」

九二象曰：牽復在中，亦不自失也。

初既復，二則牽連而復，又兼居中應五，故曰：「亦不自失也。」

九三象曰：夫妻反目，不能正室也。

九三以剛居剛，過於剛猛，非四陰之力所能畜，猶之「夫妻反目」，故曰：「不能正室也。」

六四象曰：有孚惕出，上合志也。

四承在上之五，初又往應在上之四，彼此之間，情極融洽，故曰：「上合志也。」

九五象曰：有孚攣如，不獨富也。

五得四之近鄰，而陰陽諧和，以化生萬物，故曰：「不獨富也。」

上九象曰：既雨既處，德積載也。君子征凶，有所疑也。

陽既畜極發洩而爲雨，又因發洩太過而伏處，其勢以衰，須謀聚積，故曰：「德積載也。」畜至上既雨，上則變坎爲疑，故曰：「有所疑也。」

附：筆跡

壹、總說

概念一

　　畜者，蓄積也，蓄積之標的在於陽，因為陽富陰不富，地產生萬物，是陽的動能，國家之富強是基於培養的人才和精神智慧技術等等。在卦就是蓄積的是在內的三陽乾體，但在內乾體之陽的卦，並不只是〈小畜〉，如〈大壯〉、〈夬〉、〈需〉，內體都是乾卦，可是這些卦，其內體之乾，是向上運行，並不是蓄積的狀態。在蓄積狀態中，只有〈小畜〉卦和〈大畜〉卦：〈小畜〉卦外體是巽，巽為入，是將外在陽，收入在內，所以為畜；〈大畜〉卦外體是艮，艮為止，將乾體三停止在裡面，所以為畜。巽入所畜較艮止所畜為少，故一稱〈小畜〉，一稱〈大畜〉。〈小畜〉陰居四，其力小，〈大畜〉陰升於五，其力大。如〈大有〉陰亦升五，而不稱畜，內體乾陽因外體離火而更向上發展，只能稱為〈大有〉而非畜也。

　　為什麼巽與乾合成〈小畜〉？按震為出，巽為入，陽在震而從內向外發出，陽突重陰而出也；陽在巽而從外向內收入，陽隨盛陰而入也。地內之陽，如只出不入，則有時而渴，可是巽風雖能將陽收入，而巽風有氣無盾，屬於疏散性能，所能收入者有限，且有時間性，還不如〈大畜〉之艮止，經常的穩定，乾陽在內，所以稱之為〈小畜〉，〈小畜〉者對〈大畜〉而言也。

　　有謂〈小畜〉以陰畜陽，陰小陽大，故有〈小畜〉，實則以陰畜陽，不僅〈小畜〉，〈大畜〉亦然。畜之稱小者，以四陰構成外體

之巽，由於巽之入而畜陽；畜之大者，以陰升五，構成外體之艮，由於艮止而畜。巽爲風飄蕩不定，而有時間性，故所畜者小；艮爲山，永遠穩定不移，故所富者大。又因〈小畜〉以四陰爲主，〈大有〉以五陰爲主，〈坤〉五「黃裳元吉」，陰已充實，故五陽皆爲其所有，陽大故稱大畜；〈坤〉四「括囊」，陽猶不感，故所畜者小而爲〈小畜〉。四雖非君位，但成巽而風教已播於天上，而在下者廣被其澤矣，如文王在西岐爲侯，即已三分天下有其二矣。

卦序－佈卦的次序

此以九五一陽，籠罩群陰，其陽之發揮作用太過，故在〈比〉後對於陽剛動能必求所以補充，猶之人用精神能力，消耗太過，必繼之一段靜養。〈小畜〉即在此種情況之下，應運而生，而將乾陽畜之於內也。以國家社會而言，經過比之結合，其蕃廣不待言矣，既經蕃庶，則必謀養之充裕，所以〈比〉後繼之〈小畜〉。

卦體－成卦的體例

〈小畜〉巽在上，乾在下，乾有陽剛之氣，而巽爲入爲伏，即陽剛之氣入於巽體之內而伏之不動，陽剛之氣性本善動，卻伏於巽體之內而不動，是即蓄積也。陽有陰畜，含蘊不發，而未及於外，語乎「含」，如曾國藩所謂「勁氣內斂」，令精神內養充實，而猶未至於發揮之時。〈小畜〉者即此階段之境界，又卦以六四一陰爲主，坤入於乾也，四承五而應初，內卦三陽連體，皆隨和往而應四，是上下諸陽，多爲所畜。〈說卦〉曰「坤以藏之」，諸陽藏於一陰，是即〈小畜〉也。（其所以能畜者因坤以藏之也。）

卦義—立卦的意義

欲有所爲，則必先有所畜，物理如此，人也亦然，但如何而畜？〈小畜〉之道，即最重要之途徑也。〈小畜〉以四陰爲畜主，四在坤爲括囊，其陰猶未旺盛，易例：「陰爲體，陽爲能。」意思是陽體雖猶未壯，即須蓄積陽，蓋可以藉畜陽而增進陽體，如得陰體之後，方才從事畜陽，爲時已晚矣。固然陽體未壯，其畜陽之力量較弱，而所畜者小，但不能因其力弱而畜小，即廢而不畜也。須知畜少爲多，積小爲大，既云蓄積，便應一點一滴以求之。一般人不明此義，遲延等待，總以爲要待發展到相當程度，才來蓄積，可是時光不再，已經來不及了。國家在發展經濟建設時，便應即時注意文化道德以及智慧人才的培養，否則便淪於由物欲而動亂的窘境。

貳、彖辭（即卦辭）

〈小畜〉：亨。

二隨和而爲所畜，三與陽二連體，自亦爲畜；上應三隨三而畜，四承五有孚而畜；四爲應初，初爲其所畜；二比初三，當亦爲其所畜；四承五而有孚，五則爲其所畜，是上下諸陽，皆爲四畜，故「小畜，亨」。〈小畜〉通〈豫〉，「雷出地奮豫」，畜之既久則雷出地而亨也。如人勁氣內顯之後，非僅僅止於內斂而已，內斂至相當程度，則必有所作爲，又如人在修養時，修養得精神飽滿，則必躍躍欲動。此〈小畜〉之所以亨也，蓋名〈小畜〉，則所畜乃不計其小，江河之大，不棄涓滴之流，久而久之，必須爲汪洋大澤而興風作浪矣。（〈小畜〉以一陰爲主，其情頗專，故群陽皆爲所畜而上下應

之。）

密雲不雨。

虞翻謂〈小畜〉息自〈需〉，〈需〉息至上成〈小畜〉，外坎變巽，有半坎象，而非雨矣，故「密雲不雨」[2]。按巽、坎同源，皆成自少陽，所謂「山雨欲來風滿樓」，雨之前常有風，風之後常有雨，〈需〉息〈小畜〉，便密雲不雨矣。密雲之密，取象中爻互體兌，兌為細密，密雲未能為雨也。（水之構成要陰多陽少。）蓋〈小畜〉通〈豫〉，四體坎，坎為雲為雨，〈豫〉息〈小畜〉，陰雖得位，坎象不見，艮互離為日，在乾天之上，故有密雲不雨之象。義為〈小畜〉猶在綢繆，蓄積之中，尚未見之於行也。（密者畜而不散，一義也，畜而未極，二義也。）

自我西郊。

小畜內體乾為郊，中爻互兌為西，通〈豫〉伏坤，坤為自為我，故曰「自我西郊」。言密雲緊布來自於西郊，但雲而不雨，息澤而未施行也。歷來治昌者，皆以此為文王自況之辭，文王時猶諸侯，即四陰之臣位，所播之教化，僅布於西岐，而未兼施於天下也。但已三分天下有其二，而能蓄積乾陽，從另一角度看，西方收斂，東方揮發，荀慈明曰：「體兌位秋，時當收斂。」言密雲布在西郊，仍須收斂以符小畜之義，既之畜之由小，即不敢輕言揮發，蓋未及東方，不

2　虞翻曰：「密，小也，兌為密。〈需〉坎升天為雲，墜地稱雨。上變為陽，坎象半見，故『密雲不雨，尚往也』。」（清·李道平《周易集解纂疏》）

可洩之於外也。

參、爻辭

初九：復自道，何其咎？吉。

〈小畜〉通〈豫〉，〈豫〉四之初成〈復〉；〈復〉震爲大塗，大塗即道，〈豫〉，坤爲自，故曰「復自道」。「復自道」意即畜以陰息陽，必有其一定之軌道，而息陽之過程，又必先自初陽息起，初乃必經之道，故曰「復自道」。復即息也，例如人之吸收知識，是一點一滴以達於成，知識是屬於陽，此正符合〈小畜〉卦象，但吸收知識，必須先從文字入手，有了文字，才可以吸收各種典籍上知識，學文字是吸收知識入手的功夫，就是〈小畜〉初爻的「復自道」，這當然無毛病可言，故曰「何其咎」，而斷之以「吉」。「何其咎」一辭，是據〈復〉卦「出入无疾，朋來无咎」之義，〈小畜〉通〈豫〉，息初必有〈豫〉象，故曰「何其咎」。按復卦之陰，只初爻一陽，息則成兌，兌爲朋，是「朋來无咎」，陽向上息，何咎之有？故此爻曰「何其咎」，言陽經初而上息，乃正常發展之軌道，故曰「吉」。

九二：牽復，吉。

外體巽爲繩，通〈豫〉伏艮爲手，以手持繩，有牽引之象。所謂「牽復」，是說二與初陽並進之義也。蓋〈小畜〉通〈豫〉，〈豫〉四之初成〈復〉，〈豫〉息〈小畜〉，必先自初息起，成〈復〉以後，再息成〈臨〉，卦中之爻，皆有連帶作用；息初成〈復〉，則二

必隨之而息，故曰「牽復」。牽復之吉，因與初陽並進，初陽「復自道」而吉，二隨初，當亦不失其應遵循之軌道，所以〈小象〉說「亦不自失也」。如人吸收知識，其基礎知識已經奠定，自能進一步擴展其知識領域，因此種而領略到他種，是即「牽復」，這當然是吉。

九三：輿說輻，夫妻反目。

〈小畜〉通〈豫〉，〈豫〉坤有輿象，〈豫〉坎亦有輿象，《說文》：「輻，車軸縛也。」《詩‧小雅》注：「輻，謂車輪中木之直指者。」往年「說」字亦作「脫」解，三互兌為毀折，脫輻之象也。又〈豫〉息成〈小畜〉，坤輿不見矣。〈豫〉震為夫；〈小畜〉巽為妻，離為目，巽為白眼，夫妻共在四，有反目之象，此其義也。按三居乾上，夫也；四為巽，主妻也，乾上之三，其陽已壯，巽下之四，其陰已盛，但壯夫居內，而盛妻居外，夫寄內而妻出外，不能正室而反目。這兩種比喻，都在說明〈小畜〉畜陽至九三，其陽已過於剛猛，有向外發展之勢，四陰不能再畜之於內，此如人在休養，精神過旺時，躍躍欲動，不能再安於休養矣。

六四：有孚，血去惕出，无咎。

「惕出」者超出於坎陷之憂慮，言四已出於坎陷矣。坎陷為由陰抑制陽，乾陽淪陷而不能自拔，如軍中文藝運動，其實軍中應做生活技能運動。

九五：有孚攣如，富以其鄰。

　　陽由陰之靜養而得飽滿豐隆，故畜以其鄰，言五得四之畜養也。世人只知運動而不知運靜，身好靜須動，心好動須靜。

上九：既雨既處，尚德載，婦貞厲，月幾望，君子征凶。

　　〈小畜〉以陰畜陽，但至上「既雨既處」，則陽散而陰轉盛，則即應有警覺，陰復盛了，如循此前進必凶，故物質文明到了相當程度，就應該防止陽之耗散。

肆、象傳

　　（從缺）

伍、大小象傳

　　（從缺）

第十卦

履卦

周鼎珩講　陳永銓記錄

履

兌乾
下上

—— 此係〈艮〉宮五世卦，消息六月，旁通〈謙〉，反對〈小畜〉。

壹、總說

佈卦的次序

　　「履」就是通常所說的踐履，也就是行進的意思，《爾雅‧釋言》：「履，禮也。」《釋名‧釋衣服》：「履，飾足所以爲禮也。」踐履有踐履上必須遵守之規則，而禮就是規則，故以「禮」訓「履」。凡所踐履，必須合乎禮的規則，如吃飯、飲水，是極其平常的踐履，但吃飯、飲水是要一口一口吃下去，有一定層次，而不是一碗飯一碗水，一口吞下去。像吃飯、飲水這種平常的踐履，如果失去正常的規則，尚有可能導致疾病，何況其他比較重要的踐履，當然危

險的成分更多，若不遵守行進的規則，將招致無窮的禍患。那麼，怎樣才算是有規則的踐履呢？在人類周遭現象中，最標準的踐履，莫如地球繞日之運行，地球運行的規則有下列四端：其一爲永恆不息，其二爲在一定之軌道上從不越軌，其三爲不疾不徐，其四爲默默不語，因爲地球具備這四種德行，才能夠化育萬物。同樣的，人類社會一切的踐履，也得要有應該遵守的規則，以作生活之軌道。至於人類社會的踐履，又該遵守那些規則呢？老子曰：「人法地。」這就是告誡我們，人類社會的踐履，應該效法地球的運行，才能獲得踐履上的成就。我們不論做什麼事，首先要確定目標，把握向前行進的方向。其次，要徹頭徹尾去實踐，不能半途而廢。再次，行進的步履要平穩，不可隨興之所至而作爲，興致來時，蠻幹一番，興致退了，又撒手不管。最後，要以行爲事實代替言語宣傳，子曰：「天何言哉？四時行焉，百物生焉，天何言哉？」（《論語·陽貨》）又曰：「吉人之辭寡，躁人之辭多。」（〈繫辭下〉）意即在此。

　　〈履〉旁通〈謙〉，〈繫辭下傳〉曰：「〈履〉以和行，〈謙〉以制禮。」踐之於行斯謂履，行有所據斯謂禮，履與謙，一表一裡，彼此間的關係非常密切，「履，禮也」。而禮之基礎在於謙，履須遵守禮制之規則，但禮制上的規則，又必須以謙爲準據。試觀〈履〉卦之卦辭與爻辭，多取象於旁通之〈謙〉卦，這不就是在啓示我們，行爲的過程中，必須持以謙虛和融的態度，這也是我們學習〈履〉卦所必須具備的基本認識。

　　〈小畜〉是以陰畜陽，陽畜得飽滿了，自然要向外發揮，譬如人在靜養一段期間之後，精神充沛了，便想有所作爲，就卦氣而論，即由內斂之狀態轉變而爲外縱的狀態，於是畜變成〈履〉，〈履〉即代

表一切向前行進的現象。再就人事而言，無論是個人，或者是國家，當其畜養之道完成，便由畜極而富有，既經富有，必須節之以禮，否則可能因為富有而驕縱失常，小則影響個人之安危，大則影響國家之存亡，《論語・子路》云：「（冉有）曰：『既富矣，又何加焉？』（子）曰：『教之。』」「教」是教的什麼？無非教之以踐履上的規則，所謂「禮教」是也，諸凡人事現象，有禮則安而存，無禮則危而亡，故人民畜養既定，必教之以禮，使在踐履上知有規則可循焉，不然，將如孟子所云：「飽食、暖衣、逸居而無教，則近於禽獸。」（《孟子・滕文公上》）蓋「倉廩實則知禮節；衣食足則知榮辱。」（《管子・牧民》）畜養豐富，必繼之以禮，而「履，禮也」，故〈序卦傳〉曰：「物畜然後有禮，故受之以〈履〉。」復按《釋名・釋言語》：「禮，體也，得其事體也。」伊川先生因之而謂：「夫物之聚，則有大小之別、高下之等、美惡之分，是物畜然後有禮，〈履〉所以繼畜也。」（《易程傳》）若再從另一觀點來看，當畜養之時，惟內懿文德，以養其心，外設禮文，以制其宜，此禮所以繼畜也，故〈履〉卦佈在〈小畜〉之後。

成卦的體例

既然禮是規則，在其他的各卦中，似乎也應該有規則，為什麼獨於〈履〉卦而提出禮呢？這就因為〈履〉以乾、兌成卦，乾、兌在後天卦位上居於西方，西方為金，金主義，而中爻二、三、四互離，三、四、五互巽，離、巽在後天卦位上居於南方，南方屬火，火主禮，外雖乾、兌之義，內則離、巽之禮，孟子曰：「夫義，路也；禮，門也。惟君子能由是路，出入是門也。」（《孟子・萬章下》）

人類行爲，在外貌上固應以義爲依歸，然究其實質，卻是禮之踐履，尤其義所以成禮，而履又以禮爲行，故履之內在，所包含的就是個禮。履如失去了禮，而無遵守的規則，彼此之間，必至發生爭奪，而禍亂以起。《虞氏易》以〈訟〉初之正，息兌成〈履〉，反之，〈履〉初失正，即變坎成〈訟〉。所謂失正，就是不正常而失去了禮的規則，可見履而無禮，便由於不正常以致爭奪成訟，禮之於履，是何等重要！所以說「履，禮也」。

　　〈履〉與〈謙〉通，〈謙〉三之初，內體變震，震足爲行，行至二，息成〈臨〉，行至四，息成〈歸妹〉，行至五，息成〈兌〉，最後，行息至上而〈履〉道以成，是卦氣自初至上，一直的向前行進。「履」訓爲「行」，故即稱之爲〈履〉卦，究其卦之由來，完全基於〈謙〉，坤息乾，乾性剛，坤性柔，而爲以柔履剛之象。〈謙〉變〈履〉，便構成一陰五陽之體，三陽環之於前，二陽陳之於後，只有一個〈坤〉三的陰爻入於乾陽之內，坤交於乾，亦有以柔履剛之象；而〈履〉之卦體，外乾、內兌，乾爲剛健，兌爲陰柔，卦氣運行，由內而外，亦以柔履剛也。「以柔履剛」的意思，是說踐履有踐履的環境，環境不能遷就我們的踐履，而要我們以踐履來協調環境，例如我們經營任何一種企業，必須配合市場情形，甚至委屈求全，以取得社會的融洽，這種企業才可以發展，否則，只憑自己生硬的作法，不顧外在的環境，那沒有個不失敗的道理。就自然現象而言，如春雷發動，一切花木皆隨之生長，春雷爲陽剛之氣，花木爲陰柔之體，花木隨著春雷發動而生長，就是以柔履剛的實例。

　　凡屬踐履上應該遵守的規則，具見於卦辭與爻辭，這裡僅能就卦體有關者，再作分析：〈履〉是外體乾，乾爲天，內體兌，兌爲

澤。天則可望不可及，天在〈履〉而居於外，所以表示高且遠；澤低於地，澤在〈履〉而居於內，所以表示卑且近。任何踐履，如以先後言，登高必自卑，行遠必自邇；如以本末言，由內以及外，由己以及人，故卦體以天澤成〈履〉，只因乾之性能剛健，兌之性能和悅，義即於剛健之中，尚含有和悅之情。良以徒剛健則過於嚴肅，而不能融洽環境，徒和悅則淪於狎玩，而不能順利進展，必須寓和悅於剛健之中，亦剛健，亦和悅，剛而不猛，和而不流，才合乎理想的踐履標準。相傳周公制禮作樂而天下大治，為什麼周公要制禮作樂呢？這得先要了解禮樂之涵義，禮為人類行為之規範，樂為五聲八音之總名，制禮旨在約束人心，使不越軌妄行，以維社會秩序，但如《禮記‧曲禮上》「坐如尸，立如齊」的要求，未免太嚴肅了，長久下去，將使生活顯得刻板而枯燥，讓人產生反感，所以必須配之以樂，作樂旨在使嚴肅的生活暫時得以鬆弛，藉著音樂增添生活情趣。禮是剛性的，樂是柔性的，周公制禮作樂，是要在剛性的統治之下，隨之以柔性的調和，這是取法〈履〉卦以柔履剛之體象。若以家庭來說，則嚴父代表的是禮，慈母代表的是樂，在嚴肅的父教之下，還得要有慈母的呵護，如此一柔一剛，交互為用，才能培育優秀的兒女，進而造就成一禮樂之邦。

或問：〈履〉與〈小畜〉，所不同的只是三、四兩爻的位置而已，何以一則就為「畜」，一則就為「履」呢？解答這個問題，應從兩卦的卦體比照來看：〈小畜〉所畜的，固然在畜乾陽；〈履〉之所以成履，也是本著乾陽的動能，但〈小畜〉的三陽乾體，還是伏居於內，〈履〉卦的三陽乾體，則已升居於外。乾陽居內，無非初之「潛」，二之「見」，乃至三之「惕」，其陽並未成熟，仍須培養而

畜。乾陽居外，便大異其趣，不是四之「躍」，即爲五之「飛」，即爲上之「亢」，其陽何止乎成熟，且已由飽滿豐隆而達到奔放鼓舞的程度，勢必發揮以成履。如人在陽剛之氣不足的時候，四肢乏力，步履闌珊，就非加以培養不可。等到陽剛之氣培養充足的時候，全身都是活力，那就自然而然的見之於行動，而有所作爲。這種情形，可以看作〈履〉與〈小畜〉彼此反對的意境。

立卦的意義

宇宙萬有莫不賦有生命，而生命之具體表現就是向前行進，萬物在向前行進的過程中，必然有互相接觸結聚的時候。試想，天地萬物，種類多麼繁雜，然而，在其生命的歷程中，彼此之間卻能夠共存而不相害，何以故？這是因爲萬物各自有它向前行進的規則，例如，宇宙間之星球多如恆河沙數，但因各有運行之軌道，所以沒有互撞之虞；都市裡的車輛多如過江之鯽，若能遵守交通規則，也會顯得井然有序。〈履〉卦就是代表一切行進的現象，並從這些行進的現象當中，指出應該遵守的法則。卦辭裡的「履虎尾」，就是向前行進的重要法則，所謂「履虎尾」，就是「以柔履剛」。以柔履剛的意義，前面曾有說明，凡有踐履，都有踐履上的環境，環境的構成，複雜分歧，不一定和我們踐履是相融洽的。假使不相融洽，那環境不能遷就我們，是要我們適應環境，而曲與成全。除此而外，以柔履剛還有另一層意義，我們既經發動一種行爲，內在當然有個中心主宰，中心主宰是不能變更的。不過，要達成這個中心主宰，是要拿謙和的態度與作法，中心主宰不變是剛方不過的，在踐履的態度上，就不能也是剛方的作法，而應出之以謙和的態度，以圓融的作法來達成剛方的心

志，就是所謂的「內方外圓」，亦即是以柔履剛。

　　我們從〈履〉卦的卦辭裡，可以體會到「履道貴柔」的意境，若再證之爻辭，則意義更加明顯。〈履〉卦六爻皆以柔履剛爲吉，二、四、上參爻皆位柔而爻剛，此乃以柔履剛之象也，故九二爲「履道坦坦，幽人貞吉」，九四爲「愬愬，終吉」，上九爲「其旋，元吉」。初、三、五參爻則不然，六三爻辭本善，終以履剛爲「凶」，初九、九五所履皆正，然初僅能「无咎」，而五不免於「厲」，皆居剛位也。這裡要附帶說明的，以柔履剛的「柔」，照字面解釋，是柔和，是柔順，可是柔和並非巧言佞色，是和其情，柔順並非卑躬屈節，是順其勢。所謂「和其情」，是將所做的事業，弄得很和諧；所謂「順其勢」，是將所處的環境，弄得很順利。我們在行進的過程中，難免不遭遇到一些很剛勁與很生硬的現象，遭遇到這些現象，只有拿一個柔字來運用，才能夠無往而不利。

貳、彖辭（即卦辭）

履虎尾，不咥人，亨。

　　關於「履虎尾」一辭之取象，眾說紛紜，莫衷一是。《虞氏易》以爲「〈謙〉坤爲虎，艮爲尾，乾爲人，乾兌乘〈謙〉，震足蹈艮，故履虎尾。」而郭璞《易洞林》則認爲「白虎西起」，注云：「兌爲白虎，白虎，西方宿，兌正西，故象虎；〈坤〉三之〈乾〉，以柔履剛，故名履；兌爲虎，初爲尾，四陰位應初陽位，故履虎尾。」程、朱另據以柔履剛之義，解作以兌履乾，而以乾剛爲虎。程頤《易程傳》曰：「履，人所履之道也。天在上而澤處下，以柔履藉

於剛，上下各得其義，事之至順，理之至當也。人之履行如此，雖履至危之地，亦无所害，故履虎尾而不見咥噬，所以能亨也。」朱熹《周易本義》曰：「履，有所躡而進之義也。以兌遇乾，和說以躡剛強之後，有履虎尾而不見傷之象，故其卦爲履。」等而下之，甚或有以中爻互離爲虎，謂三履二爲「履虎尾」。析而言之，虞氏以乾兌乘〈謙〉，震足蹈艮，頗得古象，惟以坤爲虎，於象欠妥。郭璞以兌爲虎，固亦有其見地，惜語焉不詳，未盡其義。至於程傳、朱義，因見乾性剛健，遂謂乾爲虎，但虎爲兇猛之獸，而剛健並非兇猛，此不特於象不合，於義亦不妥。他如以離爲虎，完全出於臆說，不足置議。然則虎之爲象，究何所本？此應求之於卦體的源頭，〈履〉通〈謙〉，〈謙〉內體艮變震，震爲足爲行，是即虞氏所謂「震足蹈艮」。〈說卦傳〉曰：「艮爲黔喙之屬。」《九家》逸象則以艮爲虎，而《焦氏易林》言虎之處極多，率皆指艮爲虎。蓋震足蹈艮，先自初起，初於卦體爲尾，豈不就是「履虎尾」之象？如以旁通之〈謙〉卦來說，〈謙〉三至五互震，震足下乘艮，艮初、二兩個陰爻象四腳，而一陽在後象尾，亦有「履虎尾」之象。再證之〈頤〉卦六四與〈革〉卦九五，其象更顯。〈頤〉四曰「虎視」，〈頤〉爲大離，離目爲視，四居艮，艮爲虎，四應初，四變亦體離互艮，故言「虎視」。〈革〉五曰「虎變」，革就是變，〈革〉五居兌，兌伏艮爲虎，五應二，五變亦互兌伏艮，故言「虎變」。綜上所述，虎象爲艮，當無疑義。郭璞以兌爲虎，或許也是基於兌體所伏之艮象。

　　諸凡踐履，無分巨細，在行進的過程中，都難免有些危險的成分，吃飯、飲水，是極其平常的生活節目，稍不謹愼，也會導致疾病，何況較爲重大的踐履，其危險的成分，更不待言。〈履〉卦稱

虎，是因虎最兇猛，遇之者便爲所傷，故即用虎以表示踐履上的危險。但虎之所以傷人，在於虎口，虎尾並非傷人之所在，虎口生於虎之頭部，而與虎尾居於相反之地位，果能沿虎尾而行進，則可以避虎口之險，而不至於遭受傷害。由此可見，〈履〉之所以必須經虎尾，是爲了因勢利導，化險爲夷。例如防洪治水，不論水患如何洶湧，只要針對水患來源的地方著手，力求疏導，則水勢分散，而水患自平，這便是「履虎尾」。相反的，一遇水患，即迎水頭而加以堵塞，水無出路，勢必泛濫成災，不僅水患難平，反而遭受更多的傷害，這不是履虎尾，而是履虎口。談到防洪治水，就會聯想到長江、黃河，長江流域多湖泊，成果樹形；黃河流域多支流，成樹枝形，這些自然形成的湖泊與支流，具有調節水流，幫助洩洪的功能，若能經常維護湖泊、疏導支流，則能免除水患。而今中共卻反其道而行，爲了增加耕地，盲目填土，致使長江兩岸湖泊的面積日漸縮小；爲了灌漑黃土高原，竟計畫將黃河改道，這樣破壞自然環境，是造成大陸近年來水患頻仍的主因。又如國家發生動亂，不能夠光用軍警鎮壓，要找出動亂的根源，予以消除，才能敉平動亂。同樣的，頭部發燒，也不能夠先用冰袋來退燒，因爲兩極相搏，易致危險，應找出病因，對症下藥。以上的例子，都足以說明「履虎尾」乃正本清源之道。

　　「不咥人」之「咥」，應訓爲「齧」，用通常的口語講，就是咬傷了。〈履〉卦內體兌，兌爲口，兌伏艮，艮爲虎，是爲虎口而有「咥」象。但兌口在三，三與上爲正應，上居外體乾，乾爲人，而兌又爲和悅，〈彖傳〉說過：「悅而應乎乾。」悅而相應，當然就不至於「咥」。「不咥人」這一句的語氣是緊接著上一句的「履虎尾」，因爲避免危險的虎口，而選擇安全的虎尾，以達成悅而相應的

目標，於是獲致「不咥人」的結果。既經「不咥人」，即無踐履上的阻礙，尤其三陽連成乾體，已發展而居於外，氣勢蓬勃，自當增強踐履力量，故能通暢而「亨」。蓋凡所踐履，貴在因勢利導，不僅化險為夷，抑且事半功倍，是以「履虎尾」，即為孔子提示的「與時偕行」（〈乾・文言〉）之義。至於「亨」字之取象，據〈乾〉卦〈文言〉：「亨者嘉之會也，嘉會足以合禮。」「履者，禮也」，故履有「亨」象。

參、爻辭

初九：素履往，无咎。

虞翻曰：「應在巽為白，故素履。四失位，變往得正，故往无咎。」虞氏之義完全基於消息。蓋初之應位為四，四互巽，初居兌，亦反巽，巽為白，內體兌居西，西方屬金而金色白，白色稱素，初以應而履於四，故曰「素履」。按易例：由外而內謂之來，由內而外謂之往。初在內，四在外，初去應四，故曰「往」。四以陽居陰，失位不正，由於初往，變而得正，故曰「无咎」。以意而言之，「素」是指的本來的性分，不雜外物，乾乾淨淨，好像一張白紙，毫無汙染，純潔之至；「素履」就是以這種本來的性分去踐履，近似乎《中庸》裡所講的「君子素其位而行，不願乎其外」。往之為言，上進也，履即行進之義，因履道惡華，華則不實，而履道斯虧。又以履者禮也，禮以質為本，假使不務本質，專尚浮華，或裝點粉飾，或炫耀誇張，縱能徼幸取巧於一時，最後也是失敗，歷史上的事例很多，在在可以證明。而且，初居「潛龍」之位，龍德而隱者也，意即正當履道發端

之始，更須篤實踐履，猶之布衣之士，獨善其身而不失其正、不顯乎外，故无咎也。試觀自然現象，物在初生之時，氣質猶嫩，如內在虛花，失其本來的性分，便成長不了，很快的就會凋謝。譬如，初生之嬰兒或幼苗，只能維持自己的生長，沒有能力顧及其他，必須很平穩的向前行進，此所以「素履」而「往」，方可「无咎」。

九二：履道坦坦，幽人貞吉。

九二以陽居陰為失位，變而之正，則內體變成艮，二與五應，〈履〉通〈謙〉，〈謙〉五亦居震，震為足為行，「履」之象也；震又為大塗，大塗就是「道」。《說文》：「坦，寬也，平也。」坦坦，寬平之貌，大道寬平，故曰「履道坦坦」。「履道坦坦」，是說二已陽剛得中，可以坦途而行，沒有踐履上的困難了。按易例：九二居中，屬於坎爻。二與三、四互離伏坎，〈履〉通〈謙〉，〈謙〉中爻亦互坎，坎為隱伏幽暗，二為人位，而居坎內，是即「幽人」。二在〈履〉居兌，兌為少女，少女是待字閨中的處女，亦有「幽人」之象。又二居〈謙〉艮，〈艮〉卦辭曰：「艮其背，不獲其身，行其庭，不見其人。」亦「幽人」之象也。二因失位，之正方能應五而履，故曰「幽人貞吉」。《虞氏易》以坎為獄，謂二居坎為幽囚之人，其說與「履道坦坦」之語氣不合，故不採用。「貞」是正也，固也，「幽人貞吉」是說履以和為貴，不宜過於剛猛。而且，樸而惡華，不宜炫耀外飾，而以端正穩固之踐履為吉，九二以陽居陰而履，意即本身意志堅決不移，而在行進時，則以謙和之態度出處，兼之樸而不華，篤實行進，故言「貞吉」。

履道尚謙惡盈，尚素惡華，二以陽居陰，務在收斂而不鋪張，履

於謙也，故「履道坦坦」，居「幽」而「貞」，宜其「吉」也。所謂「幽」是承前爻之「素」而來，蓋二在〈履〉之未久，宜乎以「幽」自處而不必露之於外也，故「貞」而吉，「貞」即以正自守，而樸實踐履，不華於外，自可獲「吉」。本來，〈履〉之所以成履，在有陽之動能爲之主宰，就人而言，天生兩足爲舉步成行，完全基於內在的氣力支持，這種內在的氣力，就是陽的動能。初陽猶嫩，氣力不夠，如人在嬰兒時期，雖有兩足，不能舉步，僅憑本來性分的能量，以肆應生活上最小限度的行動，還屬於「素履」的階段。二陽卻正浸長，氣力增加，如人達成年，其所踐履的範圍，非復初陽之狹，而漸覺寬廣，已有坦坦之履道，但二雖陽長，究猶居於卦之內體，對外之涉歷尚淺，仍須持之以安詳幽靜，端正穩固，夫而後方能獲「吉」。蓋無隱伏的功夫，便不能成就顯達的事業，二爻尙屬內在發展時期，不能急於表現。

六三：眇能視，跛能履，履虎尾，咥人凶，武人爲于大君。

三互離，離爲目，離在內體兌卦之上，兌爲毀折，目毀折，故「眇」；三互巽，巽爲白眼，眼無瞳亦「眇」也。《焦氏易林》則用兌上半離之象，謂少一目爲「眇」；三與上應，上曰「視履」，是「眇能視」。三又互巽，巽爲股，巽亦在內體兌卦之上，兌爲毀折，股毀折故「跛」。〈履〉通〈謙〉，三在〈謙〉居坎互震，震爲足，又爲行，坎爲曳，足搖曳而行，亦爲「跛」象；三因與上應，往而之上，是「跛能履」。〈履〉乃多陽之卦，而三獨爲陰，「陽明陰暗」，三不自知其暗，強作聰明，雖然是「眇」，而猶以爲「能視」。再以凡所踐履，皆需要陽之動力支持，履若無陽，便缺乏動

能，難以成履，三本陰爻，氣質柔弱，徒以位居陽剛，**蠢蠢**思動，雖然是「跛」，而猶以為「能履」。

〈履〉通〈謙〉，三在〈謙〉居於內體艮，而為艮體最末之一爻，艮為虎，艮末為尾，有「虎尾」之象。〈謙〉三之初，變艮為震，震足蹈艮，至三則為「履虎尾」。〈謙〉息成〈履〉，則三居內體兌，又當兌口，躐乾之後，乾為人，三與上應，上為卦首，是為虎頭，而有「咥人」之象，「咥人」故「凶」。卦辭原為：「履虎尾，不咥人。」而此爻則曰：「履虎尾，咥人。」同為「履虎尾」，一則「不咥人」，一則「咥人」，其故為何？此蓋「不咥人」是就一卦而言，〈履〉之卦體是內兌而外乾，有以柔履剛之象，故能「不咥人」而「亨」。至於「咥人」，則專指六三一爻，這在經文原意，是承接上兩句而言，因為「眇」者無辨別之明，何以「能視」？「跛」者無行動之力，何以「能履」？六三以陰居陽，才不足以濟位，是以陰柔愚暗之質，既「跛」且「眇」，而妄越行事，竟蹈險塗，「履虎尾」而誤入虎口，以致遭受「咥人」之「凶」。

三互離，離為戈兵，為甲胄，三與上應，三、上皆失位，三之正則成乾，過於剛猛，乾為人，三又居人位，以人而披甲胄，持戈兵，是「武人」之象。按易例：爻位五為君，上為大君。如〈師〉卦上爻曰：「大君有命，開國承家。」即其一證。三與上應，兩情相通，則上之陽來之三，三之陰去之上，是三兼攝上之性能矣，而有「武人為于大君」之象。「為于大君」，非「大君」也，不過兼攝大君之性能而已，三為陰暗之「武人」，只能承命馳騁於疆場，以之攝政，則才不足以濟其任，而徒招致「咥人」之危險。

〈履〉不能離開陽，初為陽而「素履」，二為陽而「坦履」，

四爲陽而「愬履」，五爲陽而「夬履」，上爲陽而「視履」，凡此五陽，雖在程度上表現爲各種不同之履，然皆可以成履則一，只有六三非陽，故不能履，履則必凶。然而，〈履〉經初之「素」與二之「幽」兩階段，含蘊既久，難免不生放縱之意念，而有妄越之行，故至六三，以陰居陽，沒有踐履之才而居於踐履之位。猶如本「眇」也，而以爲「能視」；本「跛」也，而以爲「能履」，因遂招致「咥人」之「凶」，有如「武人」只具剛猛之勇，而無統治之才，以攝「大君」之政，爲有不敗之理？六三本陰柔無才，但居剛位而志在上，在人而言，如才具不夠而位居要津，才不當位，於是由自卑而變成自傲，越發要裝腔作勢，表現能幹，才智不足而決於有爲，以至誤入虎口而有「咥人」之「凶」。蓋爲「大君」者，必須上知天文，下知地理，而對社會民情皆能了然於胸，若「武人」者，雖知戰爭，不知其他，以之攝政，敗事有餘。或問：劉邦、朱元璋皆草莽英雄，所謂「武人」者也，何以能君臨天下？此乃擬之不倫，蓋彼等善任天下之人才，以他人之頭腦作爲自己的頭腦用，三與上應，任上之才也，即〈象傳〉「說而應乎乾」也，「武人爲于大君」者，如項羽剛愎自用，在鴻門宴中不聽范增之言去掉劉邦，才有自刎於烏江之下場。再如近代阿根廷軍人執政，國內政經情勢日趨惡劣，爲轉移人民之注意力，甘冒不韙，發動福克蘭島之戰，終以軍力不敵英國而投降，結果造成政局動盪不安，經濟也更陷入困境，此乃「武人爲于大君」之後果。

九四：履虎尾，愬愬終吉。

全卦僅三、四兩爻有「履虎尾」之辭，三因在〈謙〉居於艮

尾，正當虎尾，但由〈謙〉息〈履〉，又有兌口之象，故履之不當，則由虎尾而蹈虎口，招致「咥人」之「凶」。四則居於外卦之尾，相應之初爻，又爲一卦之尾，四非但接近九三，且介乎內、外之際而乘三，故有「履虎尾」之象。《子夏易傳》：「愬愬，恐懼之貌也。」〈繫辭下傳〉曰「三多凶」、「四多懼」，〈履〉通〈謙〉，四居〈謙〉震，〈震・象〉曰：「震來虩虩，恐致福也。」「虩虩」就是恐懼，故四爻有「愬愬」之象；四在〈謙〉又居坤，坤爲地，「地道无成而代有終」（〈坤・文言〉），「終」之象也。所謂「終」，有二種標準，一據爻位到終點而言，一據時間最後的結局而言，四爻之「終」，指的是時間終了，因爲四爻因勢利導，戒愼恐懼，以此「履虎尾」，「終」能獲「吉」。凡人從事一樣工作，即使環境已摸清楚，能力也已足夠，遇到重要的行進，還是要戒愼恐懼以行之，才不至因疏忽錯誤而失敗。「愬愬終吉」就是震象「恐致福也」之義。

　　〈履〉之行進在乎陽，三以陰柔之質而居陽剛之位，強不知以爲知，強不能以爲能。四則不然，四本陽剛而居陰柔之位，這就表示有向前行進的能力而收斂不發，不敢妄越，是以三「凶」而四「吉」，四之本質，乃「或躍在淵」之陽，動能旺盛，且已躍居外體，可以履險如夷而進入高明之境地。惟以陽爻居陰位，雖抱大有可爲之才，仍持戒愼恐懼之心，不敢輕舉妄動，所以「履虎尾」，而「終」能獲「吉」。蓋凡人之行踐，有所差錯，皆由於疏忽失檢，如能臨深履薄，戒愼恐懼，即不至於疏忽失檢而免於差錯，所以「終」能獲「吉」。要之，人之習性，每到行踐中途，以爲過去行之既久，都沒有什麼錯誤，於是內心裡漸生妄越之情，總覺得自己很行，因遂疏於檢點，舉凡行踐上失敗皆坐於此，故於三爻示之以「眇」、「跛」，

四爻戒之以「愬愬」。

九五：夬履，貞厲。

從卦變的角度來看，凡一陰五陽之卦，皆自〈夬〉、〈姤〉
來。〈履〉與〈夬〉為兩易卦，〈履〉如內外卦體易位則成〈夬〉，
再以三與上應，〈履〉三之上亦成〈夬〉，五為〈夬〉主，故曰「夬
履」。〈夬〉卦〈彖傳〉曰：「夬，決也，剛決柔也。」即果斷敏
決而無猶豫之意。按易例：五為坎爻，《虞氏易》以三既之上，四
又變正，則五在坎中，坎為險難，是即「貞厲」之象。「貞厲」二
字，《九家易》及虞、鄭各家，皆以「夬履」過剛，而釋為「履正思
危」。蓋「夬履」為果斷敏決之踐履，必須戒慎恐懼，不容有絲毫偏
差，其說雖是，但於經義猶有未盡之處。九五於乾，原即「飛龍在
天」，其動能已經充沛，故表現為果斷敏決之行，而〈履〉至九五，
又屆履道垂成之際，更應斬截了當，以竟其功。最忌的是滯緩不進，
便坐失機宜，是則九五之為「夬履」，乃理所當然，不應有何危厲。
〈彖傳〉「履帝位而不疚」一辭，即指九五而言，既云「不疚」，即
無所謂「厲」。尤其五與二應，二則「坦坦」，其履也寬平，五則
「夬履」，其履也果斷，寬平之履，「正（貞）」而得「吉」，果斷
之履，「固（貞）」則必「危（厲）」，故二曰「貞吉」，五曰「貞
厲」。蓋「貞」字的涵義有二：「正也」、「固也」，「正」是端
正，或是正確；「固」是穩固，或是固結。九二在內，涉歷尚淺，
其踐履自應亦「正」亦「固」；九五則已在外，且居尊位，而於時
機上又當緊要之關頭，除須行之以「正」，尤須特別注意的是戒之勿
「固」，「固」則滯緩不進，有害其成。〈履〉至九五，已有〈夬〉

體之象，在此階段之行進，必須果斷敏捷而不可猶豫。蓋五爲〈乾〉卦之主，有剛健之德，且履道將成，如固滯著而不敏於行，則危厲至，故曰「夬履，貞厲」。例如賽跑，在前半節，當然要保持平衡的速度，以維護體力，可是到了後半節決定勝負的時候，那就要支付全部體力，以加快速度，才能夠獲勝。再如行車，開始時必須穩，那是二之「坦坦」，行車已熟必須快，那是五之「夬履」，如行車上坡，稍有猶豫，則車將逆退而陷險境。踐履的過程，並非從頭到尾部都慢條斯理，在快接近目標時，便不能再遲疑，應該快馬加鞭作最後衝刺，如「貞」而固結，則有背乎「夬履」之本旨，結果必然是功虧一簣，所以繼「夬履」一辭之後，繫之曰「貞厲」。

上九：視履考祥，其旋元吉。

上與三應，三互離，離目爲視，上取應爻之象，故曰「視履」。三之上，爲三窺上，上之三，爲上視三，兩皆「視」也。「考祥」的「考」是稽考，《詩·大雅·文王有聲》：「考卜維王。」《毛傳》：「考，猶稽也。」「祥」是善的意思，《說文解字》：「祥，福也，一云善。」〈履〉上居乾，乾爲積善，「善」之象也，「祥」又作妖祥解，《漢書·五行志》：「妖孽自外來謂之祥。」要之，「祥」有吉、凶兩面的涵義，《中庸》：「必有禎祥」，吉祥也；「必有妖孽」，凶祥也。「考祥」就是稽考所履是吉還是凶，是承接「視履」二字而言，其取象也是本著應爻的離目。有一本「祥」作「詳」，謂「考祥」爲稽考詳審，據文索義，亦可爲訓。因「祥」字有訓爲「善」，有訓爲「審」，解說不同，斷句亦異，訓爲善，則視「考祥」爲句；訓爲審，則「考祥其旋」爲句。《大戴禮記·四

代》曰：「天道以視，地道以履，人道以稽。」所謂「人與天地相
參」也，視人所履以降祥。

　　「旋」，反也，《虞氏易》以三、上易位為「旋」，因三、上皆
失位不正，易位則皆得正，故曰「其旋元吉」。但論及成卦的情形，
即不僅三、上易位可盡其義，〈履〉由〈謙〉坤息乾，其間歷程，必
須經過自初至上的運行，而變〈履〉以後，則構成內兌、外乾的體
象，乾兌在先天卦位居於東南，在後天卦位居於西北，從先天的東
南，到後天的西北，便是一種旋轉（見附圖），所以「旋」是指成卦
的運行和卦位的旋轉。其次，就辭意來說，旋分周旋與折旋，周旋圓
而中規，折旋方而中矩，方圓者，禮之旨也，圓而中規，方而中矩，
才能算是合乎禮度，合乎禮度，自可獲致「元吉」。

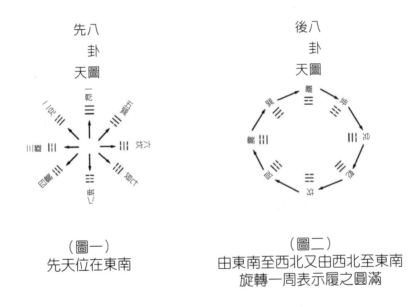

（圖一）
先天位在東南

（圖二）
由東南至西北又由西北至東南
旋轉一周表示履之圓滿

　　〈履〉至上九，為〈履〉之終，所履如何？應有檢視之必要，故

曰「視履」。其檢視之道，又應稽考而詳審其周旋是否圓滿、折旋是
否方正，徒圓滿而未方正，不足語乎「旋」也，徒方正而未圓滿，亦
不足語乎「旋」也，必須圓滿而方正，合乎規矩之禮，而後「其旋」
斯備而「元吉」。即凡一種行踐到達終點，不能即認爲行踐終止，可
以無所事事矣，行進雖已終止，其行進是否合度，有無疏漏，實有
稽考詳審之必要，若周旋無虧，折旋無偏，斯稱「元吉」。或問：何
謂周旋？何謂折旋？析而言之，周旋爲始終在一個層面上運行，折旋
爲由此一層面運轉到另一層面，例如我們一直從事教育工作，就是周
旋，若轉而從政，就是折旋。

肆、象傳

**象曰：履，柔履剛也。說而應乎乾，是以履虎尾，不咥
人，亨。剛中正，履帝位而不疚，光明也。**

「履，柔履剛也。」是就整個卦體而言，〈履〉以〈坤〉三之
乾成卦，坤性柔、乾性剛，而〈履〉之卦體，又以乾剛居上，兌柔居
下，揆之卦氣運行，由下而上，是爲「以柔履剛」，這是從卦象上來
解釋。「以柔履剛」的意思是柔以剛而履，如人的身體屬於坤陰，
柔也，而精神意志屬於乾陽，剛也，身體必待精神意志指使而行動，
是即「柔履剛」也，柔之所履若不以剛，則成行屍走肉矣。推而及於
國家社會現象，柔之所履不以剛，就是政府約束不了人民，長官約束
不了部屬，老師約束不了學生，父母約束不了子女，整個呈現一片混
亂。茲再從自然現象補申其義，例如每年到了春雷震動的季節，草木
即隨之而發生，而成長，春雷爲陽剛之能，草木爲陰柔之質，草木在

春雷震動之中，得遂其成長，這便是「以柔履剛」。舉一反三，凡關於陰體之成長，藉陽能開化，都可以視爲「柔履剛」的境界。

「說而應乎乾，是以履虎尾，不咥人，亨。」是指六三而言，〈說卦傳〉曰：「說言乎兌。」「說」與悅通，〈履〉內體兌爲悅，兌三應上，上居乾，故爲「說而應乎乾」。〈履〉通〈謙〉，〈謙〉中爻互震，內體爲艮，震在艮上，爲震足蹈艮尾，是有「履虎尾」之象。〈履〉三居兌，兌爲口，外體乾，乾爲人，是有「咥人」之象。但因內體兌三與外體乾上相應，且係「說而應」，兌有和悅之情，乾有剛健之德，以和悅之情與剛健之德相應，則剛柔相濟而不至於發生牴觸，更不可能招至咥人之凶，故曰「不咥人」。所謂「悅而應」，是指六三與上九這兩爻陰、陽之間，配合得非常的融洽，息息相通，彼此呼應，如此踐履，絕不至有任何傷害發生。這就是說，在踐履的過程中，如遇有危險現象，須以和悅態度，因勢利導，避免危險的尖鋒，庶乎可以不至於發生傷害的情事，所以說「履虎尾，不咥人，亨」。例如，一個國家有一個國家的制度，假使這種制度，恰好最適應這個國家的需要，那就可以依照這種制度，而將這個國家治理的蒸蒸日上。反之，如制度與國家並不切合，甚至互相矛盾，偏偏割足適履，而以國家遷就制度，那當然說不上應，更談不上「說而應」，其結果，國家必定會遭受到制度的傷害。國家是實體的機構，而屬於陰，制度是智慧的結晶，而屬於陽，由此例證，可以看出陰、陽之間，如果情投意合的「說而應」，雖是「履虎尾」，亦能「不咥人」而「亨」。「亨」字在此是表示行得通的意思。

「剛中正，履帝位而不疚，光明也。」是指九五而言，五以陽剛居中得正，故曰「剛中正」。〈履〉息自〈謙〉，〈謙〉三居震，震足爲履，震又爲帝，九五居君位，亦爲帝，是有「履帝位」之

象。〈謙〉中爻互坎，五爲坎爻，坎爲心病，《詩經・小雅・采薇》云：「憂心孔疚。」心病就是「疚」，但〈謙〉息成〈履〉，坎象不存，已無心病，故曰「不疚」。中爻互離，離爲光明，外卦爲乾，易例：陽明陰暗，是則乾亦爲光明，故曰「光明」。陽剛之氣發展至於九五，已經是恰到好處，無過無不及，而且這種恰到好處的陽剛之氣，以時間言，不是偶發的，而是永久穩定的。以空間言，不是在一個地方或對一個事象如此，而是在任何地方或對任何事象都如此，以這種「剛中正」的作法，而居於主宰的「帝位」，不會再有什麼顧慮，而可以光明四達，如日月之經天，坦蕩而行。如進一步分析，「帝」是代表主宰，就是一種行踐到了九五，已經達到成熟而決斷的時候，「疚」是代表心病。所謂「心病」，是持憂慮疑忌的心理，行踐到了成熟的時候，當然要加以決斷，就在決斷的當中，難免要發生憂慮疑忌，因爲行踐雖完成，是否獲得預定的效果，不無疑慮之處。但九五以剛居中得正，而表現得恰到好處，光明四達，光則眾皆感應，明則眾所周知，眾既感應而周知，則對此種行踐必能心悅誠服，談不上疑慮。凡疑慮之心，其起因一爲現象太曖昧而起疑慮，二爲大眾不諒解而起疑慮，茲則眾所周知而得其明，人皆感應而承其光，即無所疑慮矣，故曰「剛中正，履帝位而不疚，光明也」。陽光普照使人和融，明月在天引人遐思，日月之所以能使人有所感應，以其光明故也。我們在踐履的過程中，也要具有日月之明，不但對於事態要看得清楚，自己的行爲，也要表現得光明坦蕩，這樣才不會產生憂慮，也不至於讓人心懷疑忌。

伍、大小象傳

象曰：上天下澤，履。君子以辯上下，定民志。

〈履〉以乾、兌成卦，乾爲天而在上，兌爲澤而在下，故曰「上天下澤」。〈履〉外體乾，乾有君子之象，故言「君子」。「辯」通「辨」，《說文解字》：「辨，判也。」《廣韻》：「辨，別也。」是辨者判別之義也，而《中庸》則謂辨爲「明辨」，〈履〉中爻互離，離爲明，明則辨，「辨」之象也。上、下取象於天、澤，就〈履〉之卦體來看，乾天、兌澤，已經上、下判然，不容混淆，而且〈履〉從〈謙〉息，在〈謙〉爲坤，息〈履〉爲乾，由地而天，自下而上，亦上、下之序也，故曰「辯上下」。〈履〉通〈謙〉，〈謙〉外體坤，坤爲民，內體艮，艮爲止，止則定，〈謙〉中爻互坎，坎爲志，故曰「定民志」。

《大學》謂：「物有本末，事有終始，知所先後，則近道矣。」另據《說文解字》：「木上曰末」、「木下曰本」，是則上、下爲本、末之源頭，有上、下才有本、末，有本、末才有先、後的層次和主、從的關係，然後才能表現出秩序，故〈序卦傳〉曰：「有上下，然後禮義有所錯。」禮，履也，謂因人所踐履，定其法式，大而冠婚喪祭，小而視聽言動，皆有節文也；義，宜也，制裁事物，使各宜也；錯，安也，蓋有上下，則物之本末，事之終始，時之先後，始有準據，而禮義之道方有所安，民心之所向亦有以定，「民志定」，然後天下可得而治也，設若上下、尊卑之分際不明，禮義之道將無所措，則民志無定而天下亂矣。

初九象曰：素履之往，獨行願也。

　　初九在〈乾〉爲「潛龍勿用」，隱而未見，行方肇始，以人而言，譬如布衣之士未得居位，獨善其身而已。〈履〉通〈謙〉，〈謙〉之初與四應，四居震，震爲足，「行」之象也；四又居坎，坎爲亟心，「願」之象也。初乃微陽甫動，力猶未足，非大有爲之時，只能從本位上求得自身成長，故曰：「素履之往，獨行願也。」初與四應，四之〈小象〉曰「志行」，此爻則曰「行願」，「願」即「志」也。然有先後之別，「願」是剛發生的意志，「志」是意念之所向，是知「願」爲「志」之初起者也。先儒有以「素履往」即《中庸》所謂「素位而行」者也，「獨行願」即《中庸》所謂「君子素其位而行，不願乎其外」，不無見地，並存之。

九二象曰：幽人貞吉，中不自亂也。

　　九二居內卦之中，故言「中」；二與五應，按易例：五爲坎爻，坎爲險難，「亂」之象也；〈履〉通〈謙〉，〈謙〉五居坤，坤爲自，又爲亂，有「自亂」之象；〈謙〉息成〈履〉，則坤象不見，故曰：「不自亂也。」大凡中無所主，則外物得乘虛而入，以致自亂步武，故曰「幽人貞吉，中不自亂也」。二爻雖已有發展的基礎，但仍居內體，譬如初涉世之人，不但要素位而行，還要以幽人自處，篤實地自求發展而不喧嘩，因爲內在有所主宰，所以一切的言行舉止，都不會紊亂。

六三象曰：眇能視，不足以有明也。跛能履，不足以與行也。咥

人之凶，位不當也。武人爲于大君，志剛也。

　　按〈說卦傳〉：「離爲目」、「巽爲股」、「兌爲毀折」，六三內互離目，外互巽股，然皆居於內體兌卦之上，爲兌所毀，是有「眇」、「跛」之象，雖欲視而目眇，眇則難乎其爲明也，故曰：「眇能視，不足以有明也。」雖欲履而足跛，跛則難乎其爲行，故曰：「跛能履，不足以與行也。」六三以陰居陽，失位不正，無從暢達其所履，履得其當，即爲「履虎尾」而「不咥人」，履非其所，則蹈虎口而「咥人凶」，六三〈履〉非其所，故曰：「咥人之凶，位不當也。」六三居離伏坎，《虞氏逸象》：「坎爲志。」三與上應，上九「亢龍」，陽剛已極，故曰「志剛也」。三本陰柔之質，其才不足以濟事，然互離爲戈兵甲胄而居一卦之人位，是猶如武人欲攝大君之政，不過具有剛猛之志而已。「志剛」則決，不慮其才智不足而決於有爲，逞強好能，宜其一敗塗地而招致「咥人之凶」也。六三質暗才弱，本不足以有爲，以當履之時，一陰爲主，適與時遇，是以不顧其爲不當，勇於行而履危蹈禍。

九四象曰：愬愬終吉，志行也。

　　九四與初九相應，初爲「行願」，四則「志行」，足見兩爻之間，互通聲息，而皆取象於震與伏坎，因坎爲志、爲願，而初九爲震爻，九四以陽居陰爲失正，變正亦居震，故皆曰「行」。〈震・象〉云：「震來虩虩，恐致福也。」虩虩恐懼，可以致福，是即「愬愬終吉」之意，九四變正，不僅應初，而又親切承五，上下皆能暢行無阻，而遂行其踐履之志，故曰：「愬愬終吉，志行也。」九四已躍居外卦，因有陽剛之才，可以向前行進，又居柔順之位，是能謹慎自

處，敬慎爲事則動無非正，敬慎待人則人恆敬之，其志乃行也。蓋凡行踐之差錯，皆由於疏忽，如戒慎恐懼，則不至於差錯而終能獲吉。

九五象曰：夬履貞厲，位正當也。

九五居中得正，即所謂「剛中正」者，故曰「位正當也」，位既正當，自可果斷，敏決而行，無庸遲疑。蓋九五以在天而得位，又當緊要的關頭，不僅能力上是可以「夬履」，而在時間上更需要「夬履」，〈履〉卦之有〈夬〉卦體象，原係基於三、上兩爻易位，應該在三、上兩爻言「夬」，三、上兩爻不言「夬」，而於五爻言「夬」，這就因爲五得天位，陽能旺極，非得果斷敏決不可，故曰：「夬履貞厲，位正當也。」先儒解「夬履貞厲」爲任其剛決而行，雖然得正，還是有危險，則與〈小象〉「位正當也」意義相左矣。

上九象曰：元吉在上，大有慶也。

〈繫辭下傳〉曰：「三與五同功而異位。」同功者，功用相同也，功用相同，則彼此可以互換，〈履〉卦三、五異位則成〈大有〉，〈履〉與〈大有〉，原即往來情深，故於此曰「大有」。「慶」爲福善、休美之意，「乾始能以美利利天下」（〈乾〉卦〈文言〉），〈履〉上居乾，乾有美象，故曰「慶」。上九居〈履〉卦之最終，〈履〉至上九，考祥所履各階段的運轉，皆能合度而元吉，那就意味著所經歷的過程，徹頭徹尾，沒有絲毫的不吉利，徹頭徹尾的都吉利，當然是喜慶的現象，而所獲必多，故曰：「元吉在上，大有慶也。」

第十卦

履卦

周鼎珩手稿

履

兌乾
下上

—— 此係〈艮〉宮五世卦，消息六月，旁通〈謙〉，反對〈小畜〉。

壹、總說

「履」，就是通常所說的踐履。《爾雅‧釋言》：「履，禮也。」踐之於行斯謂履，行有所擾斯謂禮，履與禮，一表一裡，關係密切。在自然現象中，如地球繞日，月繞地球，其運行，莫不遵守具有規則之軌道。同樣的，人類社會一切的踐履，也得要有應該遵守的規則，以作生活上之軌道，這種應該的規則便是禮。〈序卦傳〉曰：「物畜然後有禮，故受之以〈履〉。」蓋畜道完成，便由畜極而富有，既經富有，必須節之以禮，否則，可能因為富有而驕縱失常，影響踐履。《論語‧子路》亦云：「『既富矣，又何加焉？』曰：『教之。』」教是教什麼？無非教之以踐履上的規則，「禮教」是也。此

所以在〈小畜〉卦後，繼之以〈履〉，履係指一切踐履納之於規則的現象。

　　既然禮是規則，在其他的各卦中，似乎也應該有規則，爲什麼獨於〈履〉卦而提出禮呢？這就因爲〈履〉以乾兌成卦，乾兌在卦位上居於西方，西方爲金，金主義，而中爻二、三、四互離，三、四、五互巽，離巽在卦位上居於南方，南方屬火，火主禮。外雖乾兌之義，內則離巽之禮，孟子曰：「義，人之正路也。」（《孟子・離婁上》）人類行爲，在外貌上固應以義爲依歸，然究其實質，卻是禮之踐履。尤其義所以成禮，而履又以禮爲行，故履之內在，所包含的就只是個禮。履如失去了禮，而無遵守的規則，彼此之間，必至發生爭奪，而禍亂以起。《虞氏易》以〈訟〉初之正，息兌成〈履〉，反之，〈履〉初失正，即變坎成〈訟〉。所謂「失正」，就是不正常而失去了禮的規則，可見履而無禮，便由於不正常以致爭奪成訟，禮之於履，是何等重要，所以說「履，禮也」。

　　〈履〉與〈謙〉通，〈謙〉三之初，內體震足爲行，行至二，息成〈臨〉，行至四，息成〈歸妹〉，行至五，息成〈兌〉，最後，行息至上而〈履〉道以成，是則自初至上，一直的向前行進，「履」訓爲「行」，故即稱之爲〈履〉卦。究其卦之由來，完全基於〈謙〉坤息乾，乾性剛，坤性柔，而爲「以柔履剛」之象。〈謙〉變〈履〉，便構成一陰五陽之體，三陽環之於前，二陽陳之於後，只有一個〈坤〉三的陰爻入於乾陽之內，坤交於乾，亦有「以柔履剛」之象。「以柔履剛」的意思，是說踐履有踐履的環境，環境不能遷就我們的踐履，而要我們以踐履來協調環境。例如，我們經營任何一種企業，必須配合市場情形，甚至委屈求全，以取得社會的融洽，這種企業才

可以發展。否則，只憑自己生硬的作法，不顧外在的環境，那沒有個不失敗的道理。

　　凡屬踐履上應該遵守的規則，具見卦辭與爻辭，這裡僅就卦體有關者，再作分析，〈履〉是外體乾，乾爲天，內體兌，兌爲澤。天則可望不可及，天在〈履〉而居於外，所以表示高且遠；澤低於地，澤在〈履〉而居於內，所以表示卑且近。任何踐履，如以先後言，登高必自卑，行遠必自邇，如以本末言，由內以及外，由己以及人，故卦體以天澤成〈履〉。又因乾之性能剛健，兌之性能和悅，兌居乾內，義即於剛健之中，尚含有和悅之情。良以徒剛健則過於嚴肅，而不能融洽環境，徒和悅則淪於狎玩，而不能順利進展，必須寓和悅於剛健之中，亦剛健，亦和悅，剛而不猛，和而不流，才合乎理想的踐履標準。

　　或問：〈履〉與〈小畜〉，所不同的只是三、四兩爻的位置而已，何以一則就爲「畜」一則就爲「履」呢？解答這個問題，應從兩卦的卦體比照來看，〈小畜〉所畜的，固然在畜乾陽；〈履〉之所以成履，也是本著乾陽的動能，但〈小畜〉的三陽乾體，還是伏居於內，〈履〉卦的三陽乾體，則已升居於外。乾陽居內，無非初之「潛」，二之「見」，乃至三之「惕」，其陽並未成熟，仍須培養而畜。乾陽居外，便大異其趣，不是四之「躍」，即爲五之「飛」，不是五之「飛」，即爲上之「亢」，其陽何止乎成熟，且已由飽滿豐隆而達到奔放鼓舞的程度，勢必發揮以成履。如人在陽剛之氣不足的時候，四肢乏力，步履闌珊，就非加以培養不可，等到陽剛之氣培養充足的時候，全身都是活力，那就自然而然的見之於行動，而有所作爲。這種情形，可以看作〈履〉與〈小畜〉彼此反對的意境。

貳、彖辭（即卦辭）

〈履〉：虎尾，不咥人，亨。

　　關於「履虎尾」一辭之取象，眾說紛紜，莫衷一是。《虞氏易》以「〈謙〉坤爲虎，艮爲尾，乾爲人，乾兌乘〈謙〉，震足蹈艮，故履虎尾」。而郭璞《易洞林》認爲「白虎西起」，注云：「兌爲白虎，白虎，西方宿，兌正西，故象虎，〈坤〉三之〈乾〉，以柔履剛，故名履；兌爲虎，初爲尾，四陰位應初陽位，故履虎尾。」程、朱另據以柔履剛之義，解作以兌履乾，而以乾剛爲虎。程傳曰：「以柔履藉於剛，上下各得其義……故履虎尾而不見其咥囓」。朱義曰：「以兌履乾，和悅以躡剛強之後，有履虎尾而不見傷之象。」等而下之，甚或有以中爻互離爲虎，謂三履二爲「履虎尾」。虞氏以乾兌乘〈謙〉，震足蹈艮，頗得古象，惟以坤爲虎，於象欠妥。郭璞以兌爲虎，固亦有其見地，惜語焉不詳，未盡其義。至於程傳、朱義，因見乾性剛健，遂謂乾爲虎，但虎爲兇猛之獸，剛健並不是兇猛，此不特於象不合，於義亦不妥。他如以離爲虎，完全出於臆說，不足置議。然則虎之爲象，究何所本？此應求之於卦體的源頭，〈履〉通〈謙〉，〈謙〉內體艮，由〈謙〉息〈履〉，內體艮變震，震爲足爲行，是即所謂震足蹈艮。〈說卦傳〉曰：「艮爲黔喙之屬」，《九家逸象》則以艮爲虎，而《焦氏易林》言虎之處極多，率皆指艮爲虎。蓋震足蹈艮，先自初起，初於卦體爲尾，豈不就是「履虎尾」之象？如以旁通的〈謙〉卦來說，〈謙〉三至五互震，震足下乘艮，艮初二兩個陰爻象四腳，而一陽在後象尾，亦有「履虎尾」之象。再證之〈頤〉卦六四與〈革〉卦九五，其象更顯。〈頤〉爲大離，離目爲

視，四居艮，艮爲虎，四應初，四變亦體離互艮，故言「虎視」。
〈革〉五曰「虎變」，革就是變，〈革〉五居兌，兌伏艮爲虎，五應
二，五變亦互兌伏艮，故言「虎變」。綜上所述，虎象爲艮，當無疑
義。郭璞以兌爲虎，或許也是基於兌體所伏之艮象。

　　諸凡踐履，無分巨細，在行進的過程中，都難免有些危險的成
分，吃飯飲水，是極其平常的生活節目，稍不謹慎，就會導致疾病，
何況較爲重大的踐履，其危險的成分，更不待言。〈履〉卦稱虎，是
因虎最兇猛，遇之者便爲所傷，故即用虎以表示踐履上的危險。但虎
之傷人，由於虎口，而在虎頭部位，虎尾並不是傷害的所在。履之所
以必須經虎尾，是爲了因勢利導，化險爲夷，遵循虎尾而行，才能夠
避免傷害。例如防洪治水，不論水患如何洶湧，只要針對水患來源的
地方著手，力求疏導，則水勢分散，而水患自平，這便是履虎尾。相
反的，一遇水患，即迎水頭而加以堵塞，水無出路，勢必泛濫成災，
不僅水患難平，反而遭受更多的傷害，這不是履虎尾，而是履虎口。

　　「不咥人」之「咥」，應訓爲「囓」，用通常的口語講，就是
咬傷了。內體兌，兌爲口，伏艮爲虎，是爲虎口而有咥象。但兌口在
三，三與上爲正應，上居外體乾，乾爲人，而兌又和悅，〈象傳〉說
過：「悅而應乎乾。」悅而相應，當然就不致於咥人。「不咥人」這
一句的語氣，是緊接上一句的「履虎尾」，因爲避免危險，而選擇安
全部位，走向虎尾，以達成悅而相應的目標，於是獲致「不咥人」的
結果。既經不咥人，即無踐履上的阻礙，尤其三陽連成乾體，已發展
而居於外，氣勢蓬勃，自當增強踐履力量，故能「通暢而亨」。

參、爻辭

初九：素履往，无咎。

　　初之應位爲四，四變巽，內體兌，亦反巽，巽爲白，內體兌居西，西屬金而色白，白色稱素，初以應而履於四，故曰「素履」。按易例：由外而內謂之來，由內而外謂之往。初在內，四在外，初去應四，故曰「往」。四以陽居陰，失位不正，由於初往，變而得正，故曰「无咎」。以義言之，「素」是指的本來性分，不雜外物，乾乾淨淨，好像一張白紙，毫無汙染，純潔之至。「素履」就是以這種本來的性分去踐履，近似乎《中庸》裡所講的「素位而行」。因履道惡華，華則不實，而履道斯虧，假使不務本質，專尚浮華，或裝點粉飾，或炫耀誇張，縱能徼幸取巧於一時，最後都是失敗，歷史上的事例很多，在在皆可以證明。而且，初居潛位，正當履道發端之始，更須篤實踐履，試觀自然現象，物在初生之時，氣質猶嫩，如內在虛花，失其本來的性分，便成長不了，很快的就會凋謝。此所以「素履」而「往」，方可「无咎」。

九二：履道坦坦，幽人貞吉。

　　二變爲正，〈履〉通〈謙〉，〈謙〉中爻亦互震，〈謙〉三之初，內體又變震。震爲大塗，大塗就是道。《說文》：「坦，寬也，平也。」寬平大道，故曰「履道坦坦」。「履道坦坦」，是說二已陽剛得中，可以坦塗而行，沒有踐履上的困難了。按易例：九二居中，屬於坎爻。〈履〉通〈謙〉，〈謙〉中爻六三互坎，坎爲隱伏，二爲人位，而居坎內，是即「幽人」。又二在〈履〉居兌，兌爲少女，

少女是待字閨中的處女，亦有幽人之象。二因失位，之正方能應五而履，故曰「幽人貞吉」。《虞氏易》以坎爲獄，謂二居坎爲幽囚之人，其說與「履道坦坦」之語氣不合，故不採用。貞是「正也固也」，「幽人貞吉」，是說深藏不露，樸而勿華，而以端正穩固之踐履爲吉。本來，〈履〉之所以成履，在有陽的動能爲之主宰，就人而言，天生兩足而會舉步成行，完全基於內在的氣力支持，這種內在的氣力，就是陽的動能。初陽猶微，氣力不夠，如人在嬰兒時期，兩足不能舉步，僅憑本來性分的能量，以肆應生活上最小限度的行動，還屬於「素履」的階段。二陽卻正浸長，氣力增強，如人到達成年，其所踐履的範圍，非復初陽之狹，而漸覺寬廣，已有坦坦之履道。但二雖陽長，究猶居於卦之內體，對外之涉歷尚淺，仍須持之以安詳幽靜，端正穩固，夫而後方能獲吉。

六三：眇能視，跛能履，履虎尾，咥人凶，武人爲于大君。

（一本兩「能」字作「而」）

三互離，離爲目，離在內體兌之上，兌爲毀折，目毀折故「眇」。《焦氏易林》則用兌上半離之象，謂少一目爲「眇」。三與上應，上曰「視履」，是「眇能視」。三又互巽，巽爲股，巽亦在內體兌卦之上，兌爲毀折，股毀折故跛。〈履〉通〈謙〉，三在〈謙〉居坎互震，震爲足，坎爲曳，足曳亦爲跛。三因與上應，往而之上，是跛而履。〈履〉乃多陽之卦，而三獨爲陰，陽明陰暗，三不自知其暗，強作聰明，雖然是眇，而猶以爲能視。前面說過，〈履〉若無陽，便缺乏動能，難以成履，三本陰爻，氣質柔弱，徒以位居陽剛，蠢蠢思動，雖然是「跛」，而猶以爲「能履」。

〈履〉通〈謙〉，三在〈謙〉居於內體艮，而為艮體最末之一爻，艮為虎，艮末為尾，有「虎尾」之象。〈謙〉三之初，變艮為震，震足蹈艮，至三則為「履虎尾」。息〈謙〉成〈履〉，三居內體兌，又當兌口，躡乾之後，乾為人，是有「咥人」之象，「咥人」故「凶」。卦辭原為：「履虎尾，不咥人。」而此爻則曰：「履虎尾，咥人。」其故為何？這在經文原意，是承接上兩句而言，因為「眇」者無辨別之明，何以「能視」？「跛」者無行動之力，何以「能履」？三以陰柔愚暗之質，既眇且跛，而妄越從事，竟蹈險塗，「履虎尾」而誤入虎口，以致遭受「咥人」之「凶」。

三互離，離為戈兵，為甲冑，三變乾，乾為人，三又居人位，以人而披甲冑持戈兵，是有「武人」之象。按易例：爻位五為君，上為大君。如〈師〉卦上爻曰：「大君有命，開國承家」，即其一證。三與上應，兩情相通，故曰「武人為于大君」。「為于大君」，是兼攝大君之政的意思，三為陰暗之「武人」，只能承命馳騁於疆場，以之攝政，則才不足以濟其任，而徒招致咥人之危險。總之，〈履〉不能離開陽，初為陽而「素履」，二為陽而「坦履」，四為陽而「愬履」，五為陽而「夬履」，上為陽而「視履」，凡此五陽，雖在程度上表現為各種不同之履，然皆可以成履則一，只有六三非陽，故不能履，履則必凶。

九四：履虎尾，愬愬終吉。

全卦僅三、四兩爻有「履虎尾」之辭，三因在〈謙〉居於艮尾，四則接近於三，且界乎內外之際而乘三，故有「履虎尾」之象。四又與初為應位，初為卦尾，四之正而應初，亦具「履虎尾」之象。

《子夏易傳》曰：「愬愬，恐懼之貌也。」按易例：四多懼。四變互震，震亦為恐懼，故曰「愬愬」。四在〈謙〉居坤，坤為地，「地道无成，而代有終」，故曰「終吉」。綜其意義，謂四之本質，乃「或躍在淵」之陽，動能旺盛，且已躍居外體，進入高明之境地，惟以陽居陰位，雖抱大有可為之才，仍持戒慎恐懼之心，不敢輕舉妄動，所以「履虎尾」而終能獲吉。

九五：夬履，貞厲。

從卦變的角度來看，凡一陰五陽之卦，皆自〈夬〉、〈姤〉來，〈履〉如內外卦體易位則成〈夬〉，三與上應，三之上亦成〈夬〉，故為「夬履」。干寶曰：「夬，決也」，即果斷敏決之意。按易例：九五居中，屬於〈坎〉爻。三既之上，四變則五在坎而得正，坎為險難，是即「貞厲」之象。「貞厲」二字，《九家易》及虞、鄭各家，皆以「夬履」過剛，而釋為「履正思危」，其說雖是，但於經義猶有未盡之處。九五於〈乾〉，原即「飛龍在天」，其動能已經充沛，故表現為果斷敏決之行。而〈履〉至九五，又屆履道垂成之際，更應斬截了當，以竟其功，最忌的是滯緩不進，滯緩不進，便坐失機宜，是則九五之為「夬履」，乃理所當然，不應有何危厲。〈象傳〉已明言「履帝位而不疚」，既云「不疚」，即無所謂「厲」。尤其二、五相應，二貞而吉，五何以貞而厲？這就因為「貞」字的涵義有二：「正也固也」，正是端正，或是正確，固是穩固，或是固結。九二在內，涉歷尚淺，其踐履自應亦正亦固，九五則已在外，且居尊位，而於時機上又當最緊要之關頭，除須行之以正，尤須特別注意的是戒之勿固，固則滯緩不進，有害其成。例如賽跑，

在前半節，當然要保持平衡的速度，以維護體力，可是到了後半節決定勝負的時候，那就要支付全部體力，以加強速度，才能夠獲得勝利。如貞而固結，則有背乎夬履之本旨，結果必然是功虧一簣，所以繼「夬履」一辭之後，繫之曰「貞厲」。

上九：視履考祥，其旋元吉。

上與三應，三互離，離目爲視，上取應爻之象，故曰「視履」。考祥的考是「稽考」，《爾雅》：「考，稽也。」祥是吉祥，《說文》：「祥，福也。」祥又作妖祥解，《前漢書・五行志》：「妖孽自外來謂之祥。」要之，祥有吉、凶兩面的涵義，考祥就是「稽考」所履是吉還是凶。承接「視履」二字而言，其取象也是本著應爻的離目。有一本祥作詳，祥與詳通，謂考祥爲稽考詳審，據聞索義，亦可爲訓。

「其旋元吉」，《虞氏易》以三上易位爲旋，因三上皆失位不正，易位則皆得正，故元吉。但論及卦位及成卦的情形，即不僅三上易位可盡其義，〈履〉由〈謙〉坤息乾，其間歷程，必須經過自初至上的運行。而變〈履〉以後，則構成內兌外乾的體象，在先天卦位居於東南，在後天卦位居於西北，從先天的東南，到後天的西北，便是一種旋轉（見附圖），所以旋是指成卦的運行和卦位的旋轉。其次，就辭意來說，旋分周旋與折旋，周旋圓而中規，折旋方而中矩，才能算是合乎禮度，合乎禮度，自可獲致「元吉」。

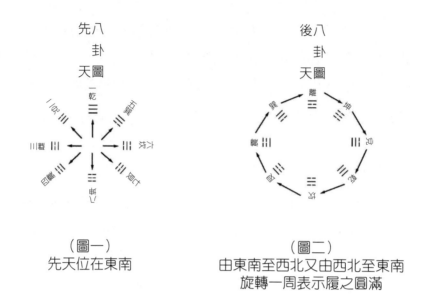

（圖一）
先天位在東南

（圖二）
由東南至西北又由西北至東南
旋轉一周表示履之圓滿

肆、象傳

彖曰：履，柔履剛也。說而應乎乾，是以履虎尾，不咥
人，亨。剛中正，履帝位而不疚，光明也。

「履，柔履剛也。」卦體由〈坤〉三之〈乾〉，坤柔、乾剛，
是爲以柔履剛。前面已就人事現象爲之說明，茲再從自然現象補申其
義：如每年到了春雷震動的季節，草木即隨之而發生，而成長，雷爲
陽剛之能，草木爲陰柔之質，草木在春雷震動之中，得遂其生長，這
便是「以柔履剛」。舉一反三，凡關於陰之成長，藉陽開化，皆可以
看作柔履剛的境界。

「說而應乎乾，是以履虎尾，不咥人，亨。」〈說卦傳〉曰：

「說言乎兌。」說與悅通，內體兌為悅，兌三應上，上居乾，故為
「說而應乎乾」。兌在〈謙〉為艮，〈兌〉三即〈艮〉三，有虎尾之
象〈謙〉變〈履〉，〈兌〉三為口，有咥象，但因與外體上九相應，
且係「說而應」，外體乾為人，故為「不咥人」。所謂「說而應」，
是指六三與上九這兩爻陰陽之間，配合得非常的融洽，息息相通，彼
此呼應。例如一個國家，有一個國家的制度，假使這種制度，恰好最
適應於這個國家的需要，那就可以依照這種制度，而將這個國家治理
得蒸蒸日上。反之，如制度與國家並不切合，甚至互相矛盾，偏偏
割足適履，而以國家遷就制度，那當然談不上應，更談不上「說而
應」，其結果，國家必定會遭受到制度的傷害。國家是實體的機構，
而屬於陰，制度是精神的產品，而屬於陽，由此例證，可以看出陰陽
之間，如果情投意合的「說而應」，雖是履虎，亦能「不咥人」而
亨。「亨」字在此是表示行得通的意思。

　　「剛中正，履帝位而不疚，光明也。」五以陽剛，居中得正，故
曰「剛中正」。〈履〉自〈謙〉息，〈謙〉三之初息震，震足為履，
震又為帝，息至五，五居君位，是為「履帝位」之象。〈謙〉中爻互
坎，三上易位，五六居於坎中，坎為心疾，《詩・小雅・采薇》云：
「憂心孔疚。」心疾就是疚，但在〈履〉，坎象不存，已無心疾，故
曰「不疚」。中爻互離，離為光明，陽明陰暗，就亦為光明，故曰
「光明」。陽剛之氣發展至於九五，已經是恰到好處，無過無不及，
而且一直在正常的延續下去，不是片斷的，不是偶發的。以這種「剛
中正」之陽，而履帝位，至少不會有什麼毛病產生，尤其卦象裡所指
示的心疾，如憂慮，如疑忌，絕對產生不了。因為這些心疾，通常都
從曖昧不明的態度中產生出來的，既是一本「剛中正」之陽，如日月

之昭昭，坦蕩而行，哪裡來的憂慮？更哪裡來的疑忌？所以「履帝位而不疚」，是由於「剛中正」而「光明」。

伍、大小象傳

象曰：上天下澤，履。君子以辨上下，定民志。

　　乾爲天而在上，兌爲澤而在下，故曰「上天下澤」。〈履〉體乾，乾有君子之象。《說文》：「辨，判也。」《廣韻》：「辨，別也。」《中庸》謂辨爲「明辨」，中爻互離，離爲明，明則辨，方能判別上下，故曰「辨上下」，上下仍係取象於天、澤。〈履〉通〈謙〉，〈謙〉坤爲民，〈謙〉內體艮，艮爲止，止則定，中爻伏坎爲志，故曰「定民志」。宇宙之間，萬物散殊，紛然雜陳，非節之以禮，則莫知所履。〈序卦〉云：「有上下，然後禮義有所錯。」履以禮爲依據，而禮則必先辨上下，上下辨，對於尊卑長幼一切社會秩序，始有所本，於是履得其所，而民志亦定。

初九象曰：素履往，獨行願也。

　　初九在乾，「潛龍勿用」，隱而未見，行方肇始，譬如布衣之士，獨善其身而已。〈履〉通〈謙〉，〈謙〉三之初息震，震足爲行。初之應位爲四，四伏坎志，志之所向即爲願。初乃微陽甫動，力猶未足，非大有爲之時，只能從本位上求得自身成長，故曰：「素履之往，獨行願也。」

九二象曰：**幽人貞吉，中不自亂也。**

九二居中，屬於坎爻，坎爲險難，有亂象。〈履〉通〈謙〉，〈謙〉坤爲自。大凡中無所主，則外物得乘虛而入，以致自亂步武，二既居中，幽靜自處，又因應五而之正，方寸之內，自有主宰，而履所當履，不爲外物所亂，故曰：「幽人貞吉，中不自亂也。」

六三象曰：**眇能視，不足以有明也。跛能履，不足以與行也。咥人之凶，位不當也。武人爲于大君，志剛也。**

六三內互離目，外互巽股，然皆居於兌上，爲兌所毀，雖視而眇，眇則難乎其爲明，故曰：「眇能視，不足以有明也。」雖履而跛，跛則難乎其爲行，故曰：「跛能履，不足以與行也。」三以陰居陽，失位不正，無從暢達其所履，履必有凶，故曰：「咥人之凶，位不當也。」三本陰柔之質，其才不足以濟事，徒以伏坎爲志，與上九乾剛相應，又居人位，而互離爲戈兵甲冑，是猶如武人欲攝大君之政，不過具有剛猛之志而已，故曰：「武人爲于大君，志剛也。」

九四象曰：**愬愬終吉，志行也。**

九四與初九相應，初爲「行願」，四則「志行」，足見兩爻之間，互通聲息，而皆取象於伏坎，因坎爲志爲願。〈震·象〉云：「震來虩虩，恐致福也。」虩虩恐懼，可以致福，是即「愬愬終吉」之義。四變不僅應初，而又親切承五，上下皆能暢行無阻，故曰：「愬愬終吉，志行也。」

九五象曰：夬履貞厲，位正當也。

　　九五以在天而得位，又當緊要的關頭，不僅能力上是可以「夬履」，而在時間上更需要「夬履」。〈履〉卦之有〈夬〉的體象，原係基於三、上兩爻易位，應該在三、上兩爻言〈夬〉，三、上兩爻不言「夬」，而於五爻言「夬」，這就因為五得天位，陽能旺極，非果斷敏決不可，故曰：「夬履貞厲，位正當也。」

上九象曰：元吉在上，大有慶也。

　　上九居〈履〉卦之最終，〈履〉到最終，而能元吉，那就意味著所經歷的過程，徹頭徹尾，沒有絲毫的不吉利，徹頭徹尾都吉利，當然要算是很大的喜慶。又因三、五同功，〈履〉三之五，則成〈大有〉，〈履〉與〈大有〉，原即往來情深，故曰：「元吉在上，大有慶也。」

第十卦

履卦

講習大綱

履

兌乾
下上

—— 此係〈艮〉宮五世卦，消息六月，旁通〈謙〉，反對〈小畜〉。

　　履，就是通常所說的踐履之履，踐履必有踐履上的規則，卦以天澤成體，天高澤卑，即在表示登高自卑的一些規則。規則在人事社會，便稱之爲體，故〈序卦傳〉以禮訓履。

壹、總說

佈卦的次序

　　《論語・子路》云：「既富矣，又何加焉？曰：教之。」教的是什麼？無非教之以踐履上的規則，也就是教之以禮，所謂「禮教」是也，故於畜道完成而繼之以履，指示一切踐履納之於規則的現象。

成卦的體例

外體乾陽剛健，內體兌陰柔和，而有以柔履剛之象，又以〈履〉通〈謙〉，〈謙〉三之初，息震爲行，息至二成〈臨〉，至四成〈歸妹〉。至五成〈兌〉，至上成〈履〉，是〈謙〉變〈履〉，原即由坤息乾，亦爲以柔履剛。

立卦的意義

卦體上以柔履剛，是在指示我們：徒剛健則失之猛，徒柔和則失之緩，尤其一切踐履，都有踐履上所遭受的環境，環境決不能遷就我們，是要我們以柔和的態度，來肆應各種生硬而不協調的環境。

貳、彖辭（即卦辭）

履虎尾，不咥人，亨。

〈履〉通〈謙〉，〈謙〉艮爲虎，本卦內體兌亦有虎象，虎最兇猛，遇之必爲所傷，以喻一切踐履，皆有危險的成分，但虎之傷人，屬於頭部的虎口，如循虎尾前進，則可以避免傷害，而能亨通。蓋凡有所踐履，貴在因勢利導，因勢利導，不僅化險爲夷，抑且事半功倍，也就是孔子提示的「與時偕行」（〈乾·文言〉）之義。

參、爻辭

初九：素履往，无咎。

履道惡華，華則不實，而履道斯虧。初當發端之始，更須樸實踐

履，一如《中庸》所說的「素位而行」，方可无咎。

九二：履道坦坦，幽人貞吉。

二變體震，爲寬平大道，二居人位，互離通坎，坎爲幽暗，故曰幽人。謂〈履〉至九二，可以坦途而行，已無踐履上的困難，但仍須幽靜自處，不能浮華外露，而守之以正則吉。

六三：眇能視，跛能履，履虎尾，咥人凶，武人爲于大君。

〈履〉爲多陽之卦，因凡踐履，皆需要陽之動力支持，三以陰柔之質而居陽位，本已眇矣，自以爲能視，本已跛矣，自以爲能履，以致履虎尾而誤蹈虎口，遭受傷害，猶之以馳騁疆場之武人，兼攝大君之政，其不凶也幾何？

九四：履虎尾，愬愬終吉。

四乘三而應初，亦有履虎尾之象，但四已到達外界，可以履險如夷，惟須臨深履薄，持之以恐懼態度，終能獲吉。愬愬，恐懼之貌。

九五：夬履，貞厲。

干寶曰：「夬，決也。」（引自《周易集解纂疏》）即果斷敏決之意，〈履〉至九五，履道將成，而五又以陽居中得位，應表現爲果斷敏決之行，以竟踐履之功，如貞而固結，則失之迂緩，反招危厲。

上九：視履考祥，其旋元吉。

此爻爻辭，有以「視履」爲句，「考祥其旋」爲句。履道到了最後的階段，當然要視察其所踐履，是好還是壞？如能旋轉合度，而周旋中規，折旋中矩，可以稱之爲「元吉」。

肆、象傳

彖曰：履，柔履剛也。說而應乎乾，是以履虎尾，不咥人，亨。剛中正，履帝位而不疚，光明也。

卦由坤三履乾，坤性柔，乾性剛，而履成卦體。又以乾剛居上，兌柔居下，揆之於卦氣運行，由下而上，故爲以柔履剛也。卦辭「履虎尾，不咥人，亨」，是說內體兌陰，以和悅之情，而應外體乾剛，三上之間，往來融洽，息息相通，談不上有什麼傷害；又據卦象，五居帝位，而無任何疑慮之處，因五已成爲乾體之主，非復坎爻多疑，且以陽剛居中得正，光明四照，如日月之經天，坦蕩而行。

伍、大小象傳

象曰：上天下澤，履，君子以辨上下，定民志。

〈履〉有上下之象，〈序卦傳〉曰：「有上下然後禮義有所錯。」履者禮也，而禮必先辨上下，尊卑長幼一切社會秩序，始有所本，而民志以定，故曰：「上天下澤，履，君子以辨上下，定民志。」

初九象曰：素履之往，獨行願也。

初猶潛龍，而當履之開始，只能獨善其身而已，故曰：「獨行願也。」

九二象曰：幽人貞吉，中不自亂也。

九二居中，幽靜自處，方寸自有主宰，故曰：「中不自亂也。」

六三象曰：眇能視，不足以有明也。跛能履，不足以與行也。咥人之凶，位不當也。武人爲于大君，志剛也。

六三目毀折而眇，故曰：「不足以有明也。」足搖曳而跛，故曰：「不足以與行也。」三又以陰居陽，失位不正，故曰：「位不當也。」三本陰柔之質，卻不自揣，而趨向陽剛，故曰：「志剛也。」

九四象曰：愬愬終吉，志行也。

四應初，而又親切承五，上下皆能遂行其志，故曰：「志行也。」

九五象曰：夬履貞厲，位正當也。

五以在天得位，敏於所行，故曰：「位正當也。」

上九象曰：元吉在上，大有慶也。

〈履〉至上而能旋轉合度，又因三五同功，三之五則成〈大有〉，故曰：「大有慶也。」

第十一卦

泰卦

周鼎珩手稿

泰

坤乾
上下

—— 此係〈坤〉宮三世卦，消息正月，旁通〈否〉，反對〈否〉。

壹、總說

佈卦的次序

　　〈序卦傳〉：「泰者，通也。」怎樣才能夠通呢？我們經常慣用的一些口語，如云：計畫行得通、事情辦得通、路程走得通、理由講得通；不論是行、是辦、是走、是講，這類的字眼，都屬於行動方面的表示，而為動詞。就是有了行動才能夠通，通了，才能夠泰。假使在靜止而寂滅的當中，沒有任何的行動，那便談不上通，更談不上泰。〈序卦傳〉曰：「履而泰，然後安，故受之以泰。」履就是行動，不過「履，禮也」，僅限於合乎規則的行動。行動固然可以導致

通泰，但不是漫無規則的亂動，如太空星辰，各皆遵循軌道，作有規則的運行，以構成安詳體系。要不然，星辰如此繁密，運行稍亂，則必互相撞擊，而天體以毀。《禮記・曲禮》云：「人有禮則安。」人類社會，同樣的要有規則的運行之履，方可以安詳演進。此所以在〈履〉卦後，繼之以〈泰〉，〈泰〉係指安詳而通泰的現象。

成卦的體例

　　〈泰〉本坤體，而為〈坤〉宮三世卦。乾入坤體，初息成〈復〉，二息成〈臨〉，三息成〈泰〉，四息成〈大壯〉，五息成〈夬〉，自〈夬〉以後，如再上息，則已成〈乾〉，而坤體即不存在。故就坤體存在之範圍內，只始於初息，而止於五息。三正居於初至五之中，在三之前，為初、為二，初陽猶微，二仍屬於涵養期內；在三之後，為四、為五，四已過壯，五則瀕於決陰之程度。是初、二嫌不及，四、五卻太過，過猶不及，惟有陽息至三，三陰三陽，各得其半，配合均衡，始能達成通泰的境界。《黃帝內經》曰：「陽勝則身熱，腠理閉……能冬不能夏；陰勝則身寒汗出，身常清，數慄而寒，寒則厥，厥則腹滿，死，能夏不能冬。」又曰：「陽勝陰則病發狂，陰勝陽則病不通。」據此，陰陽不能偏勝，偏勝則病。人身一小天地，人身如是，推而至於宇宙萬者，亦莫不如是。故必陰陽中和，有如〈泰〉卦的體象，然後由通泰而獲得正常的發展。

立卦的意義

　　內體乾，乾為天而居下；外體坤，坤為地而居上。就上下言，天本在上，其所以反居於下，是表示天氣下降；地本在下，其所以反

居於上，是表示地氣上騰。〈泰〉以陰、陽二氣交通為象，在明造化之本。於消息為正月卦，《禮記‧月令》曰：「是月也，天氣下降，地氣上騰。」天氣下降，斯能與地氣相交；地氣上騰，斯能與天氣相交，相交則通，於是乎天地和同，草木萌動，萬物得以化生。就內外言，禮乃動能的陽，而為萬物生機之所在，禮居內，是表示生機藏之於內；坤乃靜態的陰，而為萬物形質之由來，坤居外，是表示形質現之於外。舉凡宇宙萬物，其內在必藏有生機，外在方現出形質，外在既現出形質，內在必藏有生機。例如，花木之能發枝發葉，開花結果，完全基於內在根荄所蘊藏的生機；根荄生機，倘已耗盡，則枝葉花果一切外在的形質，立即隨之而消滅，所謂「有諸內者形乎外」是也。

以上係據自然現象，藉明天道之泰，天道即人道，人事現象，自亦如是。乾主動，又主剛健；坤主靜，又主柔順。乾在內，坤在外，就好像一個人內在以剛健的主宰，而作有計畫的動；外在卻處之以柔順的態度，而顯得安祥的靜。無疑的，這個人的事業前途，必然會順利達成。反之，乾不在內而在外，坤不在外而在內，那就是內在柔而無主，死氣沉沉，僅從外在虛張剛勇，莽撞騷動，試問，這個人還能談得上事業前途麼？其次，以卦位之上下來看，乾由下而向上，坤由上而向下，因之兩氣相交以至於泰。就好像一個國家政府與人民，上下之間，互通聲息，而毫無隔閡。在上的一切措施，正是在下的共同需要；在下的民情趨向，正是在上的行政張本。照這樣上下溝通，國家沒有不富強的道理。反之，陽性揮發，乾不居下而居上，遂愈向上揮發；陰性凝聚，坤不居上而居下，遂愈向下凝聚。上下之間，背道而馳，欲離愈遠。那就是在上政府做政府的，在下人民做人民的，甚

或人民反叛政府，政府殘害人民。照這樣上下乖離，國家還能夠維持得住麼？可見〈泰〉卦的卦體，其將乾、坤分列上下內外，乃宇宙最高法則，不論自然現象或人事現象，都離不開這個法則的支配。

貳、彖辭（即卦辭）

〈泰〉：小往大來，吉亨。

按易例：乾陽稱大，坤陰稱小。乾陽之所以稱大，是因為陽性向外揮發，向外揮發故大；坤陰之所以稱小，是因為陰性向內凝聚，向內凝聚故小。又以一卦六爻，分成內、外，自內而外謂之往，自外而內外之來。〈泰〉卦的排列，坤陰往而居外，陰小，是為「小往」；乾陽來而居內，陽大，是為「大來」。先儒中有見六五「帝乙歸妹」一辭，遂認為〈泰〉由〈歸妹〉所變，謂〈歸妹〉六三上升而之四為小往，〈歸妹〉九四下降而之三為大來。誠然，〈歸妹〉與〈泰〉，原有往來關係，但此所謂小往、大來，並非指陰、陽兩爻之往來，是指整個之內、外卦體而言。《易》自乾、坤以後，陰、陽二氣，便互相複合，而行變化，以演出各卦，至〈泰〉則三陰三陽，內、外成體，成體之陰、陽，各皆具有充分力量，因之陽息陰內，可以拓開其化陰之功，陰得陽化，遂生長而顯形於外。陽入於內，故內體乾為「大來」之象；陰顯於外，故外體坤為「小往」之象，如僅屬於爻與爻間之往來，其爻之為陰、為陽，均未成體，無力化生，不過表示局部的動態而已。在其他的各卦中，陰陽兩爻往來之情形頗多，從未見有「小往大來」之辭句，足證〈泰〉非〈歸妹〉所變，相反的，倒是〈歸妹〉由〈泰〉所變。據卦變原理：一陰一陽之卦，以〈剝〉、

〈復〉、〈姤〉、〈夬〉爲主；二陰二陽之卦，以〈臨〉、〈觀〉、
〈遯〉與〈大壯〉爲主；三陰三陽之卦，則以〈泰〉、〈否〉爲主。
凡屬卦含三陰三陽者，率皆淵源於〈泰〉、〈否〉。〈歸妹〉係三陰
三陽卦體之一，由〈泰〉卦三、四兩爻易位而成，所以〈泰〉五爻辭
繫之爲「帝乙歸妹」，是〈歸妹〉自〈泰〉變成，而非〈泰〉變自
〈歸妹〉，至爲明顯。

　　〈繫辭傳〉曰：「往者屈也，來者信也。」屈爲委屈，就是委
屈而不足的意思，信同伸，就是伸長而有餘的意思。坤陰既已往於
外，往於外必漸消而不足，不足便感覺得小；乾陽既已來於內，來於
內必漸息而有餘，有餘便感覺得大。從這個角度上看，所謂「小往大
來」，實即陰消陽長。陰消陽長之具體的狀況，在吾人自身即可求得
證明：如人當少年時期，其身體形骸，通常都比較瘦削，而精神活
力，卻特別旺盛；到了壯年以後接近老年時期，其精神活力，通常都
比較萎頓，而身體形骸，卻顯得肥碩。何以故？少年陽旺耗陰，故陰
不足而陽有餘，於是屬於陽的精神活力，便超過屬於陰的身體形骸；
接近老年則陰盛消陽，故陽不足而陰有餘，於是屬於陰的身體形骸，
便超過屬於陽的精神活力。前者是陰消陽長，後者是陰長陽消。陰長
陽消與本卦無關，陰消陽長，正如人在少年時期，生機蓬勃，大可奮
發有爲，衡之消息，又係時值孟春，飛潛走植，莫不欣欣向榮，所以
〈卦辭〉於「小往、大來」之後，而斷之以「吉亨」。

　　《易》對「元、亨、利、貞」四德，有時各加一吉字，元曰
「元吉」，亨曰「亨吉」，利曰「吉无不利」，貞曰「貞吉」。「元
吉」是由元而吉，其吉繫乎元；「貞吉」是能貞則吉，其吉繫乎貞；
至於「吉亨」，本來就是吉，而又可以亨；「吉无不利」，本來就是

吉，而又无不利。似此則所謂「吉亨」的意義，就不單是吉，也不單是亨，是吉中之亨，也可以說是亨之最吉者。前面提到：〈泰〉爲正月卦，在正月節令裡，整個的宇宙，輝光日新，都充滿了生生氣象，當然是「吉」；〈泰〉以天氣下降，地氣上騰，二氣相交，以至於通，「亨者通也」，二氣既經交通，當然能「亨」；〈泰〉又包含乾、坤兩體而成卦，乾、坤兩體皆以二、五爲主爻，內體二之五，外體五之二，則變〈既濟〉，六爻得位而定，當然「吉」而且「亨」。

參、爻辭

初九：拔茅茹，以其彙，征吉。

〈泰〉通〈否〉，亦反〈否〉。〈否〉中爻互艮爲手，初在艮手之下，又與四應，拔之象也。初變巽，巽爲草木。按易例：剛爻爲木，柔爻爲草。初變爲陰，其性柔，是草而非木，巽又爲白，草而色白，乃茅之象。王弼曰：「茅之爲物，拔其根而相牽引也。」茹即茅根牽引之貌，初居卦之最下，而三陽連體，互相牽引，其象有若茅根之茹，故曰「拔茅茹」。鄭注：「彙，類也。」彙與蝟同，蝟身之毛，動其一，則其餘皆動而聳起，言內體三陽，共同行進，一動皆動，故曰「以其彙」。初變巽伏震，初往應四，外體卦亦變震，震爲行，《爾雅・釋言》：「征，行也。」是震即征之象。初往外，二、三亦隨之而往，陰陽相交，外坤得化，故曰「征吉」。〈泰〉因陰陽均衡，而又相交，以卦氣論，最爲通暢，但盡管通暢，在通暢之前，總有個氣機初動的時候，初爻正是這個時候。反觀我們身體的內部，只要氣機一動，於是全身脈絡，接著都在不斷的通暢，如茅之根，如

蜪之毛，其間皆具連帶作用，照這樣向前進展，焉有不吉之理？

九二：包荒，用馮河，不暇遺，朋亡，得尚于中行。

「包」是包容，在此兼有蘊育之義，好像婦人懷孕，包容胎兒，而兼之蘊育。包荒之荒，翟元釋為虛，通俗的講法，沒有生機就叫荒，如地不生物，謂之荒地。〈泰〉外體坤，虛而無陽，缺乏化生功能，呈現一片荒地的現象，但二、五為正應，二、五又為乾、坤之主爻，二可以代表內體乾，五可以代表外體坤，二往應五，等於乾往包坤，故曰「包荒」。包荒的意境，似可從母雞孵卵來看，母雞孵卵，先以自己的身軀覆於卵上，然後逐漸的輸送熱能，以遂其蘊育之功。卵本坤陰之體，得有足夠的熱能之陽，始化生小雞。這髣髴就是二往應五，乾包坤陰之荒。

二應五，五居坤，坤為「用」。《爾雅・釋訓》：「馮河，徒涉也。」因二往居五，外坤變坎，坎為大川，又為險難，有冒險涉水勇敢渡河之象，故曰「用馮河」。「用馮河」者，言用馮河之勇也，馮讀若憑。二居乾為天，五居坤為地，二之五，是由天至地，其道遐遠，而且三陽連體，相偕並進，初在應外，距離更遠，然不能因遠而遂遺棄，故曰「不遐遺」。〈泰〉至九二，二、五相應，天地兩氣，已極通暢，非關河險隘所能阻塞，更非距離遠近所能影響，氣化往來，瞬息萬里，即使如馮河之險，亦能任意的渡過，或遠至不可思議的程度，還是照樣的交流。

外體坤，坤有「西南得朋」之解，是坤為朋，二往居五，則外體坤毀，故曰「朋亡」。《虞氏易》以二、三、四互兌為朋，二變兌象不存而朋亡，其說與下文「中行」之辭意，似不甚合（參看六五小

象）。二上而居五，則五下而居二，二、五兩皆居中得正，二上五下，往來頻頻，其象爲行，中爻互震，震亦爲行，行而得中，是即「中行」。尙通上，含有崇尙之義，言二上應五而行得中，至堪崇高，故曰「得尙于中行」。二往化坤，已使群陰不復朋比相聚，而又行得乎中，恰到好處，是以「天地絪縕，萬物化醇」而泰。

九三：无平不陂，无往不復。艱貞无咎。勿恤其孚，于食有福。

平是平坦，陂是平之反，即傾斜不平。三介乎天地之際，陰陽均衡，於象爲平，但三應上而變艮，艮爲山，三又互兌爲澤，山高、澤卑，而有傾斜不平之勢，故曰「无平不陂」。坤消於外爲往，乾息於內爲復，爻辭之「往復」，即卦辭之「往來」，在爻之所以不言來而言復，是因三至上有〈復〉卦體象，乾、坤往復於卦中，故曰「无往不復」。蓋物極必反，理所當然，楊廷秀云：「勿謂時平，其險將萌；勿謂陰往，其復反掌。」（《誠齋易傳》）此二語可以概括「平陂往復」的意義。

二已變，三在坎中，坎爲險難，三陷險難之中，是即艱之象也。二變應五，則六爻皆正。而得〈既濟〉之定，是即貞之象也。維艱險而能守正，故曰「艱貞无咎」。「艱貞无咎」一辭，其語氣係承接上文「无平不陂，无往不復」二句，言平陂往復，固由於天道循環，無可避免，然苟能守之以正，即使遇有艱險，亦可无咎。

《說文》：「恤，憂也。」二變三居坎，坎爲心志而加憂，其象爲恤。坎又有孚，以三在天地之際，不僅與上相應，尤其與四相親，陰陽之間，其情最切，孚洽之至，無庸憂恤，故曰「勿恤其孚」。外體坤爲釜，中爻互兌爲口，皆食之象，《韻會》：「福，善也。」

內體乾積善爲福，在上之坤釜兌口，以乾爲福而據有之，是即「食福」，「食福」近似俗語所講的「享福」。陰陽既已兩孚，而無憂恤，自然有福可享，故曰「于食有福」。要之，三以乾之極，而應坤之極，又値天地變遞，泰已極而將變，試觀應爻上六爻辭，即可瞭然，故必懍乎平陂往復之道，艱貞自守，以堅持孚洽之至誠，使無憂恤可生，然後才能獲得有福之享受。

六四：翩翩，不富以其鄰，不戒以孚。

《詩・小雅・巷伯》：「緝緝翩翩。」《毛傳》謂爲往來之貌。四近內乾，陰、陽往來，故曰「翩翩」。又二、五易位，四在兩離之間，有群鳥齊飛之象，亦爲「翩翩」。四已居外，坤虛無陽，不能化生，是爲「不富」；四在外，依存於群陰之間，所接觸者，無非是陰，易例：陽富陰不富，故曰「不富以其鄰」。鄰之取象，有以中爻互震又互兌，震東兌西爲鄰。其實，本卦四之鄰謂五，亦猶〈小畜〉五之鄰謂四，蓋四、五兩爻，脣齒相依，最具連帶作用，因遂稱之爲鄰。〈小畜〉五爲陽，四爲陰，陽化陰生，所以說「富以其鄰」；本卦四爲陰，五亦爲陰，陰無陽化，所以說「不富以其鄰」。戒是告戒，〈泰〉通〈否〉，四居〈否〉巽，巽爲命，有告戒之象。〈否〉已變〈泰〉，巽則不存，是爲「不戒」。「不戒」就是不須告戒。二、五易位，外體變坎，坎爲孚，四近內體乾，尤其三、四介乎內、外，三言孚，四亦言孚，意在陰、陽貴能兩相孚洽，而不須告戒。告戒是本不如此，而以告戒使之如此，已非出於孚洽之至誠，故曰「不戒以孚」。〈泰〉至四，已由乾陽而轉入於陰體之內，不可爲群陰拖累，仍需與內體乾陽，翩翩往來，如只與群陰爲伍，則必至於

荒虛不富，惟以陰性喜陽，陽性愛陰，陰、陽之能往來相孚，應發之於本性，而非告戒所能竟其功。

六五：帝乙歸妹，以祉元吉。

五居君位爲帝，五互震，震亦爲帝，震又爲東方乙木；五體坤，坤納甲亦爲乙，合之則稱「帝乙」。《詩・周南・桃夭》：「之子于歸。」女子出嫁曰歸，五以陰居尊，而位在互體震帝之後，是五帝者之妹，五下而就二，有居尊下嫁之象，〈泰〉與〈歸妹〉，又具往來關係，三、四易位，即變〈歸妹〉卦體，故曰「帝乙歸妹」。據《子夏易傳》：「帝乙歸妹，湯之嫁妹也。」因成湯名天乙，《京房章句》且載有成湯嫁妹之辭，儘管先儒持說不一，而謂帝乙爲成湯，較可採信，蓋藉此例以喻陰之爲德，在能承陽。《說文》：「祉，福也。」內體乾積善爲福，五下就二，猶之帝乙歸妹，天地變而陰陽和，五遂得承乾陽之福，所謂「以祉」，就是以此而獲福。五體坤，〈坤〉五曰「黃裳元吉」，〈泰〉五原即〈坤〉五，而又與二正應，陰陽得配，《九家易》認爲是中和相承，故曰「以祉元吉」。泰之所以能通，其主要關鍵，即在二、五兩爻，二上包陰，五下承陽，則成〈既濟〉而定，並由先天乾、坤的陰陽，演爲後天坎、離的水火，五以陰凝乾元，化鴻濛爲萬有，於是品物咸亨，各正性命，斯斷之爲元吉。

上六：城復于隍，勿用師。自邑告命，貞吝。

坤至上爲積土，積土有城象，上應三而體艮，艮亦爲城。《爾雅・釋言》：「隍，壑也。」《說文》：「隍，城池也。」按隍，即

城下之溝壑。〈泰〉反〈否〉，外體坤毀，艮亦不見，是積土之城已不存在，而上與三應又互兌，兌為澤，城變為澤，故曰「城復于隍」，復，就是九三「无往不復」之復。

上居坤，坤為用，又為眾，「師，眾也」。〈泰〉反〈否〉，坤體已毀，故曰「勿用師」。上應三互兌為口，互震為言，是即為告；〈泰〉反〈否〉，上應三而居〈否〉巽，巽為命，坤又為自為邑，故曰「自邑告命」。邑為帝王所居之處，轄境頗小。言〈泰〉至上六，其道已窮，即將變而為〈否〉，一若城土傾圮，而成隍壑。當此之際，決不可興師動眾，妄圖擴張，只能謹守自身之極小範圍，而嚴加告戒，以就證於命。命為天賦之氣質及其法則，非人力所能轉移，如草木屆至秋冬，必然凋零。上六陰雖得位守正，但以氣衰勢蹙，號令不出國門，即使守正而貞，還是羞吝。

肆、象傳

象曰：泰，小往大來，吉亨，則是天地交而萬物通也，上下交而其志同也。內陽而外陰，內健而外順，內君子而外小人；君子道長，小人道消也。

「小往大來」，已見前釋。小往大來何以就能夠吉亨呢？據〈象傳〉啟示，這有人天兩面的道理：以言天道，萬物源頭，莫不肇自天地，所謂「有天地然後有萬物」，天地之為義，就是指的乾、坤兩個卦體，萬物雖肇自天地，然必天地交才可以生萬物，如天地不交，乾、坤各自獨立，便無從演成複合的卦體。猶之元素，如保持獨立的個體存在，何由而產生化合物？故曰「天地交而萬物通」，通自

是取象於坎，二之五體坎，坎為通。以言人道，人道亦如天道，不過天道以氣交，人道以志交，二與五應而上下交，上變坎，下亦互坎，坎為志，兩坎為上下志，中爻又互震伏巽，震、巽為同聲相應，故曰「上下交而其志同」。以人類的結合，完全視乎意志，意志相同，則情如乳水，意志相背，則勢若冰炭，尤其政府與人民上下之間，必須意志溝通，同聲相應，這個國家才有強盛的希望。

　　前面說過，陽主揮發，內在如無揮發的力量，則生機斷絕，而無以化物，陰主凝聚，外在如無凝聚的功能，則分子散漫，而無以成物，故曰「內陽而外陰」，這是專就天道以明自然現象的泰。〈繫辭傳〉有謂：「夫乾，天下之至健也；夫坤，天下之至順也。」宇宙萬物，內有至健之乾，便可以自化自生而不息，外有至順之坤，便可以共存共榮而不害，物既如此，人又何嘗不然，剛健主宰，操之於內，立身行己，才能夠站得住，柔順態度，施之於外，待人接物，才能夠處得好，故曰「內健而外順」，這是兼就天道及人道以明物理和人事的泰。按易例：陽為君子，以君子秉性剛健象陽；陰為小人，以小人稟性柔弱象陰。就由於君子剛健，延之居內，藉使發展而策動；就由於小人柔弱，黜之居外，藉使承受而聽命。舉凡小人皆能聽命於君子的策動，一切自可正常推進，以建成太平盛治，故曰「內君子而外小人」，這是專就人道以明國家政治社會的泰。

　　惟以整個宇宙，本來就是變動不居的，陰、陽兩者之間，並不能長久保持平衡。有時陽在進，而陰便退；有時陰在進，而陽便退。陰陽往來，相與循環。因為陽進則耗陰，如油燈的火炷，燃得太大，真燈油必然很快的用完。陰進則損陽，如動物的軀體，養得太肥，其行動必然逐漸的遲鈍。〈泰〉是陽來化陰，陽在進而陰在退，陽為君

子，陰爲小人，故曰「君子道長，小人道消」。但宇宙萬有，皆不能超越乎對待原理，天道有陽即有陰，人道有君子即有小人，所謂「小人道消」，非必所有的小人都完全消滅，是說君子居位，小人自化，而納之於正軌，雖小人卻爲君子所用，一若陽進而得位，則陰爲陽用，不特無害，而且有利，此其所以爲泰。

伍、大小象傳

象曰：天地交，泰。后以財成天地之道，輔相天地之宜，以左右民。

「天地交」，已見前解。六五以坤陰而居君位，坤有后土之象，古稱君爲后，五又爲〈泰〉之主爻，因即以后狀五之尊。「財成」之財，有釋爲財富，非是，財，一作裁，是裁制的意思，《爾雅・釋言》疏云：「裁、財音義同。」〈泰〉本以乾化坤，而「坤作成物」看財成之象，乾又爲道，故曰「財成天地之道」。六十四卦中，僅〈泰〉卦具備完整的乾、坤兩體，且陰陽相交，非常平衡，但萬有演化，偏陰偏陽，在所難免，謀國者當思所以平衡之道，而依據〈泰〉卦的體象，裁制以成，無使太過、不及，亦即《周官》所謂燮理陰陽之義。輔訓爲贊，相訓爲度，卦體乾、坤並列，相互依存，有輔相之象，義即贊天地之化育，而度其所宜，故曰「輔相天地之宜」。《考工記》云：「天有時，地有利。」時分春秋，地分高下，春則教耕，秋則教斂，高則種黍，下則種稻，凡此皆因天地之宜，而爲之輔相。一說「財成」是制其太過，「輔相」是補其不及，亦不失爲一種見地。內體乾，天道尙左；外體坤，地道尙右。中爻互震居

左，互兌居右，坤又爲民，故曰「以左右民」。左右即佐佑，鄭玄釋爲助，就是本諸天地之道，度其所宜，以助庶民。

初九象曰：拔茅征吉，志在外也。

初九應在四，四居外，互震爲征，初以位在最下，初往外，有拔茅之象，二亦隨之往外，於是外坤變坎，坎爲志，內體群陽，既皆有志於外，則與外體群陰相交而泰，故曰：「拔茅征吉，志在外也。」

九二象曰：包荒，得尙于中行，以光大也。

九二以內體之中，往居外體之中，而包荒虛之坤，因之內體乾變爲離，中爻亦互離，乾本爲大，變離爲光，坤虛既爲乾陽所化，則必含弘光大，品物咸亨，故曰：「包荒，得尙于中行，以光大也。」

九三象曰：无往不復，天地際也。

九三與上六相應，以內體乾之極位，而應外體坤之極位，介乎乾、坤兩極，極則必反，如天時之往而必復，如地形之平而必陂，因兩極爲天地交接所在，陰陽氣機之相互變動，端繫乎此，故曰：「无往不復，天地際也。」（一本作「无平不陂，天地際也。」）

六四象曰：翩翩不富，皆失實也；不戒以孚，中心願也。

六四已離開內體乾陽，而居外體坤陰，易例：陽實陰虛，四既與群陰團聚，虛而不實，坤又爲喪，喪即失也，但四雖居外而近內，在內外之間，有翩翩往來之象，故曰：「翩翩不富，皆失實也。」此皆

之所以貼切外體群陰之翩翩。〈泰〉之能通，基於二、五居中相應，二應五，外體變坎，坎爲心志，志之所向謂之願，外體既已變坎，四得承五之陽，《九家易》云：「陰得承陽，皆因心之所願。」不須告戒，而自然孚洽，故曰：「不戒以孚，中心願也。」

六五象曰：以祉元吉，中以行願也。

六五以外體之中，不居內體之中，二應五，六居外體之中，往來皆中，中爻互震又爲行，陰性本以承陽爲福，五屈尊而降二，變坎爲志願，完全由中而發，以行其所願，故曰：「以祉元吉，中以行願也。」

上六象曰：城復于隍，其命亂也。

上六與九三相應，九三已有平陂往復之象，上又居於極位，極則必反，因外體群陰相繼下降，內體群陽相繼上升，於是〈泰〉反爲〈否〉，〈否〉三互巽爲命，坤爲亂，上體坤應三而命亂，其原有狀態，即不能繼續保持，故曰：「城復于隍，其命亂也。」

第十一卦

泰卦

講習大綱

泰

坤乾
上下

—— 此係〈坤〉宮三世卦，消息正月，旁通〈否〉，反對〈否〉。

「泰者通也」，就是日常口語「通泰」的意思，卦則三陽居內，陽性向外，三陰居外，陰性向內，兩氣相交，而值正月節令，《禮記·月令》曰：「是月也，天氣下降，地氣上騰。」天地交而萬物通，故名之爲泰。

壹、總說

佈卦的次序

氣化之能交流而通暢，必須經過運行，而且是有規則的運行，履本於禮，即有規則的運行，故繼〈履〉卦而佈之以〈泰〉，〈序卦

傳〉曰「履而泰」是也。

成卦的體例

　　溯其成卦之由，天氣下，地氣上，故內體爲乾，外體爲坤，而天地相交，既成卦體之後，則內體乾陽轉而向外，外體坤陰轉而向內，於是陰陽和同，萬物暢遂，斯即所謂「泰者通也」的境界。

立卦的意義

　　泰之所以通，因〈泰〉居〈履〉後，「履者禮也」，凡有設施，一本諸禮，而不離開法度，當然可以通，不過既經通泰了就應該居安思危，而持盈保泰，不能稍有隕越。

貳、彖辭（即卦辭）

〈泰〉：小往大來，吉亨。

　　按易例：卦氣自內而外謂之往，自外而內謂之來。〈泰〉卦構成，是坤體三陰往而居外，陰爲小，故曰小往；乾體三陽來而居內，陽爲大，故曰大來。陽者生機也，陽居內，表示生機充實於內；陰者形體也，陰居外，表示形體發展於外，內則生機充實，外則形體發展，當然是吉而且亨。

參、爻辭

初九：拔茅茹，以其彙，征吉。

初居卦之最下，有茅根之象，茅根相連，拔其一，則其餘皆連帶而起，以喻氣機一動，百脈皆通，所謂「一通百達」是也，似此向前進展，自可獲吉。

九二：包荒，用馮河，不遐遺，朋亡，得尚于中行。

二上應五，群陽皆隨之而起，以包容坤體之荒穢，而蘊育其生機。二爻互坎，雖而有大川當前，但以涉河之勇，不遺在遠之坤，只須去其朋比之私，便可達成中和之功用。

九三：无平不陂，无往不復。艱貞无咎。勿恤其孚，于食有福。

九三界乎天地交遞之際，有平陂往復之象，其處境極不安祥，故應居危守正，方可无咎，尤其要發之於至情至性，而支付其最高之生命力，才可以納福。

六四：翩翩，不富以其鄰，不戒以孚。

翩翩，鳥之往來飛也。四與三正當乾坤之交，故往來而飛，惟四已交進坤體，群陰相聚，陰虛荒穢，何富之有？應不待誥戒，而保持至情至性，以孚洽於往來之陽，方不喪失生機。

六五：帝乙歸妹，以祉元吉。

〈泰〉與〈歸妹〉兩卦有連帶關係，〈泰〉三之四，即成〈歸妹〉，所謂「帝乙歸妹」，京房則以成湯嫁妹爲例，說明二五相應的意義，五下應二，如同屈尊下嫁，蓋即持盈保泰之道也，故以之爲福，而獲元吉。

上六：城復于隍，勿用師。自邑告命，貞吝。

〈泰〉至上六，豐盈已極，物極必反，猶之積土之城，而又傾圮，變爲隍壑矣。其象〈泰〉已轉〈否〉，散而不聚，既是散而不聚，當然不能行師動眾，只有從自己的本位，以就正於天命，蓋泰勢已去，且淪於否，何貞之有？故貞而吝。

肆、彖傳

彖曰：泰，小往大來，吉亨，則是天地交而萬物通也，上下交而其志同也。內陽而外陰，內健而外順，內君子而外小人；君子道長，小人道消也。

乾來居內，而天氣下降，坤往居外，而地氣上騰，論自然現象，是即天地二氣絪縕，而萬物化醇，以生以長。論社會現象則爲上下毫無隔閡，而情投志合，殊途同歸，此所以「泰，小往大來」而「吉亨」。所謂「內陽而外陰，內健而外順，內君子而外小人」皆是指的乾內坤外之卦體，乾爲陽，坤爲陰，故內陽外陰；乾爲健，坤爲順，故內健外順；乾爲君子，坤爲小人，故內君子外小人。所謂「君

子道長，小人道消」，是說乾自下而向上擴展，道長之象也；坤自上而向下收縮，道消之象也。

伍、大小象傳

象曰：天地交，泰。后以財成天地之道，輔相天地之宜，以左右民。

　　陰陽會合，而後萬物化生，但有時不免偏陰偏陽，必須裁而成之（財通裁），並順天時地利，因勢制宜，使民得有趨赴之依據，又在古時稱君爲后，取象於坤，故曰：「天地交，泰。后以財成天地之道，輔相天地之宜，以左右民。」

初九象曰：拔茅征吉，志在外也。

　　初本震爻，三陽連體，向外行進，故曰：「志在外也。」

九二象曰：包荒，得尚于中行，以光大也。

　　二上包荒，居中得正，陰爲所化，故曰：「以光大也。」

九三象曰：无往不復，天地際也。

　　三在內外兩體之間，居乾交坤，其象往復，故曰：「天地際也。」

六四象曰：翩翩不富，皆失實也；不戒以孚，中心願也。

　　四居外坤，無陽不富，陽實陰虛，故曰：「皆失實也。」不待誥戒，而即孚洽於陽，故曰：「中心願也。」

六五象曰：以祉元吉，中以行願也。

　　五居中，而與二往來相應，故曰：「中以行願也。」

上六象曰：城復于隍，其命亂也。

　　上則泰極反否，乃天道之自然，故曰：「其命亂也。」

第十二卦

否卦

周鼎珩手稿

否

坤乾
下上

—— 此係〈乾〉宮三世卦，消息七月，旁通〈泰〉，反對〈泰〉。

壹、總說

佈卦的次序

　　〈否〉是〈泰〉之反，泰爲通，否則閉塞不通。宇宙萬有，本來就是由於乾、坤複合而成，但〈乾〉至終極之上九，而「亢龍有悔」，〈坤〉至終極之上六，而「龍戰于野」，因之，萬有在演進的過程中，都呈現著波形的起伏，一經到了極點的時候，便產生相反的現象，高山之下，必有深壑，燥熱之後，必有陰雨，〈泰〉繼乾、坤相交而通，然「泰否，反其類也」，通極必塞，〈泰〉終必〈否〉。〈序卦傳〉曰：「泰者通也，物不可以終通，故受之以〈否〉。」

〈泰〉至上六，泰已終極，極則必反，而有「城復于隍」之象。孔子於〈小象〉且稱之爲「其命亂也」，其命既亂，自不能再保持亨通之泰，此所以在〈泰〉卦後，繼之以〈否〉，〈否〉係指一切閉塞不通的現象。

成卦的體例

〈泰〉本坤體，而爲息卦，由於乾來息坤而成；〈否〉〈泰〉反其類，〈否〉本乾體，而爲消卦，由於坤來消乾而成。坤來乾體之內，初消成〈姤〉，二消成〈遯〉，三消則成〈否〉。當在初消階段，其內體乾變爲巽，巽屬陰而爲入，陰入於內，內在生機必然受到影響，以漸就衰退，不過生機儘管是衰退，在卦體上已成〈姤〉，「姤者遇也」，尚有陰陽相遇而亨之義。至二消階段，其內體乾則變爲艮，艮爲止，即內在生機陷於停止不進之中，艮又爲子，而乾爲父，乾變艮，是子存而父亡，故虞翻謂有子弒其父之象。到了三消階段，其內體乾一反而變爲坤，完全呈現荒虛狀態，毫無生機可言。初消〈姤〉，陽雖衰退，二消〈遯〉，陽雖不進，但體內陽猶未絕，不若三消成〈否〉，內呈荒虛，根本即無陽的存在，僅餘塊然之體。坤又爲臣，而乾爲君，乾變坤，是臣在而君滅，故虞翻謂有臣弒其君之象。

立卦的意義

在〈泰〉卦裡講過，陽性揮發，陰性凝聚，〈泰〉是乾陽由下而上，坤陰由上而下，故能兩氣相交而通，〈否〉反〈泰〉，乾陽既居於上，便愈揮發而向上，坤陰既居於下，便愈凝聚而向下，於是兩

氣乖離，以致否塞，誠如《禮記‧月令》所謂「天氣上騰，地氣下降」，天地不交，萬物何由得生？又因乾陽主動，動則所以構成內在的生機，坤陰主靜，靜則所以構成外在的形質，〈泰〉是由內在乾陽的生機，孕育而爲外在坤陰的形質，乃萬物化生最正常的現象。〈否〉則不然，內體荒虛，只有靜態坤陰的形質，也可以說，內在生機已竭，所保存的，不過是些渣滓，但外在卻表現出乾陽浮動，這好像一切生物到了快要死亡的時候，裡面的生發功能，已經沒有了，僅有外表的迴光返照，以維持其苟延殘喘的生命。

「遠取諸物，近取諸身」，如以人類自身來看：〈否〉之爲體，內柔而靜，外剛而動，那就表示內無中心主宰，柔弱乏力，乃至於死氣沉沉的寂靜，外則顯得煞有介事的在盲動，《論語‧陽貨》云：「色厲而內荏。」恰好是這種否塞人生的寫照，這種人能夠存在下去，已經是萬幸，還談得上有什麼成就嗎？其次，論及卦位，〈否〉反〈泰〉，乾陽居上，坤陰居下，因之二氣相背，上下不通，乾於人爲首，坤於人爲腹，又爲身，那就表示在上的頭腦之首，不能指揮在下的四體之身，在下的四體之身，也不能聽命於在上的頭腦之首，身首脫節，上下皆失去應有之功能，這種人無疑的是個神經不健全的人，距離死亡之期，已不太遠。若再進一層體察先後天的變化，則對乾上坤下的卦位，義更瞭然：乾、坤是純陰純陽，屬於先天境界，在後天則變爲坎、離水火，離由乾來，而成炎上之火，坎由坤來，而成潤下之水，先天陰陽，無迹可尋，後天水火，有象可見，我們於日常生活中都經驗過，水在上而火在下，水火相資爲用而「既濟」，反過來，火本炎上而又在上，水本潤下而又在下，那便水火相背無情而「未濟」，後天坎、離，就是先天乾、坤，所以乾上坤下，

陰陽不交，遂成閉塞不通之〈否〉。

貳、彖辭（即卦辭）

否之匪人，不利君子貞，大往小來。

　　乾爲人，陰消至三，內體乾已被坤陰所毀，初至四體〈剝〉，坤陰承盛剝陽，外體乾亦將剝落而被毀，乾毀則人道傷，而有「匪人」之象。〈否〉坤消乾在於三，三居人位，而爲消乾之主，故曰：「否之匪人」。「匪」同非，「匪人」就是非人道的意思，〈否〉以坤滅乾，臣弒其君，〈彖傳〉稱之爲「天下无邦」，不復有綱常倫紀，已經到了人道滅絕的地步。有謂「否之匪人」的「之」是衍文，其實不然，按易例：六爻升降，如云二之五，五之二，初之四，四之初，或三之上，上之三，又如卦變常云某卦之某卦，「之」字用得很多，通常皆作至字解或到字解。「否之匪人」是說否塞已到沒有人道的程度，與〈比〉卦六三「比之匪人」同義，〈比〉消至三，乾陽消盡，且體〈剝〉象，三比坤而剝乾，因而繫以「匪人」之辭。明儒來知德則謂：「否之非人也，乃天也。」這是將「匪人」二字，解爲非關人事，而由天意，對「否之匪人」的「之」字，卻輕易掠過，並無正確交代，不但於經義不合，且于文理亦欠安，殊不足以爲訓。

　　乾陽爲君子，〈否〉坤消乾，是君子已見傷，而有不利之象。蓋當閉塞之否，影響到整個的宇宙氣化，都在乖逆不順，氣既不順，則必窒礙重重，何利之有？語乎人事，在此時期，正反顛倒，積非成是，以姦邪爲能幹，只誠篤爲愚頑，流風所趨，善者益困，惡者益彰，活躍於人群之中，皆鼠竊狗偷之輩，誠所謂「天地閉，賢人隱」

（〈坤・文言〉），這對君子當然不利。所謂「君子貞」，「貞」者正也，君子一言一行皆本乎正，但遇否之時，陰不承陽，陽不化陰，天地反背，正氣不伸，以致天下無邦，人道滅絕，如施之以君子之正，是何異乎在妓院中講貞節？徒見其不自量而已。兼之，陽爲明，陰爲暗，〈否〉內體，陽變爲陰，外體，陽傷於陰，整個的卦體已不能存在，由光明而轉爲黑暗，君子稟乾陽之德，卦轉黑暗，自非君子所宜，以孔孟之聖，子弒其父、臣弒其君之春秋戰國亂世，亦莫如之何，而苦於到不行，即其一證。

　　〈否〉卦的卦體，完全與〈泰〉相反，乾陽往而居外，易例：陽稱大，故爲「大往」；坤陰來而居內，易例：陰稱小，故爲「小來」。在〈泰〉卦裡講過「往者屈也」，屈則逐漸萎縮而消，「大往」就是陽消；「來者信也」，信則逐漸伸展而長，「小來」就是陰長。任何現象，尤其是生物界，一經到了陽消陰長的時期，顯得老化狀態，生發機能日就屚弱而運轉不了，所保存的只是塊然之體而已。人到更年期以後，舉止行動一般都感覺得遲鈍，但身體軀殼卻比以前粗壯得多；推而至於樹木，交進秋後，由於生發機能的不足，枝葉凋落，僅存枯幹，這彷彿就是「大往小來」，而爲〈否〉的境界，所以〈否〉爲秋令七月卦。先儒中有見〈泰〉與〈歸妹〉之關係，遂認爲〈否〉自〈漸〉卦變成，謂〈漸〉之九三往而居四爲大往，〈漸〉之六四來而居三爲小來。其實非是，〈否〉與〈漸〉固然不無往來之情，但〈否〉卦「大往小來」是指整個之內外卦體而言，並非僅指陰陽兩爻之往來，陰陽兩爻之往來，不過表示局部的動態，其力有限，尚不足影響整個的卦體─由〈泰〉變〈否〉，這在〈泰〉卦裡已有交代。在此應再說明的是：〈泰〉、〈否〉兩卦爲三陰三陽之主卦，凡

屬卦含三陰三陽者，皆由〈泰〉、〈否〉所變，如〈否〉之初四兩爻易位則成〈益〉，二五兩爻易位則成〈未濟〉，三上兩爻易位則成〈咸〉，至於中爻三四易位則成〈漸〉，故〈漸〉由〈否〉所變，而非〈否〉由〈漸〉所變。

參、爻辭

初六：拔茅茹，以其彙，貞吉亨。

　　初與四應，四互艮爲手，初居艮手之下，有爲其所援之象。初變震伏巽，初應四亦互巽，巽爲柔，柔爻爲草，巽又爲白，草而色白，是「茅」之象。初爲陰，居於卦之最下，陰性原即凝聚，而又三陰連成一體，有如茅根互相牽引，拔其一則其餘隨之而起，「茹」爲茅根牽引之貌，故曰「拔茅茹」。「彙」訓爲類，《爾雅・釋獸》：「彙，毛刺。」注：「與蝟同。」其毛如針，一動皆動，初既三陰一體，而具有連帶作用，因以「彙」毛狀之，故曰「以其彙」。「以其彙」義即已類相聚而不可分，凡三爻同類，聚居於內，均有不可分性，如〈需〉則「不速之客三人來」，如〈小畜〉則「牽復，吉」，如〈比〉則群起「比輔」但內外相應無間，唯〈泰〉與〈否〉，由於相應之切，而相連逐緊，故皆言「拔茅茹，以其彙」。這兩句爻辭〈泰〉、〈否〉完全相同，所不同者，〈泰〉初爲「征吉」，而此爲「貞吉亨」，蓋〈泰〉爲陽息之卦，陽性揮發，初則宜乎上進，而以「征」爲「吉」；〈否〉爲陰消之卦，陰性凝聚，初則宜乎守正，而以「貞」爲「吉」。於〈否〉初言「亨」，以初正則變爲剛，乃〈否〉而反〈泰〉之始，泰者通也，故斷之爲「亨」，而與〈泰〉卦

「吉亨」同辭。

六二：包承，小人吉，大人否亨。

凡言「包」皆取陰陽相應之義，相應則可以包容而資孕育，〈泰〉二應五，乃乾陽包容坤陰，其象是天包乎地，而爲主動，以陽化陰之荒虛，故曰「包荒」；〈否〉二亦應五，乃坤陰爲乾陽所包，其象是地承乎天，而爲被動，以陰受陽之覆蓋，故曰：「包承」。二爲陰，居人位，有「小人」之象，二之應爻五，亦居人位，但爲陽，而有「大人」之象。按易例：陽施陰受，「小人」的氣質如陰，只能被動的承受，處在「包承」情形之下，當然是「吉」，故曰「小人吉」。「大人」則不然，「大人」稟陽之德性，在求主動而有所施展，不宜於「包承」，且五下就二，二上之五，則變〈未濟〉而亂，故曰「大人否亨」。「否」而又曰「亨」，以「否泰反其類」，居否安否，否極則泰而亨，但惟「大人」能之，「大人」雖處否塞之際，而猶不改其操持，故「否」而可「亨」。

六三：包羞。

《虞氏易》以坤爲恥，《廣雅》：「恥，羞也。」〈否〉消至三，而內體成坤，因之取象爲「羞」。前面已經講過，《易》言「包」，皆以陰陽相應爲義，陰陽相應，陽才能包陰，陰才能爲陽所包，但應有正、有不正，如屬不正，雖相應而情有屈，所謂「羞」就是情屈的表現，三以陰居陽，應爻上九則以陽居陰，而近於九四，不僅不正，且亦不專，是猶男女雙方的配合，女過於強，男過於弱，或女方過於豪貴，男方過於寒賤，縱使配合在一起，而男爲女所役，終

不能安於其室，甚或醜聞外播，「包羞」意境，大致如此。

九四：有命，无咎，疇離祉。

四居巽，四變亦爲巽，巽爲命，命即天命，與〈訟〉四「復即命」之「命」同義。「有」爲無之反，「有命」就是勿使其無，而保其「有」的意思，言保有天命，便可「无咎」。以〈否〉至九四，正當轉捩之際，陰轉爲陽，機能漸起，不再如以前之一片荒蕪，故曰「有命，无咎」。四下據坤，坤有田疇之象，故以「疇」爲言，「疇」之涵義頗廣，「類也，又匹也」，〈否〉與〈漸〉卦相往來，四則居離，「離者，麗也」，即日月麗乎天，草木麗乎土，而爲附麗之義。「祉者，福也」，解見〈泰〉卦。要之，所以爲〈否〉，即因無陽不化，而閉塞不通，今四既已進居乾體，三陽同類相聚，且又下據坤陰，並孤獨而無匹偶者，斯能附麗於陰陽之間，以致其福，故曰「疇離祉」。如以〈泰〉三與〈否〉四同參，〈泰〉三於「无咎」之下言「于食有福」，〈否〉四於「无咎」之下言「疇離祉」。蓋二爻皆當天命之變，謀國君子際此時會，極宜著力，知〈泰〉三之將變，使無可咎之處，方能食福；知〈否〉四之當變，使無可咎之處，方能離祉。

九五：休否，大人吉，其亡其亡，繫于苞桑。

《說文》：「人依木則休。」《經典釋文》：「休，息也。」合而言之，即人止於木蔭而事休息。〈否〉與〈漸〉往來，五居巽，五在〈否〉亦互巽，巽爲木，五又居於人位，是即爲人依木之象，故曰「休否」。休否，就是休止其否的意思，因〈否〉至九五已近尾聲，

可以致力使其休止。五以陽居中得正，而有「大人」之象，「大人」秉乾陽之德，而能撥亂反治，以休止其否，故曰「大人吉」。證之於歷史，每逢混亂時期，必有傑出之人出而安定，無永久否塞之理。內坤爲喪，桑與亡同義，坤陰消陽，其勢頗盛，五雖居外，但爲盛陰所消，不無喪亡之可能，故曰「其亡其亡」。疊用「其亡」二字，乃加強警惕之語氣。夫人雖能休否，究竟還在〈否〉中，仍宜時加警惕，亦即〈繫辭傳〉所謂：「危者安其位者也，亡者保其存者也，亂者有其治者也。是故君子安而不忘危，存而不忘亡，治而不忘亂。」五互巽爲繩，繩者所以繫物，其象爲「繫」。巽又爲柔木，有「苞桑」之象。《說文》：「苞，草也。」《詩經·豳風·七月》：「爰求柔桑。」是則苞桑乃柔弱之草木，繫於柔弱草木之上，其不牢固，可想而知。以九五在盛陰之上，其情不安，有被盛陰消滅之危險，故繼「其亡其亡」之後，而曰「繫于苞桑」。有謂「繫于苞桑」爲牢固之義，而以桑木上玄下黃，象乾坤之體，這種解釋，似嫌穿鑿，而有背乎經旨，尤與孔子在〈繫辭傳〉中的啓示矛盾。既已牢固如乾坤之體，何以又說「其亡其亡」？苞與桑是兩回事，桑象乾坤，柔弱的苞草，又當作何解？

上九：傾否，先否後喜。

《中庸》：「傾者覆之。」卦窮於上，則必反生於下，這在卦體上看，就是傾覆。〈泰〉至上六「城復于隍」，即城土傾覆成爲隍壑；〈否〉至上九，〈否〉已至極，物極必反，故曰「傾否」。傾否則上窮反下，而卦體變〈益〉，〈益·象〉謂「民說无疆」，〈益〉內體震，亦「笑言啞啞」，皆具喜悅之象，但正當傾否之際，卦猶

是〈否〉，故曰「先否」，否傾以後，方見喜悅，故曰「後喜」。〈否〉本閉塞不通，惟以〈否〉外三陽連體，上既反下，五便降而居二，六降而居三，於是外體三陽，皆反居於內，而由否塞轉爲通泰，何喜如之！

肆、象傳

象曰：否之匪人，不利君子貞，大往小來，則是天地不交而萬物不通也，上下不交而天下无邦也，內陰而外陽，內柔而外剛，內小人而外君子，小人道長君子道消也。

前面講過，「否之匪人」是否塞到了沒有人道，「不利君子貞」是不利於守正的君子，然而爲什麼會弄成這種地步？這得要先從天道說起。天地之能化生萬物，完全基於天地二氣相交，所謂「天地絪　，萬物化醇。」〈否〉卦的卦體，乾陽居外，是意謂著天氣不下降，坤陰居內，是意謂著地氣不上騰，陰陽隔絕，兩不相交，萬物何由而化生？亦猶之陰電與陽電，如不交流，即無從發光發熱，故曰「天地不交而萬物不通也」，不通是取象於不交，不交則不通。其次，天道可以影響人道，社會演變自亦離不開宇宙法則，在此還是用〈泰〉卦裡所舉的例子來說，例如一個國家，在上的政府與在下的人民，不能呵成一氣，而各行其道，互不相謀，這個國家當然就存在不了，因爲國家之所以構成，一如人體，最基本的條件，是脈絡相通，上下呼應，假使上不能指揮其下，下不能順承其上，麻木不仁，形同死體，在人便淪爲廢人，在國家便不成其爲國家，故曰「上下不交而

天下无邦也」，「邦」是取象于內體坤，坤爲邑爲國，〈否〉內坤陰荒虛，天氣又不下降，而且以坤滅乾，臣弒其君，是爲「无邦」之象。

伍、大小象傳

象曰：天地不交，否。君子以儉德辟難，不可榮以祿。

　　「君子」取象於〈否〉卦外體之乾，乾爲君子，乾又爲敬，〈否〉卦外體坤爲吝嗇，吝嗇就是儉；〈否〉卦內坤外乾，吝而且敬，所以有「儉德」之象。我們在前面提到，〈否〉本乾體，由於坤來消乾，初消成〈姤〉，二消成〈遯〉，三消則成〈否〉，可見〈否〉由〈遯〉來，遯爲逃避，〈否〉卦二三四互艮爲止，亦有避之象，避就是辟。再者，〈否〉卦與〈漸〉卦相往來，天地〈否〉之三爻與四爻易位則成風山〈漸〉，〈漸〉卦二三四互坎爲難，合起來看，有「辟難」之象。《爾雅·釋草》：「木謂之華，草謂之榮。」〈否〉卦中爻三四五互巽爲草，故有榮之象。祿是取象於〈否〉卦外體之乾，乾爲福爲祿。虞翻則是認爲「榮」爲「營」，不可營以祿，就是不可經營求祿。

　　儉德在古代有二個意義，一是在物質方面不做多餘的消耗，二是在言行方面不隨便發揮，要節制自己的言行。過去君子處在亂世，大多過著隱居的生活，一方面躬耕而自食其力，這是物質上的節約，另一方面是避免與人交往，少發表言論，這是言行上的節約。但是爲什麼會造成閉塞的困境？那是因爲一般人爲了自家的生計或福利，會做出不仁不義的壞事，而在閉塞不通時，小人會千方百計地除去君子，

這時君子若言行或物質上不能節約，很容易遭到陷害，所以必須儉德避難，韜光養晦。

邦無道，君子不可榮以祿，因為君子秉性正直，其行事處世一定不利於為非作歹的小人，所以小人會以除去君子為快，處在這樣的環境，君子只能求個體的存在，若還居官食祿，雖然言行正直，反而更容易招來殺身之禍。例如三國時期的諸葛亮躬耕南陽，明末清初的傅青主砍柴維生，就是「儉德辟難」的代表人物，如果能夠保有這股生命力，等到否終則傾，仍然有東山再起的機會。

初六象曰：拔茅貞吉，志在君也。

初爻與四爻相應，前面提到〈否〉卦與〈漸〉卦相往來，〈漸〉卦二三四互坎為志，有志之象。〈否〉卦初爻志在上應四爻，初上而四下，則陽爻居初而陰爻居四，各得其正就成了風雷〈益〉卦，有利於通否之閉塞，故稱「貞吉」。進而言之，初上四下則有機會帶動外體三陽就下而內體三陰升上，這是否極泰來的契機。五爻居君位，六爻之中以五爻的能力最強，初爻固然與四爻相應，但是要反否為泰，關鍵是在五爻，所以說「志在君也」。

六二象曰：大人否亨，不亂群也。

易例：陽大陰小，二爻以陰居陰且為內卦之人位，是有小人之象，二與五應，五爻以陽居陽且為外卦之人位，是有大人之象。〈否〉卦內體坤為朋為眾，有「群」之象，二爻小人歸附於五爻大人，在其開化指引之下，就不會亂。宇宙萬物固然複雜，但是方以類聚，物以群分，各群各類都是相互依存的，亂群就是五行相剋，不亂

就是五行相生，大人能夠居否安否，不與陰小為伍作亂，等到否極泰
來就能亨通。

六三象曰：包羞，位不當也。

三與上應，但是六三以陰爻居陽位，上九以陽爻居陰位，都是
「位不當也」。〈否〉卦到了三爻已經否到極點，完全閉塞了，我們
看任何朝代閉塞不通的亂象，大多起因於用人不當，亦即爻不當位，
昏君庸才掌權執政所致。又如男女婚配，女過於強，男過於弱，同樣
會有「包羞」的後果。

九四象曰：有命无疚，志行也。

「志」是取象於〈否〉卦之卦變來自〈漸〉卦，〈漸〉之二三四
互坎為志；「行」是取象於〈否〉卦之反對卦〈泰〉卦，〈泰〉之
三四五互震為行。九四已經脫離內體坤陰，轉陰為陽，陽能漸起而恢
復生機，這是「有命」的現象，生命機能可以照常運行，是為「志
行」。

九五象曰：大人之吉，位正當也。

五以陽爻居陽位且居外體之中，有「大人」之象，其能撥亂反
治而休否，是為「大人之吉」。就爻位而言，〈繫辭〉說「三五同
功」，因為三爻與五爻都是陽位，其功用相類似，然而〈否〉卦六三
是陰爻居陽位，故曰「位不當也」，九五是陽爻居陽位，故曰「位正
當也」。九五是大人居君位，既有大人的才德，又有君王的權勢，這

樣才能「安而不忘危，治而不忘亂」。

上九象曰：否終則傾，何可長也。

上爻與三爻相應，三四五互巽為長，故有「長」之象。意思是〈否〉卦至上九已經否到極點，我們要盡全力將其傾覆，不能讓它繼續否下去。所謂「物極必反」，宇宙間沒有永久閉塞的道理，否則生生之道無以為繼，故曰「何可長也」。

第十二卦

否卦

講習大綱

否

坤乾
下上

—— 此係〈乾〉宮三世卦，消息七月，旁通〈泰〉，反對〈泰〉。

「否」讀痞音，閉塞不通也，卦則三陽居外，而又愈向外行；三陰居內，而又愈向內行。卦氣在七月，陰陽兩不相交，《禮記・月令》謂「天氣上騰，地氣下降」，天地不通之義也，故名為〈否〉。

壹、總說

佈卦的次序

〈雜卦傳〉曰：「〈否〉〈泰〉反其類也。」物極則反，通之極矣，必至於閉塞，〈泰〉到上爻，其通已極，而有「城復于隍」之象，故以閉塞不通之〈否〉，佈於〈泰〉卦之後。

成卦的體例

〈否〉屬〈乾〉宮三世，而爲消卦，不僅陰陽反背，而且陰氣化上長，陽氣化因氣化侵襲而消退，如以乾坤變爲後天坎離來看，乾在上就是離在上，坤在下就是坎在下，卦成火水〈未濟〉矣，其氣化運行，已淪爲悖亂。

立卦的意義

〈否〉之閉塞而悖亂，是由於陰盛滅陽，綱紀敗壞，奸小橫行，壞道之君子，處於否時，只有明哲保身，而爲國家社會存留一脈正氣，所謂「天地閉，賢人隱」（〈坤‧文言〉）是也，待至亂極思治，人心轉向，然後扶陽抑陰，方能反〈否〉爲〈泰〉。

貳、彖辭（即卦辭）

否之匪人，不利君子貞，大往小來。

坤陰消〈乾〉，至二成〈遯〉，而子弑其父；至三成〈否〉，則更進而臣弑其君，蓋已無上無下，社會倫常，崩潰無餘，人道瀕於滅絕，是即「否之匪人」也。易例：乾爲君子，〈否〉則以坤滅乾，乾陽既爲坤陰所滅，當然與君子不利；君子之道，一本乎天理之正，弑父弑君，何正之有？故「不利君子貞」，貞者正也。〈否〉反〈泰〉，乾陽往而居外，坤陰來而居內，陽大而浮散於外，則失去鼓舞之作用，陰小而沉滯於內，則失去生化之機能，所以「大往小來」，成其爲〈否〉。

參、爻辭

初六：拔茅茹，以其彙，貞吉亨。

〈否〉亦如〈泰〉，初六在下，有「茅根」之象，拔則相連而起，其消陽之害更大，故須正於其所，而以貞爲吉。蓋〈否〉初如正，則變爲陽，乃反〈泰〉之始，泰者通也，因亦言亨，與〈泰〉卦「吉亨」同辭。

六二：包承，小人吉，大人否亨。

二與五應，二承五，五包二，有「包承」之象，包承者承受包容也，小人陰柔無力，不能自主，以承受包容爲吉，君子則有自持之道，決不屈己徇人，以否居否，〈否〉極轉〈泰〉而亨。

六三：包羞。

陰消至三，〈否〉象始成，卦辭稱之爲「匪人」，即指六三之位不正也，二五之「包承」，以二五尚能得位，六三與上九，縱使勉強包容，其情有曲，實足以暴露其羞辱耳。

九四：有命，无咎，疇離祉。

四因逼近內體坤陰，有直接受其侵襲之勢，故須愼爲「保有天命」，方可无咎，並須附麗於外體三陽，相與疇匹，以致福祉。

九五：休否，大人吉，其亡其亡，繫于苞桑。

五居中得位，〈否〉至五，其勢已衰，而有「休否」之象，但能休否者，必具撥亂反正之才，故以大人爲吉。尤其否之爲害，雖漸休止，而五究猶在〈否〉，應提高「其亡其亡」之警覺，居安思危，一若繫之於苞桑也。

上九：傾否，先否後喜。

物極必反，否終必傾，上傾則損上益下，因以息〈泰〉，故「先否後喜」。〈泰〉至上則「城復于隍」，〈否〉至上則「先否後喜」，陽極反陰，陰極反陽也。

肆、象傳

象曰：否之匪人，不利君子貞，大往小來，則是天地不交，而萬物不通也，上下不交，而天下无邦也。內陰而外陽，內柔而外剛，內小人而外君子。小人道長，君子道消也。

乾往居外而內氣上升，坤來居內而地氣下沉，論自然現象，天地隔絕，萬物可以通暢；論社會現象，上下隔絕，邦國當然混亂。所謂「內陰而外陽，內柔而外剛，內小人而外君子」，是指乾外坤內之卦體而言，乾爲陽，坤爲陰，故「內陰而外陽」；乾爲剛，坤爲柔，故「內柔而外剛」；乾爲君子，坤爲小人，故「內小人而外君子」。所謂「小人道長，君子道消」，是說坤伸於內，道長之象也，乾屈於

外，道消之象也。

伍、大小象傳

象曰：天地不交，否。君子以儉德辟難，不可榮以祿。

　　天氣不下降，地氣不上騰，兩氣不交以成〈否〉。所謂「君子」，是取象於乾。乾為敬，坤為吝，吝而且敬，「儉德」也。二至上體〈遯〉，遯道逃避（辟通避）之象，是即「儉德避難」。既抱儉德，而逃避否塞之難，則不以祿自榮矣，故曰：「天地不交，否，君子以儉德辟難，不可榮以祿。」

初六象曰：拔茅貞吉，志在君也。

　　坤二承五，初與三以同類亦往承五，五為君，故曰：「志在君也。」

六二象曰：大人否亨，不亂群也。

　　大人處〈否〉，不為群陰所亂，故曰：「不亂群也。」

六三象曰：包羞，位不當也。

　　陰消至三成〈否〉，三以陰柔居剛，故曰：「位不當也。」

九四象曰：有命无咎，志行也。

　　四已超出群陰之外，附麗於乾陽之體，故曰：「志行也。」

九五象曰：大人之吉，位正當也。

五以居中得位，陰不能消，而成「大人之吉」，故曰：「位正當也。」

上九象曰：否終則傾，何可長也。

〈否〉至上則傾而反下，其勢已盡，故曰：「何可長也。」

第十三卦

同人卦

周鼎珩講　陳永銓記錄

—— 此係〈離〉宮歸魂卦，消息七月，旁通〈師〉，反對〈大有〉。

中國最近（1982年講〈同人〉卦）已經否到了極點，同人正好可以破否，所以現在講〈同人〉卦正是時候。

爲什麼這個卦取名爲〈同人〉？又爲什麼人而稱同？宇宙化育萬物，都是來自氣化，那麼，氣化又是如何化育萬物？它是把各種質素合成一種化合物，宇宙化育萬物最重要、最吃力，也最巧妙的工作，就是把許多不同的質素混合在一起，這絕對不是漫無標準或漫無條件地隨便湊合，必須是這些質素彼此之間是諧和的，例如泡茶可以加菊花，但是不能加油添醋，所以一定要符合諧和的條件，這樣才能湊合在一起，造物的偉大就是在這一點。

　　人是萬物之靈，人身就是一小天地，宇宙應有的氣化質素，人體都具備了，有關這些量與這些質要如何配合？實在太複雜了，太精緻了，所以文王會以「同人」作爲這個卦的名稱，我們了解人身內在質素的化育過程，就可以參贊天地的化育之道。就六爻來說，初爻與二爻屬地，是實質有體的氣化；五爻與上爻屬天，是空洞能力的氣化；三爻與四爻則爲天與地的配合，難免會有偏差、有多寡，可說是參差不齊，而且千變萬化。當我們理解人身內在質素的配合是非常的不容易，進一步就能瞭解天地造物的配合是多麼的複雜與困難，要想做到「同人」，更是難上加難。

　　凡是靈能越豐富的，越是不容易受人支配，所以要使眾人同一趨向，簡直難如登天，但是並非完全不能做到。我們從一個人的眼睛，可以看出他的氣化表現，不會有二個人具有相同的眼睛表情，所以古人說：「人心不同，各如其面。」因爲人是萬物之靈，人所具備的靈能特別豐富，所以我們要使人同一步趨，就要從靈能著手。人身一切的感知能力屬陽，一切的營養質素屬陰，人類的神經是感能的系統，血管是營養的系統，一個人發生感能，就是情之所在，因爲有感能就有好惡，既有好惡，就會所好者好之，所惡者惡之，所以若能做到同其好惡，就能與人相通。

　　例如孟子說：「國人皆曰賢，然後察之；見賢焉，然後用之。……國人皆曰可殺，然後察之；見可殺焉，然後殺之。」（《孟子‧梁惠王下》）這樣民心就能同一趨向；孟子又說：「（《尚書‧泰誓》曰）天視自我民視，天聽自我民聽。」（《孟子‧萬章上》）天意即在於民心，由此可見，利用人類感能的好惡，就能做到〈同人〉。武王伐紂，不期而遇者八百諸侯；成湯伐桀，南征而北狄怨，

東征而西夷怨，都說「奚爲後我？」可見伐紂與伐桀是人民共同的願望，武王與成湯都能做到民心之所好而好之，民心之所惡而惡之，這樣的討伐當然會成功。否卦是氣化閉塞，天地陰陽上下不通已經到了極點，這時要掌握天下人心感能的好惡，設法予以同之。

壹、總說

佈卦的次序

〈否〉在自然現象是天地不交而萬物不通，在人事社會是上下不交而天下無邦，這就是沒有體制。但是無論是宇宙自然或是人事社會，陰陽氣化不能永久閉塞不通，那生生之道才不會滅絕，於是必須有個道理出來化解這個閉塞不通的現象，這就是〈同人〉卦的由來。

我們前面提到，爲什麼這個卦名稱〈同人〉？因爲氣化相通是要靠感應，宇宙之間最富感應的是人，所以這個卦以人來形容宇宙氣化感應相通的狀態。其次，在社會現象閉塞不通的時候，必須大家同心協力去打開鬱結，但是有誰能號召眾人同心協力？那應該是英雄豪傑才行。人事社會本來就是同中有異、異中有同，〈同人〉卦的精神是異中求同，國民黨孫中山先生的三民主義是「異中求同」，共產黨的馬列主義是「同中求異」；我們要建設一個現象，必須先找出這個現象的相同點，加以發揚光大；我們要破壞一個現象，必須先找出這個現象的相異點，加以擴大誇大。

〈同人〉是由坤元入於乾體而居內體離卦之中，既得位又居正，這樣外體乾卦的三個陽爻與內體離卦的二個陽爻，都有了安定的

目標，於是群陽一致而趨向六二之陰爻，殊途同歸地向內體集中，這樣就能改善〈否〉卦天地不交而萬物不通的閉塞狀態，呈現天地相交而萬物相通的景象。〈同人〉卦上乾下離，乾陽輕清之氣上浮於天，離火有炎上的性能，所以二氣合同，況且先天八卦之乾居南方，後天八卦之離也居南方，二者同性能又同方位，構成〈同人〉，當然能夠破解〈否〉卦的閉塞，所以〈同人〉卦佈在〈否〉卦之後。

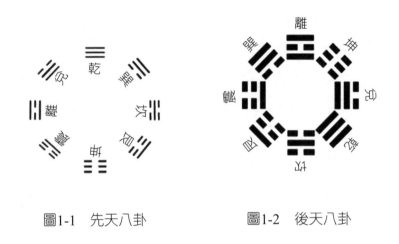

圖1-1　先天八卦　　　　　　圖1-2　後天八卦

成卦的體例

從卦位來看，先天八卦乾位居南，後天八卦離位居南，所以乾卦與離卦有同位的關係。先天純粹的乾陽，在後天運行的宇宙已經看不到了，我們只能在火焰中看見彷彿乾陽的樣子。火焰沒有重量，氣化一直往上走，永遠不再回到地球，那就是乾陽。水遇熱則變成水蒸氣，那氣化也是往上，但是溫度一降，又變成水滴往下降，可見坎水的性質不同於離火。因為離火之中含有乾陽，所以離卦與乾卦非但在先天八卦與後天八卦有同位的關係，二者的氣化性質也是相同，乾在

後天處於西北，是乾燥的地方，離火也是燥熱。由此可見，〈同人〉卦外體之乾與內體之離，既是同方位，又是同性質。

　　〈同人〉卦以六二為主爻，二居內卦的人位，外卦為乾，在〈需〉卦稱內體之乾卦為「有不速之客三人來」，所以乾卦有「人」之象，〈同人〉的卦體呈現四個陽爻（上九之陽位處應外）殊途同歸而趨向六二之陰，所以稱為「同人」。乾陽氣化奔放不羈，有如空中的電波鼓舞不停，只有在遇到諧和的陰體，像是花朵，就會固定在花中運轉而開化這個坤陰實體，因為〈同人〉卦的六二之陰居中得正，五個陽爻除了上爻位處不應之外，都認為它很和諧，所以群起而同之。〈同人〉卦旁通〈師〉卦，〈同人〉之二、三、四爻互巽，為婦為長女，〈師〉卦之二、三、四爻互震，為夫為長男，有夫婦同心之象。再者，〈同人〉內體離為日，〈師〉卦內體坎為月，有日月同光之象。

　　〈雜卦傳〉曰：「〈大有〉眾也，〈同人〉親也。」〈大有〉卦以六五為主爻，這個陰爻權勢旺盛，可以吸引群陽齊來歸附擁戴，所以說「〈大有〉眾也」；〈同人〉卦以六二為主爻，顯得柔嫩而情感豐富，是以溫情來羅致群陽，所以說「〈同人〉親也」。再從卦變來看，凡是一陰五陽的卦，都是從〈姤〉卦與〈夬〉卦來，〈大有〉是一陰五陽的卦，來自〈夬〉卦，〈同人〉也是一陰五陽的卦，卻是來自〈姤〉卦；〈姤〉卦之陰在初爻，與群陽只是相遇；到了〈同人〉之陰在二爻，才能與群陽和同。

立卦的意義

　　〈否〉卦外體三陽受到內體三陰的侵害，已經支持不住了，

〈同人〉接在〈否〉卦之後，是要重新把衰敗的乾陽再聚合起來。乾陽在人世社會指的是有道之士，〈否〉卦的特徵是天地閉而賢人隱，有道之士都隱藏不見了，〈同人〉卦是要把天下人才聚合起來，若能聚合〈否〉卦為害所倖存的賢良之士，進而凝聚成一個形勢，就能夠消滅〈否〉卦的陰邪局面。但是如何集中天下人才與賢良之士來破除否塞不通呢？我們看〈同人〉卦的內體是離，離為火，代表內在有一股熱誠之心，這啟示我們，必須拿出內心的一股熱忱，才能夠招致天下賢良之士。此外，〈同人〉卦以六二之陰居中得正，能夠虛而有容，才有力量吸引天下的人才。合而言之，必須具備這樣的熱忱與度量，始能做到同人。

進而言之，〈同人〉有一個重要的意義，那就是同人並不是要天下人都放棄他自己的見解，並不是大家都必須認同我的見解。換言之，是要以天下人心之所向來同，是我用天下人人相同的趨向來同，也就是沒有私心，不會結黨營私，如果要求天下人心都要跟我相同，那就是有私心。中國歷代真正講求民主的，是夏商周三代與漢唐時期，例如周公一握髮、三吐哺，以禮賢下士，始能治理天下，這才是真民主。總之，能夠運用天下人的共同趨向，而團結天下人心，才是同人的最高境界；能夠運用天下人的頭腦，才是真聰明。

處在〈否〉卦閉塞不通而上下不交的時候，如何群策群力，以同人破否呢？這有二個重點。第一，人與人能夠相通相同，主要是在於心靈，彼此心靈若有好的感應，就容易溝通，而心靈之所以能夠感應，則在乎情理，人人都有與生俱來的共同的是非標準，這不是人為方法所能消滅的，所以我們想要使人心一致，必須明辨是非，抓住人人心靈相同的是非標準。第二，同人的過程中，難免會有特殊乖異的

人出來反對，或是爲了個人自身利益而反對公益，這些少數的違心之論者，不可理喻，我們只要本諸公正，求大多數的認同即可，畢竟堯舜之治，天下仍有盜賊啊！

貳、彖辭（即卦辭）

同人于野，亨，利涉大川，利君子貞。

〈同人〉原本是乾體，因爲坤陰二爻來交乾體而成卦，乾卦在後天八卦是位居西北之隅，有郊野之象。《毛傳》：「邑外曰郊，郊外曰野。」〈同人〉是〈乾〉卦二爻變成六二陰爻而發揮作用，九二爻辭「見龍在田」，也有田野之象，所以說「同人于野」。這個「野」字有二個意義，一是與人和同，其範圍很廣闊，無遠弗屆，也就是在客觀方面，同人的範圍是無所不在的。二是在主觀方面，同人者的內心沒有成見，像田野一般空曠，有大公無私的胸襟。這樣與人和同，在主觀上不及於私，在客觀上不分遠近，同人而具備這二樣條件，必然可以亨通。〈否〉卦是氣化閉塞不通，同人可以破否，氣化由閉塞而變爲通暢，所以稱「亨」。

〈同人〉息自〈師〉卦，地水〈師〉的內體是坎，坎爲大川，由〈師〉卦息成〈同人〉，有「利涉大川」之象。〈同人〉卦二、三、四互巽爲木爲舟，木舟可以漂浮於坎水之上，亦有「涉」象，大川代表險難，「利涉大川」是可以渡過任何的危險艱難。既然已經具備「同人于野」的條件，天下人心自然同一趨向，任何艱難都能渡過，所以說「利涉大川」。易例：乾爲君子，〈否〉卦的卦辭「不利君子貞」，因爲否已無上無下，社會倫常崩壞，當然不利於君子之道；

同人正好相反，是「利君子貞」，因為同人是來破否的，是重新聚合乾陽來振興君子之道的。但是，人之和同，難免有結黨營私而流於邪僻，這就違反「貞者正也」的原則，因為同人是要撥亂反正以救濟乾陽，必須大公無私地以天下人心好惡為考量，堅守君子之正道，不為私利而和同。

　　常言道：「人心不同，各如其面。」那麼要如何使人人和同呢？〈同人〉的卦辭指示我們：第一，同人的條件是「同人于野」，我們的內心要坦蕩無私，像田野一般空曠，沒有任何的畛界；空曠便可以相容，沒有畛界就可以相和，相容而相合，自然可以走上同人的正途，這樣就會有亨通的發展。第二，同人的功效是「利涉大川」，大川是代表險難，即使有險難橫阻於前，只要大家本著至情至性、肝膽相照、相容相合，所謂「眾志成城」「二人同心，其利斷金」，那麼任何險難都能克服。第三，同人的原則是「利君子貞」，如何在時間上延長同人的功效？如何在空間上擴大同人的範圍？「貞者，正也固也」，必須貞正於君子之道，穩定在肝膽相照、毫無畛界之上，在時間上要穩固，在空間上要正確，這是〈同人〉的最高原則與正確態度。

參、爻辭

初九：同人于門，无咎。

　　〈同人〉初爻一變，則內體由離變艮，艮為門闕；初九小象說「出門同人」，因為初為震爻，震為出，所以說「出門同人」。大凡結黨營私的和合，因為怕人知道，會在門內進行；若是「同人于門」

或「出門同人」，那就表示沒有隱私，君子坦蕩蕩，光明磊落地在門外和同，這樣當然「无咎」。初九與九四不相應，反而心無牽掛，胸無成見。六十四卦之中，只有二個卦講「出門」，除了〈同人〉初爻，還有〈隨〉卦初爻「出門交有功」，隨是隨和人家，當然不宜有私心，必須是無所謂地隨和，就像同人一定要出門，不能有私情。

六二：同人于宗，吝。

《尚書·禹貢》：「江漢朝宗於海。」鄭玄注：「百川以海為宗。」所以說「宗」是指江河百川流向的目標。六二是〈同人〉卦唯一的陰爻，群陽都以六二之陰為目標而來開化它，有江漢朝宗之象。陰爻的性能是向內收縮凝聚，以致體積越縮越小，在與人和同的時候，自我侷限在宗派的範圍，這樣的胸襟狹小，和同的範圍自然不大，當然施展不開，就像鄉下姑娘進城，走在街上手足無措，這就是「吝」的表現。從事同人的工作，絕不能縮小範圍，「同人于宗」是有畛界的，只能與特定的人結合，而無法與更大的群體和同，所以稱「吝」。有人質疑說，為什麼六二是同人的主爻，卻稱「吝」？簡單的說，就爻而言，六二「同人于宗」是「吝」，就卦而言，「同人于野」是「亨」。

九三：伏戎于莽，升其高陵，三歲不興。

三爻與四爻在六畫卦是人位，在人位要從事同人的工作最困難，所以九三與九四的爻辭都沒有提到「同人」二字。因為每個人稟賦的靈能有多有寡，有上智下愚與中人之資，這是天地化育最精緻之處，而在千千萬萬差異之中，要求和同一致，那非常不容易。

　　〈同人〉二、三、四互巽為伏，巽又為草木，三又居內內體離卦為戎，離伏坎而坎為荊棘，合起來看，有「伏戎于莽」之象。此外，離火炎上有升之象，巽又為高，巽伏震為陵，合起來看，有「升其高陵」之象。三爻之數為三，離卦之位數也是三，乾為天，周天三百六十五天為一歲，合起來看，有「三歲」之象。《易經》凡是稱「三」，都是該卦有三個陽爻或陰爻連在一起，例如〈同人〉卦有「三歲不興」，〈晉〉卦有「晝日三接」；震又為起，興就是起，〈師〉卦息成〈同人〉，則震象不見，所以稱為「不興」。任何現象發展到了半個週期，總有麻煩，三爻是在六爻的中間位置，正好是半個週期，又像是婦人懷孕，不幸流產大多是在四五個月的時候，也剛好是半個週期。大凡一種現象，講同的是建設性的，講異的是破壞性的，「同人」雖然是建設性的，但是很難達成，所以「三歲不興」。

　　人與人和同之時，彼此的心情難免起伏不定，由於九三與上九為敵應，相互猜疑而無法同心，於是忽而「伏戎于莽」，在暗中埋伏，以防備他人對我不利，忽而「升其高陵」，在高處窺伺，觀察他人是否不懷好意。就這樣內生扞格之情，外存觀望之勢，持續了三年之久，還是沒有採取和同的行動。我們看《後漢書・卷十三・隗囂列傳》，隗囂曾在王莽朝中為士，又在更始帝朝中任御史大夫，後來光武帝屢次招降，隗囂卻一再藉故推辭，雙方的和同過程長達數年，因為彼此猜忌而起伏不定，最後隗囂窮途末路，病餓交加，恚憤而死。用這個實例來說明九三的爻辭「伏戎于莽，升其高陵，三歲不興」，我覺得比較容易了解。

九四，乘其墉，弗克攻，吉。

　　《說文解字》：「墉，城垣也」，通稱為城牆，虞翻曰：二、三、四互巽為高為伏，高而可伏，有城牆之象。這樣的說法似嫌隱晦，其實〈同人〉內體為離，離卦外實而中空，就有城牆之象，九四位在內體離卦之上，故稱「乘其墉」。九四伏在城牆之上，窺伺城內的虛實表現，似乎要準備攻擊。然而九四是陽爻居陰位，陽爻是主觀的意識，陰位則是客觀的環境，意識想要攻擊，環境卻不利於攻擊，若能順應環境而停止攻擊行動，那就是「弗克攻」，當然有「吉」的結果。我們回頭看〈訟〉卦的九二與九四爻辭都是「不克訟」，也是陽爻居陰位的關係。

　　〈同人〉內體離為干戈，四爻變則二、三、四互坎為險難，坎水在上而離火在下，有水火交攻之象，初爻與二爻的爻辭有「同人」，五爻與上爻的爻辭也有「同人」，三爻與四爻處在內體與外體之間，是一個卦內外交替的位置，是將進而未進的過渡時期，易例：三多凶、四多懼，所以九三與九四的爻辭沒有「同人」。三四兩爻表示在同人的過程中，多半會發生三爻「伏戎」與四爻「乘墉」的毛病，「墉」是城牆，代表義理的藩籬，有時為了自己的利益著想，會想乘勢而入去攻擊對方，但是考量義理，良心卻不允許自己這麼做，因為坎為險難，坎又為法理準則，破其藩籬，於法不能通融，這個時候是天理與人欲交戰於中。〈同人〉卦三四兩爻告訴我們如何趨吉避凶，九三「三歲不興」，不能發動攻擊，九四「弗克攻」，不應乘勢而為。

　　同人是很難的，即使到了最後上九也只是「无悔」而已。同人是以「世界大同」為目標，因為當時聖人（文王作卦辭，周公作爻辭）

是以「天下爲一家，中國爲一人」，但是求同的工作是很難的，尤其三爻與四爻是六畫卦的人位，人的質能參差不齊，趨向各有不同，是同人最困難的時候。再以〈同人〉卦的內體外體來看，從初爻到三爻是由同而異，從四爻到上爻是由異而同，可見九四比九三好，因爲逐漸趨向於同而獲吉。例如滿清入關而明朝將亡的時候，漢人生活得很不習慣，所以「反清復明」是那個時代的課題，起初有復社四公子，接著有晚明七子，後來有以史可法爲主的洪幫，大家都是同一趨向的。不久又有年羹堯組織安清幫去幫助清朝，有了反對的勢力，形成由同而異；後來，洪幫說服安清幫改稱清幫，清洪一家了，但是清可轉洪，洪不可轉清。安清幫的反對勢力就是九四，可見同人的過程難免會有反對同人的現象出來，清幫本來是「乘其墉」，反正後就「弗克攻」，所以稱「吉」。

九五：同人先號咷而後笑，大師克相遇。

「號咷」取象於離，九五變陰爻則外體爲離，五與二應而內體亦爲離，離卦九五爻辭爲「出涕沱若」，有號咷之象。「笑」取象於震，〈同人〉旁通〈師〉，〈師〉卦二、三、四互震，震爲「笑言啞啞」，五與二應，有笑之象，〈同人〉外體乾爲先，旁通〈師〉之外體坤爲後，把這些體象合起來看，有「先號咷而後笑」之象。〈同人〉是由乾陽之體息成，「陽大陰小」，故稱「大」，〈同人〉旁通〈師〉，故稱「師」，「大師」就是大用，有大用才能大同；〈同人〉的卦變是來自〈姤〉卦，〈同人〉的二爻至上爻也有〈姤〉卦體象，姤者遇也，把這些體象合起來看，有「大師相遇」之象。

宇宙法則是同中有異，異中有同，就個體而言，朋友之間或夫妻

之間，要做到彼此和同無間，各個階段都能一帆風順地和同到底，所謂相看二不厭、白頭偕老，都不是容易的事。〈同人〉卦的三爻「伏戎」、四爻「乘墉」，都是和同出了問題，以致五爻一開始，會心生悲憤而嚎啕大哭，但是因爲九五與六二畢竟是正相應，彼此可以正當而密切的結合，於是產生愉悅之感。經過三爻與四爻的由同而趨異，再由異而趨同，到了五爻，大家漸漸有了和同合作的意願，但是要將群體結合起來，還需要努力磨合，克服痛哭流涕的困境，才能萬眾一心。目前我國正需要做同人的工作，但是要統一大陸的人心是很困難的，還有一段痛哭流涕的路要走。

上九：同人于郊，无悔。

聖人作《易》，心在四海，以天下爲家，所以同人的工作跟宇宙一樣大而無外。上九位於卦體之末，又與九三不相應，卦末無應，有如在郊；〈同人〉卦本爲乾體，乾在後天八卦位於西北之隅，有郊之象。唐・慧琳《一切經音義》：「天子治居之城曰都，舊都曰邑也。」《說文》段注：「邑外曰郊，郊外曰野。」可見野比郊更爲空曠廣袤。野是廣闊無垠的，就像同人是沒有極限的，所以卦辭說「同人于野，亨」，至於上九爻辭「同人于郊」只能「无悔」，〈乾〉卦上九是「亢龍有悔」，因爲乾陽的發展有其極限，同人的工作則是永無止境的，因爲要達到萬眾一心是不可能的，所以〈同人〉到了上九還是「无悔」。

肆、彖傳

彖曰：同人，柔得位得中而應乎乾，曰同人。同人

曰，同人于野，亨，利涉大川，乾行也。文明以健，中
正而應，君子正也，唯君子爲能通天下之志。

「同人，柔得位得中而應乎乾，曰同人。」〈同人〉卦本爲乾
體，因爲坤陰二爻來入於乾體，而成乾上離下之〈同人〉。六二以陰
爻居陰位，既當位又居內體之中，成爲〈同人〉卦的主爻，有「柔得
位得中」之象；九五以陽爻居陽位，又居外體乾卦之中，可以代表外
體的乾卦，六二與九五相應，就等於與外體的乾卦相應，所以說「而
應乎乾」。我們要跟別人和同，必須有柔順的態度，能夠大量包容，
就像〈坤〉卦「厚德載物」，在社會上做人處世，也要拿自己的個性
去適應社會的情勢，不只是順應社會環境，還要順應得恰到好處，
「得位」就是在這樣的時空環境之下，所作所爲都沒有偏差，而能與
剛強的社會相應，所以說：「柔得位得中而應乎乾，曰同人。」

「同人曰，同人于野，亨，利涉大川，乾行也。」〈同人〉旁
通〈師〉卦，〈師〉卦的內體〈坎〉有大川之象，由〈師〉卦逐漸息
成〈同人〉，則有「利涉大川」之象，但爲什麼能夠利涉大川而渡過
險難？是因爲乾陽的行動所致，所以說「乾行也」。乾陽是向外擴散
的，有能力幫助坤陰開花結果，〈繫辭上傳〉說：「乾知大始，坤作
成物。」就是這個意思，但是大家通常只是看見坤陰的表現，而忽略
了乾陽開化坤陰的功能。事實上，同人要達成「利涉大川」的目標，
必須跟隨著乾陽動能的原則去運行：首先要光明正大，其次要有利於
社會，最後要持續不斷的運行。

有同學提問：爲什麼六二是〈同人〉卦的主爻，其爻辭卻是
「同人于宗，吝」呢？《易經》之中，凡是以陰爻爲主爻的卦，都是

依靠乾陽來運行，才能有「亨」的結果，這就是「乾行也」。我們看〈同人〉是以六二為主爻，其爻辭固是「同人于宗，吝」，其卦辭與〈象傳〉則分別為「同人于野，亨」「柔得位得中而應乎乾」；簡單的說，六二爻辭「同人于宗，吝」是指六二陰爻的特性，至於卦辭「同人于野，亨」與〈象傳〉「柔得位得中而應乎乾」，都是強調〈同人〉卦的整個體象，關鍵在於乾陽。我們再來看〈履〉卦以六三為主爻，其爻辭固為「履虎尾，咥人凶」，但是〈履〉卦的卦辭與〈象傳〉則分別為「履虎尾，不咥人，亨」「柔履剛也，說而應乎乾」；接下來看〈大有〉卦以六五為主爻，其爻辭固為「厥孚交如，威如，吉」，但是〈大有〉的卦辭與〈象傳〉則分別為「大有，元亨」「柔得尊位…，應乎天而時行」。總而言之，〈同人〉、〈履〉、〈大有〉這三個卦的〈象傳〉所稱「應乎乾」或「應乎天」，都是指坤陰必須依靠乾陽來發揮作用。

　　「乾行也」是〈同人〉能夠亨通而利涉大川的主要原因，同人在客觀方面要和同一氣，在主觀方面要有空曠的胸襟，這樣雖然有大川的困難艱險橫阻於前，還是可以渡過險難，不過這是依賴乾陽的運行，也就是「應乎乾」，而不是「柔得位得中」。六二的陰柔，是用來集中其他五個陽爻的，它卻沒有運作的能力，所以六二雖然是〈同人〉卦的主爻，其爻辭卻是「同人于宗，吝」，必須如〈象傳〉所稱「柔得位得中而應乎乾」，依靠外卦乾體三陽的行動能力，才能夠開展同人的工作，所以卦辭說「同人于野，亨」。前面提到的「反清復明」這個課題，就像是〈同人〉的六二之陰，在這個課題的號召之下，可以集合天下人心；但是光靠「反清復明」這個口號是行不通的，還是要依靠乾陽君子有志之士同心協力，才能付諸行動。

「文明以健，中正而應，君子正也，唯君子爲能通天下之志。」〈同人〉的內卦離爲文明，外卦乾爲剛健，有「文明以健」之象。文以通理，明以見道，通理而見道就是文明，若能了解宇宙發展的道理，自然會有剛健的表現，所以說「文明以健」。換而言之，離火的文明可以發揮乾陽的剛健。一個國家或社會，必須內在具備文明的條件，外在才會有剛健的表現，什麼是文明的條件呢？一是教育普及，二是技術水準高，三是人才集中，四是社會安詳。我們看中國大陸，毛澤東以爲集中國家與人民的財力去發展核子武器，就可以成爲世界強國，結果造成人民沒有衣食可吃穿，這樣色厲內荏，如何稱強？如果內在沒有文明的基礎，光靠外在的武力，這不是剛健的表現。

六二以陰爻居陰位，又居內卦之中，九五以陽爻居陽位，又居外卦之中，六二與九五且爲正相應，因此有「中正而應」之象。「正」是經常的道理，中正就是宇宙發展的最高原則，在人類來說就是人的理性，宇宙氣化運行的規則就是天理，人的天性又是從天理而來，宇宙法則乃藏諸人心，如能根據宇宙法則，恰到好處又毫無偏差，天理之所在即人心之所同，這樣就能夠凝聚人心，所以說「君子正也」。由此可見，「中正而應」與「文明以健」都是謀國君子的正道，也是宇宙的天理所在。

虞翻曰：「唯，獨也。」「君子」是指〈同人〉卦外體之乾，「通天下之志」是從旁通的卦象而來，〈同人〉的內卦爲離，旁通的〈師〉卦內體爲坎，離爲文明，坎爲通爲志，所以說「通天下之志」。人之所以能同，是因爲心有相同之所向，謀國君子想要使天下人同一步趨，必須先了解天下人心之所向，能夠抓住天下人心之所

向，則能通天下之志。但是，這唯獨明白人情事理的君子能夠做到，所以古代要當宰相，一定要通曉《易經》。

伍、大小象傳

象曰：天與火，同人。君子以類族辨物。

〈同人〉卦的內體離爲火，外體乾爲天，乾天與離火構成〈同人〉卦，所以說「天與火，同人」。另有一說，天是在上的，火是炎上的，所以天與火的性質相同。乾爲君子，「君子」是指謀國君子，因爲「《易》爲君子謀，不爲小人謀」（張載《正蒙‧大易篇》）。「類」取象於坤，〈坤〉卦〈象傳〉：「西南得朋，乃與類行。」所以坤爲類；「族」取象於乾，〈乾〉卦〈象傳〉：「品物流行。」品種就是族，所以乾爲族。「辨」是辨別的意思，取象於離火能夠明辨；「物」取象於〈乾〉卦〈象傳〉「品物流行」與〈坤〉卦〈象傳〉「厚德載物」，可見乾、坤都有物之象。

「類族」是就其相同者，以歸納其種類；「辨物」是就其相異者，以判別其差異。本來宇宙間就是有同即有異，有異即有同，如果都是相同，或者都是相異，那早就陰陽不通而亂成一團。有相同之處，才能夠在一起；有相異之處，才能夠分別；同人的工作是要求相同，相同的才能結合在一起。宇宙化育萬物，本來就是有同有異，君子法同人之象，而將同一族的歸納起來，這就是「方以類聚」；但是各類有各類的性能與作用，我們要加以分辨，這就是「物以群分」。謀國君子必須把全國人民加以分類，將諧和者方以類聚，將不諧和者

物以群分，就是這樣因材施教，因地施種，條理分明，相互爲用。換言之，就是君子法「同中有異」「異中有同」的宇宙自然現象，來「類族辨物」。

初九象曰：出門同人，又誰咎也。

〈同人〉旁通〈師〉卦，初與四相應，四互震爲出；初九陽爻變陰爻，則內體互艮爲門，合起來看，有「出門」之象。門者出入之正道也，在門外和同，是坦誠公開而光明正大，大公至正而不及於私，不會有什麼毛病。同人的問題出在植黨營私，布置爪牙，專謀小團體的利益，這樣的同人容易流於邪僻而召咎責。

六二象曰：同人于宗，吝道也。

宗是指宗親或宗派，各種不同的水流接稱爲派，以海爲宗，各派都會歸宗。〈同人〉的五個陽爻都以六二之陰爻爲趨向的目標，有如江河朝宗，但是陰爻的本性是吝，是向內收縮而施展不開，「同人于宗」只是小部分人的結合，不能擴及於大眾，這樣的同人當然會施展不開。

九三象曰：伏戎于莽，敵剛也；三歲不興，安行也。

〈同人〉的九三是陽爻，相應的上九陽爻更是亢陽，基於同性相斥的道理，三爻之陽不敵上爻之亢陽，有「敵剛」之象，敵剛表示彼此扞格不入，互爭長短。各逞剛強。「安行」是說要安於原本的行爲狀態，不宜發動。在同人的過程中，難免同中有異而反對和同，雖然想避同趨異，但是「三歲不興」，一直沒有採取行動，畢竟在同人的

過程中，要反對也要三思而行。

九四象曰：乘其墉，義弗克也，其吉，則困而反則也。

「乘其墉」是乘虛而入，但是「義弗克」，表示天理道義是不會被攻破的，如果能再回歸道義，當然是「吉」。《管子‧霸言》：「謀無主則困。」做事失敗就是困。「則」是指法則，因為權謀不成而感到困頓，而又復歸於法則，「其吉」也。「義弗克」是在道理上說不過去，九四很想反對和同，但細想又覺得不能這麼做，因而感覺困頓。九四變成陰爻，則二、三、四互坎為心志、法律，反過來合乎法則而運行。

九五象曰：同人之先，以中直也。大師相遇，言相克也。

九五以陽爻居陽位又居外卦之中，是得位居中，直者氣壯，因為經過三爻「伏戎」與四爻「乘墉」而不能和同之痛苦階段，這時候可以理直氣壯，義憤填膺地發出悲憤氣慨。「言」取象於乾，以言語說服大眾和同，痛哭陳詞而感化人心。發起同人者要有犧牲自己的表現，例如吳鳳感化生番。

上九象曰：同人于郊，志未得也。

同人的目標是要大同，就是要無所不同，所以卦辭是「同人于野，亨」，現在上九只是「同人于郊」，還不到大同的境地，所以說：「志未得也。」

第十三卦

同人卦

講習大綱

同人

離　乾
下　上

——此係〈離〉宮歸魂卦，消息七月，旁通〈師〉，反對〈大有〉。

〈同人〉通〈師〉，在〈師〉已有群體結合之象，由〈師〉息成〈同人〉，故人皆合同，卦惟六二居中爲主，群陽皆與之相親，尤與在上之九五相應，而上下同心，二居人位，所以稱之爲〈同人〉。

壹、總說

佈卦的次序

〈否〉之閉塞，由於天地二氣不交，其能否終則傾，則必氣息通暢，毫無隔閡，不如是，不足以傾其否也。〈同人〉乾爲天居上，

離為火居下，火炎上而順承天，中爻又互巽，風助火勢，其氣已最通暢，語乎人事，則為光明四達，天下和同，可以濟〈否〉之難矣，故〈同人〉次〈否〉。

成卦的體例

〈同人〉以乾離成卦，乾在先天卦位居南，離在後天卦位亦居南，是則乾與離有同位之關係，先天之乾即後天之離也，蓋乾陽奔放於上，內體之離火亦炎上而從之，彼此殊途同歸，不僅卦位相同，其性質更屬相同，因喻之為同人。

立卦的意義

宇宙萬有，各具等差，人事社會，尤其複雜，欲求其同，殊非易易，孔子於〈象傳〉裡特別提示「通天下之志」一辭，良以人之表現同與不同，無非意志之所向，而意志之源頭，則本之於理性，如能掌握人之理性，即能通天下之志，天下之不同者，自皆同矣。

貳、彖辭（即卦辭）

同人于野，亨，利涉大川，利君子貞。

虞翻曰「乾為野」，野是空曠的意思，又是邊遠的意思，言與人和同，必須持之空曠的胸襟，一以理性為依據，而且合同的範圍，力求其廣，無遠弗屆，像這樣「同人于野」，當然可以亨通；〈同人〉繼〈否〉之後，既經亨通，一反否之閉塞，即能濟否之險難，而「利

涉大川」；但同人之所以亨通，在本理性之正，而與人和同的過程中，難免不無邪僻的感染，故「利君子貞」，貞者正也。

參、爻辭

初九：同人于門，无咎。

初變艮為門，初為震爻，震為出，出門與人和同，表示坦白，而不及於私，所以无疚。

六二：同人于宗，吝。

宗者，宗派也，六二以陰居陰，陰性凝聚，而向內收縮，所能同者，不過宗派而已，因遂以宗論之，「同人于宗」，其範圍較狹，非如「同人于野」之廣也，故「吝」。

九三：伏戎于莽，升其高陵，三歲不興。

「伏戎于莽」，是作暗中襲擊的準備，「升其高陵」，是持居高觀望的態度，三界內外交遞之際，在同人的過程中，心情難免起伏不定，時而伏莽而欲襲擊，時而升陵而又觀望，如此至於三歲之久，終不敢興，蓋以君子之貞而能通天下之志。

九四，乘其墉，弗克攻，吉。

人之和同，基於意志，其間曲折，在所難免。九四繼九三心情起伏之後，彼此益懷猜忌，故曰：「乘其墉。」墉者城牆也，意在乘其

不備，窺探虛實，以作攻擊之布置，但旋經自反，未便至於決裂，終
於和同而吉。

九五：同人先號咷而後笑，大師克相遇。

中爻互巽爲號咷，旁通〈師〉震爲笑，意思是說同人的過程，先
巽而後同，先苦而後樂，故曰：「先號咷而後笑。」到了九五，便有
大的群體互相遇合，蓋以〈同人〉通〈師〉也。

上九：同人于郊，无悔。

據《爾雅・釋地》：「邑外謂之郊，郊外謂之牧，牧外謂之
野。」郊與野，皆取象於乾。〈同人〉至上九，所同者雖已達於郊
外，但未極於野之曠遠，故只能「无悔」而已。

肆、彖傳

彖曰：同人，柔得位得中而應乎乾，曰同人。同人
曰，同人于野，亨，利涉大川，乾行也。文明以健，中
正而應，君子正也，唯君子爲能通天下之志。

〈同人〉是要在精神意志上能夠相同，而不是形式上阿附曲
從，惟精神意志屬於乾陽，主爻六二雖得位得中，究竟是陰柔，必須
與乾陽相應，發揮精神意志的作用，方得稱得上是同人；卦辭：「同
人于野，亨，利涉大川。」是說同人的範圍，能夠拓展得很遠，而又
能渡過險難，在得力於乾陽運行；卦辭：「利君子貞。」是說君子之

道，在以剛健而達成文明，並以中正而取得相應；蓋君子一本乎天理之正，天下之志固數萬殊，而理則一也，惟君子明理，固能通天下之志。

伍、大小象傳

象曰：天與火，同人。君子以類族辨物。

　　天在上，火炎上，天火同居，皆有人象，是為〈同人〉。君子法天之大，群族並包，以其同者同之，肖火之明，隨物辨別，以其異者同之，故曰：「天與火，同人，君子以類族辨物。」

初九象曰：出門同人，又誰咎也。

　　初九出門而在門外，不存私情，何疚之有？故曰：「又誰疚也。」

六二象曰：同人于宗，吝道也。

　　六二所同者只限於宗派，故曰：「吝道也。」

九三象曰：伏戎于莽，敵剛也；三歲不興，安行也。

　　九三與上九，兩皆陽剛，而為敵應，故曰：「敵剛也。」歷時三歲而猶不興，足見非常審慎，故曰：「安行也。」

九四象曰：乘其墉，義弗克也，其吉，則困而反則也。

　　九四揆之於義，只乘墉而弗攻，故曰：「義弗克也。」以困於弗克則吉，故曰：「困而反則也。」

九五象曰：同人之先，以中直也。大師相遇，言相克也。

　　九五居中且正，正則直，直則物不能間，故曰：「以中直也。」群體之能遇合，基於彼此共同促成，故曰：「言相克也。」

上九象曰：同人于郊，志未得也。

　　上九雖「同人于郊」，而未及于野，故曰：「志未得也。」

第十四卦

大有卦

周鼎珩講　陳永銓記錄

大有
離上
乾下

—— 此係〈乾〉宮歸魂卦，消息五月，旁通〈比〉，反對〈同人〉。

　　《易經》六十四卦之中，卦名有「大」字的，計有〈大有〉、〈大過〉、〈大壯〉、〈大畜〉這四個卦，其卦名稱大，都是指陽而言。先儒認為「大有」是國家物產豐盛、社會家給人足，這樣的解釋並不完全正確。所謂「大有」，是「所有者大」，這「所有者」是指什麼？就是陽。這個卦的五個陽爻都向六五之陰集中而為其所用，陽大陰小，就六五陰爻而言，當然是「所有者大」。此外，〈大有〉三、四、五互兌，兌為潤澤，內體乾為化生，既潤澤又化生，當然收成豐富，是為〈大有〉。

　　陽是代表精神熱力，陰是代表元素物質。收成豐富是指物質之陰？或是精神之陽？〈大有〉不是因為六五之陰為主而茂盛，實在是因為五個陽爻向六五之陰集中而茂盛。陽若無陰則空自鼓舞而不安

詳，陽要有陰才能「天行健」而「自強不息」。例如人類是男偏陽而女偏陰，男子若成年未娶，大多生活不安定，一旦成家就落實了。

〈大有〉固然是以六五之陰爲主爻，它使群陽有集中的著落，而成就豐富的動能熱力，六五在〈坤〉卦是「黃裳元吉」，最飽滿成熟的時候，吸引陽的力量很強。前面講過的第九卦〈小畜〉，則是以六四爲主爻，〈坤〉卦六四爲「括囊，无咎无譽」，還在涵養期間，尚未成熟，所以〈小畜〉只能蓄積陽能而無法發用，〈大有〉之六五則能運用乾陽來發揮在自己的事業上。因此〈小畜〉是密雲不雨，是未雨綢繆的蓄積期間，到了〈大有〉不但能蓄積乾陽，還能發揮較大的作用。

孔子在〈大象〉說：「火在天上，大有。」離卦的主象是日，〈大有〉外離內乾，孔子不稱日在天上，而稱火在天上，這是爲什麼？火是既光明又有熱力，火在天上表示動能熱力已經普及天下極爲豐富。火是發動生機的原動力，一切生機發動都要靠熱力，在人類來說是心臟，在機器來說是馬達。這樣使天下生機欣欣向榮，集中所有熱力以發動生機，乃成「大有」。進而言之，社會群體之所以能相依而生，相互爲用，也是靠熱力，這熱力就是人性，用現代說法就是愛心，這樣社會才有溫暖，才能人人共存共榮，若無熱力愛心，社會必然趨向滅絕，人類的生活無法延續。

因爲宇宙自然與人類社會都是靠著熱力與愛心來維繫的，我們看看文化大革命期間的共產黨社會，因爲它斷喪熱力與愛心，讓人們活著沒有樂趣、沒有意義而生不如死。人類最有熱力與愛心的是有道之士，就是所謂的有心人，他們能夠犧牲自己來幫助別人，例如朱家、郭解能奮不顧身地濟人之難、解人之危，這樣的俠義之士，人民群起

而向之，就是因爲熱力愛心能夠凝聚社會人心。〈大有〉六五貴爲天子之尊，卻能以陰柔姿態來吸引凝聚，使天下有道之士集合起來爲其所用，使社會各行各業活活潑潑、欣欣向榮，造成熙平盛世。例如，宋仁宗在位四十年是宋朝最盛時期，又如朱元璋在徽州集天下五千太學生，奠定明朝二百七十多年的典章體制，這些都是〈大有〉的境界。

壹、總說

佈卦的次序

　　〈大有〉卦外離內乾，旁通的〈師〉卦是外坎內坤，〈師〉卦一陽五陰，九五陽爻在陰體內組織群眾的體制，但是這樣的群眾體制並非穩固不散，〈師〉卦必須息成〈同人〉，能夠溝通天下人心，使得各方群眾殊途同歸，這樣的群眾體制才能一致不散。〈大有〉接在〈同人〉之後，因爲能夠溝通天下之人心則眾志成城，所謂「二人同心，其利斷金」，何況是天下人心皆合而一致，那幾乎可以移山塡海無所不能了。〈同人〉、〈大有〉力量可觀，若用〈同人〉、〈大有〉來反攻大陸，必然有如摧枯拉朽而無往不利。〈大有〉是把〈同人〉萬眾一心眾志成城的力量發揮在事業之上，當精神文明發展到了極致，則物阜年豐自不待言矣。總之，〈同人〉溝通天下人心，到了萬眾一心而萬事可成的境地，那麼自然形成〈大有〉的局面。元素是構成萬物的基本單位，元素之所以能生成萬物，乃是因爲元素能夠結合在一起，化生成萬物之偉大景象，所謂能同則大是也。那爲什麼會將能同的境界取名爲「同人」？因爲人是萬物之中最富感應能力的，

以人為能同則大之代表，那是最恰當不過了，所以在〈同人〉之後繼之以〈大有〉。〈大有〉是指一切現象雖各自不同有，而能相互結合同在一起，成就輝煌壯麗的現象。

成卦的體例

陽性好動，沒有陰的配合，就會空自鼓舞，遇到可配合的陰，則附著於陰發動，例如春雷為地心地光體發出生成的，遇花則開花。〈大有〉六五之陰在坤為「黃裳元吉」，是最成熟且吸引力最大的陰，五個陽爻皆為其集中而發用。《易經》的卦爻一陰五陽的不只是〈大有〉，像〈姤〉卦五陽在上而一陰在下，〈姤〉卦初六之陰有漸長之勢，非但不能畜陽，反而害陽；〈夬〉卦則是一陰浮於五陽之上，被陽所決，可見五陽一陰的卦，一陰在上六或初六都不好。

接著看陰爻在二為〈同人〉，它能把群陽的趨向弄成一致，但還不能發揮陽的作用。陰爻在三為「履虎尾」而「不咥人」，〈履〉能使陽向前行進，但只能因勢利導，配合環境形勢往前行進，可見其行動是有限制的條件與範圍。陰爻在四為〈小畜〉，雖能逐漸蓄積乾陽，但其行動能力還不如陰爻在三的〈履〉卦，因六四以陰居陰位而動力不足，故只是綢繆布雲而不能下雨。陰爻在五為〈大有〉，「黃裳元吉」，吸引能力最大，群陽向其集中而發揮最高作用。

〈大有〉卦的五陽向一陰歸附，一陰能夠凝聚五陽，是因為六五是當位之陰，生機力量很壯旺，其所涵宏的範圍必然廣大，生機強壯且涵宏廣大，這就是〈大有〉之象。〈大有〉與〈比〉卦相通，〈比〉卦以九五之陽為主爻，五居坎為月，〈比〉卦本是坤體，月亮出入於地，有月麗乎地之象。〈大有〉以六五之陰為主爻，五居外卦

離爲日，〈大有〉本是乾體，太陽照於天上，有日行乎天之象。〈大有〉旁通〈比〉，其卦象爲日月相應，陰陽化生，故曰〈大有〉。

〈大有〉的卦體是內乾外離，即由先天之乾到後天之離。〈大有〉的反對卦是〈同人〉，〈同人〉的卦體是內離外乾，即由後天的離到先天的乾。《中庸》說：「自誠明，謂之性；自明誠，謂之教。」乾爲先天至誠的力量，故「誠」是指乾而言；離爲日爲火，是光明之象，故「明」是指離而言。從〈大有〉與〈同人〉，我們可以體悟《中庸》格物致知的道理。〈序卦傳〉曰：「〈同人〉親也，〈大有〉眾也。」因爲〈同人〉的陰爻在二，位居卑下，群陽比較有親近之感，所以〈同人〉親也。〈大有〉的陰爻在五，位尊權大，能夠吸引群陽歸附，所以〈大有〉眾也。就人事社會現象來說，〈同人〉六二之陰，就像文王居西北侯，天下皆親之象；〈大有〉六五之陰，就像武王伐紂之後，天下皆歸附而有眾之象。

立卦的意義

〈大有〉旁通〈比〉卦，我們在解釋卦體時，曾提到〈大有〉與〈比〉卦的關係。〈比〉卦所要統馭的是體，要統馭天下之群體，必須用剛健自持，那就是〈比〉卦九五之乾陽。〈大有〉所要統御的是能，要凝聚天下之才之能，必須用「黃裳元吉」，那就是〈大有〉六五之坤陰。換句話說，若統治者要想統治一般人民，應該效法〈比〉卦九五乾陽之德。若統治者要想招撫天下才智之士，則應該效法〈大有〉六五坤陰之德。《尚書·洪範》曰：「沉潛剛克，高明柔克。」沉潛乃指〈比〉卦本爲坤體，沉潛幽暗，必須用九五乾陽克之；高明乃指〈大有〉本爲乾體，才智高明，必須用六五坤陰克之。

〈大有〉以六五居尊位，陰居尊位表示居尊尙柔、順應天則。居尊位爲什麼要尙柔？因爲尊位之下，是各形各色的人，如果不能包容，人人都跑掉了。柔是謙和，陽是有道之士，陰是統治者，陰必須以謙和有禮的態度對待陽，如果位尊而驕奢，對有道之士表現威武而盛氣凌人，那麼有道之士必然不爲所用。總之，位置在人之上，態度應該在人之下。再者，宰相肚量好容舟，器量要大才能容人，所謂虛而有容也。歷史上能成大事也者必居尊尙柔，例如唐太宗用十八學士，又如劉邦用張良，都是以居尊尙柔的態度來羅致天下賢良君子。如果剛愎自用、恃才傲物，像是項羽不用范增而自招滅亡。

〈大有〉以六五之陰爻交入乾體而爲主，乾爲天，陰入乾，必須以乾體天道的法則爲法則，在人事現象就是君王要順應賢良的意見，以天道的自然法則爲自己行爲的張本。人類的稟賦各不相同，得之於天者賢，得之於地者愚，精神智慧的能量大於五官百骸的能量者必爲君子，反之則爲小人，這是視其稟賦之不同而分類。〈大有〉的五個陽爻與天道相近，六五之陰凝聚群陽，必須順應天則，不違背自然法則。此外，〈大有〉外離爲明，內乾爲健，這提示高居尊位者，對外要光被四表明察秋毫，也就是凡事要看得很清楚；對內要效法天行健以自強不息，也就是凡事要做得很確實，如果凡事都看得清楚、做得確實，必然大有成就。

貳、彖辭（即卦辭）

〈大有〉：元亨。

〈乾〉卦的卦辭只有四個字「元亨利貞」，〈大有〉的卦辭更少

到只有二個字「元亨」，這是《易經》六十四卦中卦辭字數最少的。〈乾〉、〈坤〉二卦各自發展，各皆稱元，乾元與坤元就是宇宙萬有化生的源頭，〈乾‧彖〉曰：「大哉乾元，萬物資始。」〈坤‧彖〉曰：「至哉坤元，萬物資生。」乾、坤二元相合才能使天下通暢。乾元與坤元，各有六個發展的階段，〈乾〉初為「潛龍勿用」，至九五「飛龍在天」是最得意的階段；〈坤〉初為「陰始凝也」，至六五「黃裳元吉」是內在充實而外在美觀的階段。〈大有〉卦是坤元之六五鑽入乾元之九五，乃是「黃裳元吉」與「飛龍在天」結合起來，正是乾陽與坤陰最得意飽滿、通暢和諧之時之位，所以稱「元亨」。

　　我們看〈鼎〉卦的卦辭是「元吉亨」，其元必須先吉而後亨，是有先決條件的。又如〈小畜〉卦辭只有「亨」，那是因為陰居六四，猶未成熟飽滿，只能畜陽而無法用陽，其受爻位限制而只能稱亨，其他的卦也有稱「大亨」的，那是講卦氣通暢，並非乾元或坤元所造成的。「元者，善之長也」，是直接下來就亨，所以「元亨」是指乾元與坤元之會合而言。乾陽開化萬物，是極大的發動力量，但若找不到開發的對象，就會空自鼓舞。所謂孤陽不長是也，必須陰凝聚陽，陽鼓動陰，才能蔚成「大有」。

參、爻辭

初九：无交害，匪咎，艱則无咎。

　　〈大有〉卦以六五為主爻，五二相應，初在應外，不能與五相交，就人事社會現象來說，六五為統治之君，初九就像荒郊野外的窮秀才，彼此沒有交集，但這並非初爻或五爻的過失。初與四應，初九

的窮秀才似可與九四之大臣相交，但是初與四都是陽爻而爲敵應，可見這是時位使然，所以即使是「无交害」，這樣的遭遇也不是大問題。

〈大有〉旁通〈比〉，〈比〉要息成〈大有〉，須先從初爻息起，〈比〉卦初息則成〈屯〉卦，屯者艱難也。「艱則无咎」是講初爻的自處之道，意思是在〈大有〉之初，不得驕奢放縱，應有艱難自持的態度，因爲「无交害」不是問題，不能艱難自守才是毛病。另有一種說法，陽與陰交才能蔚成〈大有〉，所以要排除任何困難，設法達到陽與陰交的目標，所謂不遺在遠，即使是遠在荒郊的隱僻人才，也要想辦法羅致，才能无咎。

在此順便一提，現代的婚姻制度是以自由戀愛取代媒妁之言，年輕男女談戀愛，彼此都刻意表現出美好的一面，設法掩飾缺陷，而把大好的青春光陰花在談戀愛，實在浪費生命，相較之下，媒妁之言是省事多了。事實上，無論是自由戀愛或媒妁之言，男婚女嫁都要講求男女陰陽的感應。例如〈大有〉卦初九與九四爲敵應，這樣的婚姻不會有好結果；九二與六五爲正應，男女雙方彼此都有好感，是理想的結合，可以白頭偕老。

九二：大車以載，有攸往，无咎。

〈大有〉內卦乾，乾爲大，九二與六五爲正應，五爻伏坎，坎爲車，坎中滿有載物之象，坎車有運行之作用，往之象也，以上就是「大車載往」的卦象由來。九二乾陽上而應六五，就是陽氣化向上運行，在運行的過程中，難免會有散失，但若能將陽氣化裝載在大車來運行，當然可以避免散失，「大車以載」的意思是九二乾陽所代表的

君子、人才、能量，全部都能被六五所運用。二上應五是爲往，有是加強語氣，也代表茂盛或著力，意即九二很能夠往前與六五水乳交融地結合在一起，當然沒有毛病，但要「大車以載」不使散失，才能无咎，因爲用之不當也是損失，用之得當才能无咎。

九三：公用亨於天子，小人弗克。

六爻之位，在《乾鑿度》中各有其名：初爲元士、二爲大夫、三爲公卿、四爲諸侯、五爲天子、上爲宗廟。三爻爲公卿之位，故稱公。易例：三五同功，關係密切，因爲乾陽到了三爻至五爻，始能發揮作用。古代「亨」字與「享」字是通用的，享者享宴也，三、四、五互兌爲口，有食之象，二至上有〈鼎〉卦半體象，鼎是烹飪之器，食與器都是享字的由來。

〈大有〉旁通〈比〉卦，〈比〉卦六三爻辭曰「比之匪人」，匪人是壞人或小人，在文王繫卦辭與周公繫爻辭的時代，文字用得極爲簡約，所以小人也稱匪人，到了孔子時代用字就比較接近時文，小人與匪人有別。「克」者能也，「弗克」者弗能也，就是不能讓小人混入君子之中參加享宴。三公是賢能之人，爲天子所尊重，三上相應，上爲宗廟，古代天子享宴大臣，都是在宗廟舉行，「公用享於天子」表示六五仁君虛懷若谷，尊重天下賢能之士。這些人才都是陽，但是其中難免有小人之陰來魚目混珠，況且〈大有〉旁通〈比〉卦三爻互坎，也有小人之象，所以稱「小人弗克」，就是要特別提防陰之小人混雜在陽之君子裡面。歷來明君招募天下賢才，都難免有小人混跡其間。就像道家煉丹，要提防走火入魔，以免身體被丹火燒壞，那魔障就是小人。〈大有〉卦對個人修煉也有用處，個人修道固然是在修

陽，但若陽修得過火而成了亢陽，以致臉色浮紅，恐怕會有腦充血半身不遂的毛病。

九四：匪其彭，无咎。

「彭」字在虞翻本作「尫」，魏晉以後則都是用彭字。九四在內體三陽之上，到了四爻，陽已有〈大壯〉體象，聲勢極壯，有如鼓聲彭彭作響。《詩經·大雅·大明》：「駟騵彭彭。」形容武王伐紂時，戎馬車乘之多，所以彭是形容旺盛的樣子。彭是打鼓聲，九四一變互成震，震為鼓，亦為雷，有聲勢赫赫之象。「匪其彭」就是不能表現聲勢浩大的態度。因為四爻接近五爻，容易倚勢而作威作虎，展現代天行政之勢。這時四爻必須謹記「匪其彭」，收斂起彭彭其盛的聲勢，改持之以謙沖自牧的態度，才能无咎。陽爻至四已經壯盛，但是不能以壯盛而居壯盛，因為五以柔居尊位，九四上迎五陰，如果太壯盛，就有權高震主之勢。例如霍光御車，漢獻帝身上的金鳳凰居然從龍輦中飛到霍光的身上，這讓漢獻帝起了殺心。又如年羹堯囂張驕縱，後來他從大將軍之位被貶為門吏，再被賜死，二者都是因為聲勢彭彭而惹禍。

六五：厥孚交如，威如，吉。

〈大有〉旁通〈比〉卦，〈比〉之五爻居坎，坎為孚。前面第五講〈需〉卦之卦辭是「需，有孚」，第六講〈訟〉卦之卦辭是「訟，有孚」，而〈大有〉九五爻辭卻是「厥孚」，這是為什麼？因為〈需〉之外卦為坎，〈訟〉之內卦為坎，所以坎為孚是這二個卦本身具有，故皆稱有孚。〈大有〉旁通〈比〉，〈比〉五居坎，可見

〈大有〉之坎孚並非本有，而是來自旁通之〈比〉，此乃因他卦而有孚，故稱「厥孚」。孚就是至情至性，凡事發之以至情至性，必能感動天人。孚也代表陰陽融洽和諧，〈大有〉是坤陰六五入外卦乾體而與四上之陽極為融洽，況且五二為正應，六五跟內體三陽也水乳交融，就像關節打通則全身融融，故稱「交如」。〈大有〉本是乾體，乾陽剛健有威儀，外卦離為火烈之盛，也有威象，故稱「威如」。「交如」、「威如」代表能得天下人心，必然產生一種威儀，例如唐太宗的貞觀之治。大凡人之威儀有二：一是武威，百官兵馬前呼後擁是也；二是德威，不是以力服人，而是以德服人。例如菩薩受到天下人的崇仰敬仰，自然產生威儀。還有一種人，雖沒有權位財勢，但其涵養舉止自然讓人肅然起敬。六五是〈大有〉卦主爻，其與五個陽爻的關係水乳交融，故五雖陰爻而有赫赫之威，所謂有交如之情，才有赫赫之威。在自然現象來說，因為乾陽的動力都被六五之陰所凝聚，而使六五有赫赫之勢。在人事社會現象來說，六五以柔居君位，非常和諧、柔順、誠懇，以這樣的至情至性，當然能吸住天下賢能才志之士，其情勢日漸壯大，而有赫赫之威，這當然是吉。

上九：自天祐之，吉无不利。

〈大有〉係由坤入居乾體之尊位而成卦，坤為自。卦本乾體，乾為天，上九又居〈大有〉頂端，故曰「天」。大有上與三應，三互兌為西為右（東左西右），古字右通祐，《說文》：「祐，助也。」所謂「天助者順，人助者信」，凡是順乎宇宙法則運行者，天必助之，凡是守信誠懇者，人必助之。以上是「自天祐之」的卦象由來，至於「自天佑之」的解釋，則有漢《易》與宋《易》之分。宋《易》學

者像是程、朱二子認爲，上九爻辭是針對上九而言，這樣的看法是不對的。漢《易》學者認爲上九是〈大有〉終卦之爻，這個爻辭看似在解釋上九，實際上是在解釋全卦，表示〈大有〉畜至上九，五陽都被六五之陰所凝聚了，故稱：「自天祐之。」

　　天是指自然法則，乾陽的自然法則就是要開化宇宙萬有，〈大有〉到了上九，六五之陰能集中所有乾陽來運用，那就沒有不能開化的。所以「自天祐之」的「之」字是指六五，所有乾陽都來幫助六五之陰，則「吉无不利」。吉是一件好事，但未必一切順利，例如結婚是一件吉事，要挑黃道吉日，但是好日子也可能遇上壞天氣。〈大有〉六五之陰能夠厚德載物，從初爻到上爻，也就是周遭與其有關的陽，六五之陰都能夠凝聚蓄積，即使像是九三與上九之亢陽也不例外，如有天助也。

　　但是爲什麼說「吉无不利」呢？例如一國之君能夠結合民心，必然爲吉，但若人心不齊、人才不能掌握，則易生判亂，所以集中人才，統一民心，是治理國家的根本方法，這樣才能吉而無不利。就個人來說，有人終日無所事事，或是把精力消耗在打牌、逛街，到頭來一事無成。乾陽是精神意志，若能像〈大有〉集中使用乾陽，最後定能成就一番事業。

肆、彖傳

　　彖曰：大有，柔得尊位大中而上下應之，曰大有。其德剛健而文明，應乎天而時行，是以元亨。

「大有，柔得尊位大中而上下應之，曰大有。」〈大有〉以六五為主爻，六五坤陰居君位，故曰「柔得尊位」。居尊位要以柔順的態度，因為柔才能包容，剛只能克物，如果氣勢咄咄逼人，如何畜眾？周公一握髮三吐哺，就是柔得尊位的表率。「大」者無所不至，坤陰入乾體而集中運用乾元，是為大；坤陰虛懷若谷，且能將乾陽的力量發揮得恰到好處，是為中。另有一說，「大」者表示六五之尊網羅天下人心，無遠弗屆、沒有遺漏、無微不至。「中」是恰到好處，集中陽能而沒有偏差。總之，「大中」乃無處不是恰到好處恰如其分，不僅大事如此，小事亦然，因為能夠做到柔得尊位，又恰到好處地謙虛為懷，則所以「上下應之」。

六五居尊位，上爻與其接近，二爻與其正應，初爻與三爻雖有四爻作梗，但那是陽與陽之間的爭奪現象，其心仍皆向著六五之陰。由此可見，〈大有〉的五個陽爻都能被六五所用，這表示天下人心都向著統治者，人才也無分遠近皆為其所羅致。就像一個人把精神意志都用在學問事業，感覺疲倦就起來走動，動而生陽，這樣鍥而不捨，一定可以搞得通。

我們再拿〈小畜〉與〈同人〉的〈象傳〉，來跟〈大有〉的〈象傳〉做個比較說明。〈小畜〉：「柔得位而上下應之。」因為〈小畜〉主爻六四以陰居陰，陰為小而所畜者小，不像〈大有〉主爻六五以陰居陽之尊位而所有者大。〈同人〉：「柔得位得中而應乎乾。」因為〈同人〉主爻六二雖得位得中，但其有厚德載物之德，而無赫赫之權威，所以只能逐步地「應乎乾」，慢慢地蓄積，這就像周文王拘於羑里而演《易》時的處境。〈大有〉主爻六五已「柔得尊位」，故雖態度柔順而權位顯著，因此能吸引乾陽群來依附而成「上

下應之」的形勢。

「其德剛健而文明，應乎天而時行，是以元亨。」〈大有〉內卦為乾，乾性剛健，外卦為離，離火文明，故稱「其德剛健而文明」，意思是指內在有剛健的主宰，外在有文明的光輝，所以能成〈大有〉。進而言之，外在表現出光輝的文明，是因為內在有剛健的基礎，《孟子‧盡心下》說：「充實之謂美，充實而有光輝之謂大。」是也。

「應乎天」是指主爻六五之陰與內卦乾陽相應，亦指〈坤〉之六五入於〈乾〉體而成〈大有〉，乾為天，故稱應乎天。「時行」是指春、夏、秋、冬四時的運行而言，〈大有〉旁通〈比〉，〈比〉卦外坎為冬；初息成〈屯〉，〈屯〉卦內震為春；二息成〈節〉，〈節〉卦內兌為秋；再六息成〈大有〉，則外離為夏。可見〈比〉卦息成〈大有〉的過程是春、夏、秋、冬四時皆備。

天是自然法則，「應乎天」是與自然法則相呼應，應溫煦如春則以溫煦的態度行之，應嚴肅如秋則以嚴肅的態度行之。另有一說，天是指乾陽動能，「應乎天」是本乎內在乾陽動能而不斷運行，一方面開發外在文明，一方面培養內在動能，這樣動靜合於自然，是為元亨。「元亨」是指乾元與坤元從一開始結合就能亨通。乾卦與離卦在先天八卦與後天八卦的位置相同，乾陽由先天的乾元而一直發展到後天的離明，這樣當然亨通。

伍、大小象傳

象曰：火在天上，大有。君子以遏惡揚善，順天休命。

　　離火在乾天之上，離不曰「日」而曰「火」，因為火不僅是熱力，且是明亮，萬有生機形體皆由熱力與光明而顯出，光明以顯其體，熱力以鼓舞生機。再者，先天八卦的乾，在後天八卦的位置是離，意即從先天到後天，是徹頭徹尾地光明。〈大有〉本為乾體，乾為君子，〈大象〉每稱「君子以」，因為「《易》為君子謀，不為小人謀」（張載《正蒙・大易篇》），這跟「民可使由之，不可使知之」（《論語・泰伯》）的意思是相通的。君子法火天〈大有〉之象，抑其惡而揚其善。乾為善，乾陽之性能向外擴展，故稱揚善；坤為惡，坤陰之性能凝聚收縮，故稱遏惡。〈大有〉卦初爻至五爻有〈夬〉卦體象，〈夬〉之九五「揚于王庭」，夬者決也，絕其孤懸之陰也，這也是「遏惡揚善」的卦象源頭。

　　〈大有〉六五以陰居陽位而為卦主，陰為順，乾為天，乾又為美，「休」者美也，此外，五、二相應，二變正則二、三、四互巽為命，故曰「順天休命」。君子法火天〈大有〉之象，光明四達而明辨善惡，離火又是熱力，是萬有生命的根源，君子法此化生之熱力以為善，能幫助社會發展者為善人，會破壞社會發展者為惡人，善人助長生機且扶助秩序，惡人摧殘生機且擾亂秩序。

　　〈同人〉卦之〈大象〉：「君子以類族辨物。」是能將人事物分類並加以分析，但也只能做到歸類而分辨其是非善惡而已，因為〈同人〉主爻六二以陰居下，沒有顯赫的威勢與能力。〈大有〉卦之〈大

象〉則是：「君子以遏惡揚善。」因爲六五已有勢力雄厚之威，既能類族辨物而是非分明，讓邪惡無所遁形，更能積極遏惡揚善，賞得其宜且罰得其所，賞罰都恰到好處，則社會是非分明而有利於發展。這樣順著乾陽鼓舞生機的法則，就能使萬有性命各暢其生，故曰「順天休命」。君子處世之道，就是在〈同人〉時要類族辨物，在〈大有〉時要遏惡揚善。

初九象曰：大有初九，无交害也。

「无交害」是說〈大有〉初九因無交於主爻六五，故有害於大有。另有二種說法，一是就初爻而言，因與五爻沒有交，也就沒有害處；二是初九在應外，雖與六五陰陽相吸，但受九四阻隔之害。

九二象曰：大車以載，積中不敗也。

陽氣化運行過程中難免潑灑於外，但若裝在車內運行，則能集中不散，故曰：「積中不敗。」〈大有〉息自〈比〉，從坤體慢慢地積陽成乾體之〈大有〉，有「積」之象；二居內卦之中故稱中，「敗」是指〈比〉卦體坤爲傷爲敗。虞翻曰：「乾爲大車。」九二與六五陰陽相應，則內體乾陽均被六五畜住，如以車載行也。

九三象曰：公用亨于天子，小人害也。

三爻爲公卿之位，五爻爲天子之位，小人指四爻而言。三爻欲與五爻相交，卻有四爻小人從中作梗，而無法如願。易例：「三五同功」，但如有四爻小人參與其事，則會破壞〈大有〉的局勢。

九四象曰：匪其彭无咎，明辨晢也。

四居〈大有〉外卦離，離爲明，「明」是指自身的智慧；四爻變則三、四、五互震爲言，有「辨」之象。「晢」是分析，漢《易》則是用「折」取代「晢」，〈說卦〉：「離爲折上槁。」四居離體而離爲折毀，受損傷而枯槁也，意思是運用自己本有的智慧，來辨析枯槁的現象，不要長久地持續下去。晢是明辨之極，九四知道自己的氣勢不可過盛，是有自知之明。

六五象曰：厥孚交如，信以發志也。威如之吉，易而无備也。

六五居離伏坎，坎爲孚、爲信、爲志，孚、信乃是至情至性，在上位者能以披肝瀝膽至情至性，來爲國家社會興利除弊，久而久之，大眾會被他感動而歸附，這樣「信以發志」，上下就能凝聚成爲一體。六五爲何能與群陽水乳交融？因爲民無信不立，六五是以孚、信眞切來感動天下人心皆歸向他。

「易」是平易近人，「无備」是誠懇信任而沒有戒心，「易而无備」是態度平易近人，不防備他人爲惡，就像辛稼軒的詞：「我見青山多嫵媚，料青山見我應如是。」（〈賀新郎〉）在太平盛世，看人人都是好人，果眞就沒有壞人。亂世則反是，不易而有備也。眞正的德威是人皆景仰而產生的，是平易近人於而無所備，不是戎馬兵戈而處處提防。

上九象曰：大有上吉，自天祐也。

《九家易》曰：「上九說五，以柔處尊而自謙損。尚賢奉己，上

下應之，爲乾所祐，故吉且利也。」乾陽發動的力量其大無比，到了上九還能凝聚不散，可見〈大有〉的功能已臻參天地之化育。

最後，再歸納陰凝聚陽或是政府養賢納良，必須注意以下幾點：

1. 九四「匪其彭，无咎」，因爲九四接近主爻六五之陰，其下陽爻受其阻隔而無法趨附於陰。故處六四之時位，不能聲勢赫赫過而過於張狂，以免妨礙〈大有〉局面，例如初九與九三皆因無交於六五而受害。

2. 六五之陰是〈大有〉主爻，在其爻辭中交代凝聚乾陽之道，「交如」優於「威如」，因爲「威如」是外在的表現，「交如」是內在的感應。

3. 初九〈小象〉：「大有初九，无交害也。」上九〈小象〉：「大有上吉，自天祐也。」其他四個〈小象〉都沒稱「大有」，這表示〈大有〉卦從一開頭直到最後，都要保持「大有」。

第十四卦

大有卦

講習大綱

大有

乾　離
下　上

—— 此係〈乾〉宮歸魂卦，消息五月，旁通〈比〉，反對〈同人〉。

　　此係〈乾〉宮歸魂卦，消息五月，旁通〈比〉，反對〈同人〉。「大」是指陽而言，「有」是盛多之義，卦名稱「大」凡四：〈大畜〉謂大者畜藏也，〈大壯〉謂大者強壯也，〈大過〉謂大者太過也，至於〈大有〉則謂大者盛多也，卦以一陰居尊為主，而五陽皆為其所有，故成〈大有〉。

壹、總說

佈卦的次序

　　〈序卦傳〉曰：「與人同者，物必歸焉，故受之以〈大

有〉。」蓋君子以類族辨物，推己及人，善與人同，由人及物，各遂其生，而品物咸亨，所有者大矣。

成卦的體例

離爲日，乾爲天，離日高懸天上，光被四表，陽氣盛行，宇宙萬有，莫不感受其鼓舞，而欣欣向榮，顯出光天化日之象。又因離南居午，於時爲夏，物皆茂發，飽滿豐隆，所以成其爲大。

立卦的意義

〈大有〉之大，在能用陽，陽者精神文明也，故欲國家富強，必須注意精神文明，以培養智能、技術、道德、文化種種力量。然如何才能夠用陽？這得要主政者如同六五之虛而有容，群陽方爲其所用，傳曰：「有容乃大」是也。以自然現象而言，一陰居尊，群陽歸附，陰之德性柔順凝聚、厚德載物，有柔順宏大的雅量，才能凝聚群陽而成大有。以人事現象而言，五爻已居尊位，天下才智之士皆歸附之，但若雖居尊位而態度傲慢，則天下才智之士裏足不前，因爲大有之道，必須居尊位而柔順，態度和藹可親。

貳、彖辭（即卦辭）

〈大有〉：元亨。

〈大有〉與〈小畜〉，在性質上有些類似，皆以一陰爲主，從而吸引群陽，不過〈小畜〉一陰居四，其陰尚在「括囊」階段，對於

群陽，只能畜養，不能發用，「密雲不雨」而已，故卦辭僅繫之曰「亨」。〈大有〉則一陰升五，進居尊位，可以運用群陽矣，故卦辭繫之曰「元亨」。此所謂元亨，是說坤元得位而居尊，可以與乾元所發展之群陽，融洽而爲一體，以表現較大之功能。

參、爻辭

初九：无交害，匪咎，艱則无咎。

〈大有〉以六五一陰爲主，群陽皆趨附之，惟初九距離甚遠，且與四爲敵應，故顯示無交之象，而有害於〈大有〉整個卦體之發展。但此並非初九之咎，因初九尚隱伏於「潛龍」之地位，不過仍須艱難以處之，方可无咎。交是指陰陽相交，无交是指初爻與五爻不能相交。初與四都是陽爻而非正應，故對初爻而言四爻就是小人，況且四居外體離卦，離爲兵戈，小人兵戈都是害。「无交害」是說初九想與六五相應，卻被四爻之小人從中作梗而受其害。

九二：大車以載，有攸往，无咎。

〈大有〉通〈比〉，〈比〉坤有大車之象，由〈比〉坤息成〈大有〉乾體，是即「大車以載」，義爲二與五應，而陽息至二，已具備發揮之力量，可以任重致遠，往而應五，不會有什麼毛病。

九三：公用亨於天子，小人弗克。

三在爻位爲三公，五則爲天子，而天子以陰爻守位，故能懷柔群

陽。三公承受天子之饗宴，即在表示陽皆趨陰，而爲陰用，以成〈大有〉之盛，但三變則通〈比〉三，而有小人之象，不復與六五融洽矣，所以說：「小人弗克。」

九四：匪其彭，无咎。

四變互震雷，雷聲彭彭，言其盛也。〈大有〉至四，成〈大壯〉體象，其陽已盛，盛則咎之所由生，故必謙抑自制，不處其盛，而匪其彭，方可无咎。一本彭作尫，「匪其彭」，言不處其彭彭之盛也。

六五：厥孚交如，威如，吉。

〈大有〉通〈比〉，六五伏坎爲孚，五除二與相應，群陽亦皆趨之，而五本陰爻居尊，遂以懷柔之至誠，與乾體群陽融洽在一起，呈獻交織之狀，是即「交如」也。乾又爲威，群陽成體，便有「威如」的觀感，〈大有〉至五，由「交如」而「威如」，所以成其爲吉。

上九：自天祐之，吉无不利。

上九居卦之最高的頂端，乾又爲天，故曰：「自天祐之。」〈繫辭傳〉曰：「祐者助也。」蓋所有諸陽，不分上下，皆以六五之孚，而順應之，上九雖居六五之上，以亦因乘柔而下孚於五，是爲得天之助，故曰：「吉无不利。」

肆、彖傳

彖曰：大有，柔得尊位大中而上下應之，曰大有。其德
剛健而文明，應乎天而時行，是以元亨。

　　一陰而得帝位之尊，且居乾陽整個卦體之中，陽為大，故曰
「大中」；外體上承上陽，下據與四陽，內體初、二、三諸陽亦皆與
之相應，是即「上下應之」，群陽皆為其所用，以成〈大有〉之盛。
又〈大有〉以乾離成卦，乾性剛健，離體文明，故〈大有〉具備「剛
健而文明」之德性。六五以一陰而居乾體之尊位，乾體群陽莫不與之
相應，乾為天，是即「應乎天」也。卦由〈比〉坤息成，而有震春、
兌秋、離夏、坎冬四時之象，是即「時行」也。坤元發展而居尊，並
與乾元所發展之群陽融洽所應，故不曰「大亨」而曰「元亨」，元亨
有別於大亨也。

伍、大小象傳

象曰：火在天上，大有。君子以遏惡揚善，順天休命。

　　離南居午，時當盛夏，而有日正中天之象，不曰日而曰火者，以
日中則離，陰陽相就，陽氣盛行。萬物茂發，斯成〈大有〉，君子本
乾陽之健，用雷火之明，洞燭善惡，隨即糾正，其於善者揚而舉之，
惡者遏而止之，順承天道，行之以時，從而休美其命，故曰：「火在
天上，大有，君子以遏惡揚善，順天休命。」

初九象曰：大有初九，无交害也。

初居應外，不能即與六五相交，而有礙於〈大有〉之發展，故曰：「无交害也。」

九二象曰：大車以載，積中不敗也。

二須車載以行，庶免分散，故曰：「積中不敗也。」

九三象曰：公用亨于天子，小人害也。

三公而有勳績，可以受饗宴於天子，如小人參與，則必有害，故曰：「小人害也。」

九四象曰：匪其彭无咎，明辨晢也。

四能明辨，而自抑其彭彭之盛，以免於咎，故曰：「明辨晢也。」

六五象曰：厥孚交如，信以發志也。威如之吉，易而无備也。

五居尊而以至誠感應，群陽皆願與之相交，故曰：「信以發志也。」以柔居尊而能威如，純屬自然，故曰：「易而无備也。」

上九象曰：大有上吉，自天祐也。

上已完成〈大有〉之盛，推其所自，則皆得力於乾陽，乾為天，故曰：「自天祐也。」

國家圖書館出版品預行編目資料

周氏易經通解. 第二冊／周鼎珩遺著；陳素素
　　等記錄. －－初版. －－臺北市：五南圖書
　　出版股份有限公司，2022.07
　　面；　公分
　　ISBN 978-626-317-768-0 (平裝)

1.易經　2.注釋

121.11　　　　　　　　　　111004863

4X1Y

周氏易經通解（第二冊）

作　　　者 ― 周鼎珩遺著、陳素素等記錄

校　　　對 ― 鄭宇辰

發 行 人 ― 楊榮川

總 經 理 ― 楊士清

總 編 輯 ― 楊秀麗

副總編輯 ― 黃惠娟

責任編輯 ― 羅國蓮

封面設計 ― 姚孝慈

出 版 者 ― 東吳大學中國文學系

編輯出版 ― 五南圖書出版股份有限公司

地　　　址：106台北市大安區和平東路二段339號4樓

電　　　話：(02)2705-5066　　傳　　　真：(02)2706-6100

網　　　址：https://www.wunan.com.tw

電子郵件：wunan@wunan.com.tw

劃撥帳號：01068953

戶　　　名：五南圖書出版股份有限公司

法律顧問　林勝安律師事務所　林勝安律師

出版日期　2022年7月初版一刷

定　　　價　新臺幣460元